# IT投資マネジメントの発展

―IT投資効果の最大化を目指して―

武蔵大学経済学部教授
**松島桂樹** 編著

Advanced IT
Investment
Management

東京　白桃書房　神田

■はじめに

　長い間，IT投資評価は研究的にも実務面でも，非常に難しい課題のひとつであった。効果があいまいかつ不確実，長期的であることがその大きな原因とされてきた。前書『戦略的IT投資マネジメント』（1999年，白桃書房刊）では，その困難性を述べるだけではなく，合意形成に着目した解決アプローチを提起した。本書は，その後の研究の展開について上梓したものである。

　この間に，IT投資マネジメントは本当に必要なのかという問いにずいぶん悩んできたように思える。たしかに，アンケートをとればニーズは高く，確立した方法がないと回答されるけれども，ITが企業の戦略に組み込まれるようになればなるほど，IT自体の採算性を評価するのは明らかに困難になってきているばかりか，意味があるのだろうかという疑問もわいてきた。また，"戦略的"とは，経営者の意思決定の問題であって，投資評価の問題ではないという声や，Webを初めとして，インフラ基盤増強の性格がますます強くなってくると，投資評価の外におくべきであるという意見も増えてきた。

　このような潮流の中で，費用対効果や投資収益率という経済性を中心とした方法論では適合していないことはあきらかであった。業務効率化を目指し，生産性向上による人件費を目指したIT投資と，戦略の実行に関わるようなIT投資とは，質的にまったく異なる効果をもつIT投資だからである。従業員の作業工数削減効果と，顧客の利便性向上効果について，たとえ金額に換算できたとしても，それらを同一次元で比較すること自体が，通常の経営感覚からして，そぐわないように思える。従業員の工数削減効果を生むIT化を選択するのか，顧客の利便性向上をめざすIT化を選択するのかという戦略選択の問題であって，決して，金額換算によるROIが高い方を採択することではなかったと気づかされた。

　戦略の実行を支援するのがIT投資の重要な役割であると理解できたとして，では，すべてのITは戦略の実行のために投資されるのかという疑問がわく。インフラにかかわる投資は，直接に，効果を生まないだけでなく，直接，戦略の実行を支援するとは思えないからである。しかし，前もって，インフラが整備されていなければ，戦略の実行の阻害要因となりかねない。インフラ構築を逡巡していたら，企業の命運を制しかねない大きなリスク要因となってしま

i

う。見方を変えれば，企業は保有するキャッシュを設備購入にあてるのか，研究開発に投ずるのか，IT投資するのか，さもなくば株主に配当として還元するのかという代替案の選択としての投資戦略の問題としても捉えられるようになってきたように思える。

これらの諸課題を解決するために，IT投資マネジメントの必要性は，なお高いと考えたからこそ，本書に取り組んできた。

本書の理論的構制は次のとおりである。

1. ITの重要な役割を説明するために，資源ベースアプローチを基礎として，企業内部の資源，ケイパビリティ，資産の諸概念を活用した。
2. 戦略とIT投資の因果関係について，戦略マップとバランスト・スコアカードを用いて，目標と指標の因果関係を俯瞰するアプローチをとった。そして，戦略実行を効果的に支援するためには，情報資本，人的資本，組織資本などのインタンジブルズが，戦略の実行にさきだって整備されていなければならないことを示した。
3. 企業経営の不確実性に関連したIT投資について，従来の経済性評価（NPV）にオプション価値を加味するリアルオプション・アプローチを取り入れた。これによって，IT投資がもつ，インフラ的な役割，セキュリティなどのリスク低減効果，研究開発投資と同様な実験的な役割，に対してひとつの解決方法を提示した。
4. 戦略的なIT投資では，IT導入から客観的に効果が導き出せるのではなく，目標を実現するための，ひとつの資源としてITが活用される。投資対効果の客観的な因果関係を追求するのではなく，経営者，情報システム部門，利用部門からなる利害関係者の間でのコミットメントをベースとした合意形成アプローチの有効性を示した。

このような理論的構制が，実務的に成り立ちうるかについて，最終章において，日本の先進企業のITマネジメント・プラクティスで検証しようとした。

あるセミナーで，CIOは情報システム部門側なのか，経営者側なのかと質問されたことがあるが，合意形成モデルには，これらを調整するもうひとつの機能とそこに位置づけられるCIOの役割が必要なのかもしれない。今後の課題としたい。

本書の成立には，2002年から開設している戦略的IT投資マネジメント研究

フォーラムの協力に負うところが大きい。日本中の，この分野の実務家，研究者，コンサルタントによる質の高い議論が本書を準備してきた。当初，この本は，編著者（松島）一人で執筆が進められたが，知識レベルの点でも，期間の面でも，困難であると感じ，研究仲間からの支援を得て，やっと出版にこぎつけることができた。

インタンジブルズの議論を展開する理論的しかけとして，十日町市のBSCと戦略マップへの取り組みという事例にもとづくインタンジブルズの価値について新潟大学の大串助教授に，また，インタンジブルズの管理について，玉川大学の小酒井准教授に参画してもらった。IT投資マネジメント研究におけるもっとも先進的な研究成果を盛り込むことができた。

不確実性とリスク問題を組み込むために，IT投資マネジメントにおけるリアルオプション・アプローチの第1人者である同志社女子大学の加藤教授に加わってもらった。おそらく，もっともわかりやすいリアルオプションのテキストのひとつとなったのではないだろうか。

そして，最終章では，経済産業省の「CIOの機能と実践に関するベストプラクティス懇談会」での議論のまとめ，その後の補足的なアンケート調査，分析など，このテーマの基礎的作業から原稿執筆までを，オージス総研の礒部コンサルタントに深くかかわってもらった。共著者の方々の支援に対して心から感謝したい。

また，私の研究室に参加されている方にも大きな協力をいただいた。ネパールからの博士課程留学生ジョシさんがPenroseの成果を持ってきてくれたことが，IT投資マネジメントに資源ベースアプローチを持ち込むきっかけとなった。また，武蔵大学の金講師は，インタンジブルズの概念に，本書の通奏音のような基本的役割を与えてくれた。中国からの留学生の張さんは情報共有の価値を，SCMにおいて明らかにしてくれた。

本書は，編著のかたちをとっているが，章を分担して編集するという従来のような方法をとっていない。ネットを活用して，参加メンバーと頻繁に文章のキャッチボールを繰り返し，全体を通して統一的なコンセプトが維持できるよう，いわば，一人が書ききったように作ってきた。もちろん，研究フォーラムという情報資本と人的資本と組織資本があったからこそ完成できたことは疑いない。

本書は，たしかに，実務書という体裁をとっているわけではないが，実務家の方にこそ読んでもらいたい。多くのCIOをはじめとして当分野の関係者の勉

学意欲はきわめて高いものがある。現に，おつきあいいただいている実務家の何人もが大学教員に転職し，また，コンサルタント，調査関係の仕事についている方も多い。このような実務にあって研究を続けている方たちとのネットワークこそ，この分野の大きな財産である。IT投資マネジメント領域では，すでに実務家と研究者の境があいまいになっており，学界の研究者が実務家をリードするのではなく，コラボレートすることが通常になっている。

　本書を出版に導く過程で多くの方にご指導いただいた。とりわけ，専修大学経営学部の櫻井通晴教授が主宰されていた大学院ゼミナールにて，本書の原稿をレビューいただき，基本的な議論からささいなミスの指摘まで，席上でのコメントが大きな支えになった。櫻井教授をはじめ，専修大学 伊藤和憲 教授，大柳康司 助教授，青木章通 助教授，文教大学 志村正 教授，日本大学 新江孝 助教授，玉川大学 山田義照 講師，成蹊大学 伊藤克容 助教授，東京経営短期大学 岩渕昭子 助教授，吉田千之輔 フジタ取締役（元さくらフレンド証券取締役社長），川口短期大学 田坂公 助教授，りそなホールディングス財務部 兼 りそな銀行経営管理室 谷守正行グループリーダー，NTTビジネスアソシエの山口善弘主査，さらに，ゼミナールに参加された院生の方にお礼を申し上げたい。また，前著『戦略的IT投資マネジメント』に引き続き，本書にも出版の機会をあたえて頂いた白桃書房の大矢栄一郎社長に深く感謝したい。

　また，これまでの多くのセミナー，研究会に出席された実務家の方，調査，インタビューに快く応じていただいた方からのさまざまなご意見，ご教示は，この本を執筆する上での大きな糧となっている。誌面の都合で，全ての方のお名前を掲載できないが，ここに深く感謝したい。

　なお，本書刊行にあたって2006年度武蔵大学研究出版助成を受けた。あわせて大学関係者に感謝したい。

　末尾に，個人的なことで恐縮であるが，本書執筆さなか交通事故にて長男を亡くすという不幸に遭遇した。現場に向かう途中であった。現場にこだわって生きてきた息子の，"そんな文章，現場には何の役に立たないよ"という天からの声に，必死でこたえようとしてきた。少しは誉めてもらえるかどうか。心より冥福を祈りたい。

平成19年3月<br>
松島桂樹

# 目次
はじめに

## 第1部 概論

### 1章 IT投資マネジメントの概要 ……… 2

はじめに …………………………………………………………………… 2
1　IT投資をめぐる環境変化と諸問題 ……………………………… 2
2　IT投資マネジメントの構築 ……………………………………… 7
3　IT投資マネジメントのプロセス ………………………………… 20
おわりに …………………………………………………………………… 22

### 2章 価値創出のプロセス ……… 24

はじめに …………………………………………………………………… 24
1　プロセス志向のIT投資マネジメント …………………………… 25
2　IT資源調達のプロセス …………………………………………… 26
3　ケイパビリティ向上のプロセス ………………………………… 27
4　IT資産形成・活用のプロセス …………………………………… 29
5　KPI管理のプロセス ……………………………………………… 31
6　財務業績のプロセス ……………………………………………… 32
7　考察 ………………………………………………………………… 34
おわりに …………………………………………………………………… 36

# 第2部 アプローチ編

## 3章 IT投資マネジメント研究の発展 ……… 40

はじめに ……… 40
1 第1期　困難性の指摘（1990年以前）……… 40
2 第2期　会計技法への疑念（1990年代前半）……… 43
3 第3期　解決アプローチの探求（1990年代後半以降）……… 45
おわりに ……… 54

## 4章 資源ベースアプローチ ……… 57

はじめに ……… 57
1 資源ベースの経営戦略アプローチの展開 ……… 58
2 資源ベースアプローチにおける諸要素の検討 ……… 63
3 資源ベースアプローチによるIT投資マネジメント ……… 66
おわりに ……… 71

## 5章 リアルオプション・アプローチ ……… 74

はじめに ……… 74
1 リアルオプション ……… 75
2 オプションの理論価格 ……… 78
3 IT投資マネジメントとリアルオプション ……… 82
おわりに ……… 87

## 6章 合意形成アプローチ ……… 90

はじめに ……… 90
1 費用対効果アプローチの限界 ……… 91

2　合意形成アプローチの発生 ……………………………………… 92
　　3　合意形成アプローチの要因 ……………………………………… 95
　　4　利害関係者間の調整プロセス …………………………………… 98
　　おわりに …………………………………………………………………… 101

## 7章　バランスト・スコアカード手法 …………… 103

　　はじめに …………………………………………………………………… 103
　　1　BSCの発展 ……………………………………………………… 104
　　2　BSCを活用したIT投資マネジメントの特徴 ………………… 108
　　3　BSCをIT投資評価に活用する際の考慮点 …………………… 114
　　4　ケーススタディ：新潟県十日町市 …………………………… 116
　　おわりに …………………………………………………………………… 120

## 8章　インタンジブルズの管理 ……………………… 122

　　はじめに …………………………………………………………………… 122
　　1　インタンジブルズの意義 ……………………………………… 123
　　2　インタンジブルズ管理の要因 ………………………………… 125
　　3　情報資本の役割 ………………………………………………… 129
　　4　インタンジブルズ重視のIT投資マネジメント ……………… 131
　　おわりに …………………………………………………………………… 133

## 9章　SCMにおけるIT投資マネジメント ………… 136

　　はじめに …………………………………………………………………… 136
　　1　SCMにおけるITの役割 ………………………………………… 137
　　2　SCMにおける情報共有の価値 ………………………………… 138
　　3　SCMの経済性評価 ……………………………………………… 141
　　4　価値創出プロセス ……………………………………………… 146
　　おわりに …………………………………………………………………… 150

# 第3部 実践編

## 10章 先進企業に見る日本のITマネジメント・プラクティスとCIOの役割 ……… 154

はじめに ……………………………………………………… 154
1 ITマネジメントの状況 ……………………………… 157
2 CIOの機能について ………………………………… 184
3 分析とモデル化 ……………………………………… 195
6 トヨタと日産におけるIT投資マネジメントの比較 ………… 206
おわりに ……………………………………………………… 210

第 1 部

# 概論

# 1章

# IT投資マネジメントの概要

## ■ はじめに

　IT投資は[1]，IT活用による企業の業績向上を目指して実施される。そして，そのための重要な作業のひとつが投資の評価であり，その中心に採算性，いわゆる経済性評価が位置づけられてきた。

　しかし，優れたIT投資評価を実施すれば確実に業績が改善するとは限らない。さまざまな要因が関わり，効果はあいまいで実現性も不確実な場合が多い。したがって，評価活動のみならず，それ以上に，いかにして効果を実現するかに関する管理が重要となる。IT投資マネジメントは，IT投資に関わる活動を効果的に管理するための手法のフレームワークである。

　本章では，IT投資マネジメントの基本的な考え方について提示する。

## 1 ■ IT投資をめぐる環境変化と諸問題

　IT革命の喧伝の後，バブル崩壊によって一時的にIT投資額が減少したことがあったけれども，最近の製造業や金融業の業績回復に伴って，2005年を境にIT投資は再び活況を呈し（JUAS, 2006），IT投資をめぐる状況も大きく変化している。

## (1) IT投資への疑念

　IT投資などの先端的技術への投資は，きわめて啓蒙的な意味合いをもち，進取の気概に富む経営者がチャレンジすべきテーマでもあった。さらにいえば，IT化は企業にとって不可欠，かつ善であるという信念も根底にあったに違いない。

　近年のIT革命そしてネットバブル崩壊の過程から，ITに投資することが全て正しいわけではないという理解が広がっている。さらに，IT自体は戦略ではない，IT自体が重要なのではないとの主張が提起された。ITの低廉化，コモディティ化に伴って，ITはツールであって，必要な時に必要なITを調達すればいいという考えも合理的に思えるようになってきた。

　しかし，IT化には巧拙があり，同じ業務パッケージを導入しても成功する企業がある一方でうまくいかない企業もある。急ごしらえで準備不足のシステム構築が失敗しやすいことは多くの事例が示している。必要な時に，必要なITに投資するだけで十分とはいえないのである。

## (2) IT投資の大規模化

　1980年代後半からのダウンサイジングと景気後退によってIT投資規模は縮小されたが，その後のIT革命の過程で，公共部門では，住民基本台帳ネットワーク，電子政府，電子自治体など大規模プロジェクト化が進んでいった。多くの地方自治体ではバランスト・スコアカード（Balanced Scorecard: BSC）を活用しながら業績評価を実施し，費用対効果についても何らかの指標をもって測定しようと考えている。

　民間部門においても，2000年問題の解決策として，また企業の基幹システムとしてERP（Enterprise Resource Planning）の導入が本格的に進み，一企業で100億円レベルの投資がなされた事例もある。もはや，啓蒙や，"あるべき"論だけで意思決定できる規模ではなく，そこに明確な妥当性，採算性の説明なくして推進できなくなっている。

## (3) 企業間システムの拡大

　企業間の受発注に関するデータ交換は，インターネットの発展，普及によって，企業間ネットワークを活用したサプライチェーンマネジメント（Supply Chain Management: SCM）の実現を支援してきた。SCMは企業間連携を支え

るシステムとして導入され，系列のような長期的な取引関係においても，販売実績や需要予測情報，在庫や生産実績情報など多様で緊密な情報共有を実現している。

　ネットワークを活用した取引として，YahooオークションやアマゾンドットコムなどのB2Cの取引量が増大している。B2Bの分野でも業界横断の受発注システムや系列内取引として，Web-EDI（Electronic Data Interchange）やeマーケットプレースが拡大している。B2Bでは，企業間の信頼関係や実績がきわめて重要になるため，継続的な取引関係，品質などが重視される。現在は大手発注企業中心にEDIが進んでいるが，IT新改革戦略では，2010年度までに，中小企業の取引先のうち電子商取引を実施する企業の割合を50%以上とすると表明するなど，中小企業での普及が大きな課題（IT経営応援隊EDI-WG, 2006）となっている。

## （4）情報公開の必要性増大

　企業の情報公開の進展に伴って，ITに関する投資状況を明らかにし明文化しておくことが求められるようになってきた。また，よく知られているように，M&Aに際して，銀行統合の例をはじめとして，両者のITの円滑な統合は実務的にも大きな課題である。統合に伴って使用されないことが明らかなソフトウェアは，速やかに除却されねばならないため，財務会計上も大きな影響が生じる。

　米国の公共部門では，エンタープライズアーキテクチャー（Enterprise Architecture: EA）に基づき，外部から可視化された情報システムの構築が求められるようになってきた。これまでは，IT投資についての評価を外部から指摘されることはほとんどなかったかも知れないが，今後は外部の利害関係者にきちんと説明できることが求められる。そのため，IT投資やIT資産の状況，稼動中のシステムによるユーザーへの利便性などを明確にするためにIT査定が実施されるようになってきた。

## （5）ビジネスモデルの変化

　ネットワークの発展によって新たなビジネスモデルが開発されるようになってきた。伝統的なビジネスモデルでは，事業開始までに必要な資金を準備し，必要な設備，要員，スペースを取得しなければならなかった。しかし，インタ

ーネットの登場によって，いつでもどこでも，異なる企業，組織，個人との容易な情報交換が可能になったため，他社と連携しやすくなり「持たない経営」が促進された。

また，今まで，いろいろな組織が介在して最終顧客とつながっていたが，中抜きで直接コミュニケーションができるようになったことが，ビジネスモデルを大きく変える要因になっている。Yahoo!やGoogle™は検索エンジンによる情報を媒介としたビジネスであるが，サービスの利用者は費用を負担しない。(株)エヌシーネットワークが行っている受発注掲示板，工場検索では，発注者が「今度はこんな仕事が必要だ」と希望すると，応札者が「ウチはいくらだったらやる」というビジネスマッチングを支援している。これらは，いずれもネットワークを活用した新たなビジネスモデルに違いない。

## （6）内部統制への対応

ライブドアのような，法の抜け穴をついたビジネス手法に対して多くの批判が寄せられているが，同時に，伝統的情報サービス産業に対しても，ビジネス取引の正常化が要請されている。「情報サービスの財務・会計を巡る研究会」(2006)は，長年にわたるユーザーとベンダーとの不適切な取引慣行，とりわけ契約締結前の開発作業の開始，契約書内容の不十分さを指摘し，正しいビジネスを行なうための内部統制の強化を求めている。

もはや，無形の財だから不透明でよいという甘えは許されない（加古, 2006)，また，ユーザー企業と情報サービス企業とのもたれあい構造を排し，精度の高い原価管理や工程管理をもとに，取引慣行の改善や，開発作業の可視化への努力が必要（木内, 2006)，との指摘がなされている。ユーザー企業も，従来のようなあいまいな商慣習にもとづくベンダー企業との調達関係を内部統制の観点からも見直さなければならない。

## （7）組み込みソフト開発の台頭

デジタル家電製品の開発，普及によって，多くの家電製品にはマイクロプロセッサーが組み込まれるようになった。市場で販売されるCPUの98%は非PC用，すなわち組み込みソフトウェア用だといわれる。そこにはビジネス用ソフトウェアとはまったく異なるソフトウェア開発の領域が存在している。

携帯電話のように1製品当たり数百万ステップを必要とする製品も登場した。

従来の情報サービス産業，そしてビジネスソフトと異なるソフトウェア開発の需要が爆発的に増大し，従来のレガシー系やWindows系とは異なるスキルと開発人材が必要となっている。新たなビジネス需要の創出とともに，伝統的情報サービス産業の人材不足に拍車をかけている。

## （8）人材の構造的問題

　ITをめぐる技術革新はめざましく展開しつづけているように思える一方で，WebテクノロジーやC++やJava，Windowsはすでに10年以上経過し，技術の成熟化とともに多様化，専門化が進んでいる。それに伴って保有すべきスキル領域は拡大し，また深くなっている。現実のプロジェクトを通じてスキル獲得を行なうOJT（on the job training）だけでなく，外部での研修や，自習の機会を通じた体系的な教育を実施しなければ，開発ができなくなっている。

　また，景気回復のなかで，都市銀行のシステム統合や製造工場の国内回帰によるシステム再構築などの大型システム案件の増大によって，伝統的情報サービス企業における人不足はさらに深刻になっている。かつて，IT業界は，優秀な学生の雇用力を誇り，理工系の優れた学生が新しい分野としてこぞってIT業界を目指した時期があった。しかし，近年，新卒採用予定数が確保できないなど採用難が顕著になってきた。単に少子化による学生数減少という問題だけでなく，IT企業もただの3K職場でしかなく，とても魅力あふれる職場とは学生から見られていない，など業界側にも課題が少なくない。

　人材不足は，新卒者を多数，採用すれば済む問題でないことは業界内部でも十分理解されている。システムの巨大化に伴い，多くの技術を組み合わせることができ，全体を俯瞰できる人材，顧客の要望事項をまとめることができる人材，国際プロジェクトを任せられる人材が必要だからである。ユーザー企業が資金を用意したからといって，優れたSEを外部で確保できるとはいえない時代が迫ってきている。

　これに対して，㈳日本経済団体連合会（2005）は，「産学官連携による高度な情報通信人材の育成強化に向けて」を発表し，危機に瀕するわが国の高度情報通信人材に関する国家戦略の必要性をもとにした基本的枠組みを提言した。具体的には，大学・大学院における高度情報通信人材育成に向けたアクション・プランとして，「ソフトウェア専門大学院」を産学連携で推進すると発表[2]するなど，産官学あげての課題として認識している。

## 2 ■ IT投資マネジメントの構築

さまざまな環境変化に伴い，従来の経済性評価を超えて，IT投資マネジメントを体系的に構築する必要性が高まっている。IT投資マネジメントは，企業内のITに関わる支出を効果的に企業業績に貢献するための管理手法のフレームワークを意味する。本節では，IT投資マネジメントにおいて検討すべきテーマの概要について提示する。

### （1）IT活用とIT投資マネジメントの変遷

情報システムの変遷は，つねに新たな投資評価手法を必要としてきた。MIS（Management Information System：経営情報システム），DSS（Decision Support System：意思決定支援），CIM（Computer Integrated Manufacturing：統合生産システム），BPR（Business Process Re-engineering：リエンジニアリング），SCM，CRM（Customer Relationship Management：顧客関係管理）などと，IT活用は拡張されてきた。それは，情報処理から情報活用へ，そして情報交換へと，また，規模の経済性から範囲の経済性へ，そして現在のネットワーク技術を生かした外部資源の活用による連結の経済性へと質的な変化をとげてきた。

3つの時代に分けて考えてみよう。最初は汎用コンピュータを計算機として使っていたMISの時代である。処理スピードの高速化によって，大規模な計算が短時間でできるようになった。これは情報処理のためにITを活用したといえる。この時代は，手作業から機械への置き換えが中心であるから，工数削減効果が明確であった。集中型の処理が中心であるため，個別アプリケーションの採算性よりも，アプリケーションの増大，処理量の増大に対して，コンピュータの処理能力が足りるかどうか，いいかえるとキャパシティ計画がIT投資マネジメントの中心であったといえる。

次はパソコンの時代である。個人によるIT利用の促進によって，企業経営に関わるさまざまな情報に瞬時にアクセスできるとともに，その情報を2次加工し，新たな価値を創造することができるようになった。それはDSSの発展，普及と考えることもできるだろう。ここでのITの価値はもはや情報処理ではなく情報活用にある。しかし，パソコンが設置され，いろいろな情報を活用できるようになったとしても，これはスタッフへの情報支援，すなわち間接効果

であるため定量化が難しい。ダウンサイジング，クライアントサーバーコンピューティングが主流のこの時期においては，個別プロジェクトの採算性，すなわちROIをいかにして高めるかが，IT投資マネジメントの中心にあった。

そして，最近はネットワークを活用して情報を交換する時代となった。ITは多様な組織，個人との迅速な情報交換にその能力が生かされ，ビジネススピードの向上こそがその大きな価値となっている。ビジネススピードの向上は，単に処理時間が短縮されたり，開発期間や納期が短縮されたりするだけではなく，ビジネスチャンスを逃さず，リスクに対応できるために備えておくことが重要な価値である。

このようにIT活用の変化は，活用による価値の変化を引き起こし，そして管理するためのIT投資マネジメントをも変化させてきた。

## （2）IT投資評価の目的の進化

IT投資における採算性評価の主たる目的は，当初，経営者に対する投資意思決定のための情報支援であると考えられてきた。しかし，第10章のような多くの企業ヒアリングによって，経営者やCIO（Chief Information Officer）は，投資評価作業にもとづいて算定された回収期間，NPV（Net Present Value：正味現在価値），ROI（Return On Investment：投資利益率）などの財務指標だけで意思決定を行っているのではないことが明らかになった。

たとえば，重要な戦略の実施のために必要なIT投資を実施する企業もあった。さらに積極的に，会社の戦略を意思決定し，実施する際のスピードに遅れないよう，インフラ装備やシステム開発を常々準備するよう指示していた企業もあった。また，別の企業は一定のROIを超えたプロジェクト案件に対して，経営戦略を踏まえて採否を判断している。さらに，中期計画において取り組むべきシステム開発プロジェクトを定義し，年度予算とすり合わせながらIT投資総額を決め，優先順位と効果の大小によって個別のIT予算を調整していた企業もあった。意思決定支援とはいいがたい目的が示唆される。むしろ，説明責任と調整のための支援機能といえる。

評価活動が事前に行われるのに対して，事後の検証を実施している企業が少ないことはよく知られている。そのひとつの理由は，意思決定に用いられる財務指標を事後の財務報告から抽出することが，ほとんど困難だからである。生産性向上が財務報告に記載されることはほとんどないし，期待効果としての売

上増は，実際に売上が増大したとしても，それがIT投資によるものか，営業担当者の努力によるものかを識別することは不可能である。

　IT投資マネジメントには，計画された効果が確実に実現できたかどうかをモニターし，その改善を支援する役割が要請されている。これをマネジメント・コントロール機能と呼んでみる。そして，意思決定という一時点での情報支援から，計画策定，業績評価，改善にいたるプロセスを一貫するIT投資ライフサイクル全体を管理することによって，IT投資によってもたらされる企業業績の最大化を図ることが大きな目的となっている。つまり，採算性評価を精緻に行なうことよりも，確実に成果に結びつけることのほうが重要なのである。

　投資額と効果金額の因果関係づけが困難であるもうひとつの要因として，実施されたプログラムはIT投資だけで成り立っていないことがあげられる。したがって，IT投資とその効果だけを抜き出して採算性を議論することに本質的に無理があるといえる。また，IT投資による自然な帰結として効果が生じるというよりも，目標に向かってITをはじめとする多様な資源が動員されると考えるほうが現実にあっている。

　従来の費用対効果の評価方法は，IT投資によって生じた効果1，効果2，効果3…効果nを合算してきた。しかし，新しい考え方では投入する資源1，資源2，資源3，…資源nが統合され，目標値的な意味合いでの効果をもたらす。この資源のひとつがIT投資であるとすれば，ひとつの資源だけを取り出して効果と比較することは合理的ではない。このように考えるとIT投資評価，すなわち投資対効果の議論は不要のようにさえ思えてくる。しかし，企業が正統な理由づけなしに投資することはもはや許されないのも現実である。したがって，IT投資マネジメントの対象も，IT資源の獲得だけを議論するのではなく，企業業績へと導くさまざまな要素を含めて検討すべきであろう。

## （3）設備投資評価手法応用の限界

　IT投資による効果を金額換算し，費用と比較してその採算性を検討する，これがこれまでの基本的なIT投資評価手法であった。ここに伝統的な設備投資評価手法が活用され，理論づけられてきた。すなわち初期費用としてのキャッシュアウトフローに対し，効果を金額換算したキャッシュインフローによってどのようにして回収されるかというモデルである。その際の指標として回収

期間やNPV，ROIなどが用いられた。

　回収期間法では，投入した資金が，得られたキャッシュインフローによって採算にいたる期間を指標として活用する。しかし，回収後の採算性を考慮できないことが問題点とされた。NPVでは，時間的価値を考慮するために年度によって割引率を乗じて差し引くという計算方法を用いる。すなわち，今日受け取る貨幣が，明日受け取る貨幣よりも価値が高いことを考慮している。しかし，この割引率の数値によって採算性は大きく変わってしまう。ROIは，一定期間における投資額に対する利益の割合である。ITプロジェクトのように，効果が長期にわたる投資では，評価期間が短期であれば採算性が劣ると見なされがちである。日本では，従来，回収期間を用いることが多かったが，近年は，NPVやROIを活用する企業が増えてくるなど，評価指標も変化している。

　しかしながら，IT投資の状況でこれらの手法を利用するにはいくつかの問題が生じる。第1に直接キャッシュとして回収できる効果が少なく，機会原価，すなわち投資を実施しないことによって生じる損失を低減できるというように，間接的に金額換算する効果が多い。このような効果の算定には恣意性や主観が混入しやすく，不確実性が高い。第2にソフトウェア調達などでは，初期費用に比して相対的に保守費用の比率が大きくなりがちである。第3にITの汎用性に起因して，当該プロジェクトにITが活用されるばかりでなく，多目的に他のプロジェクトにも利用されるなど基盤的な役割をもつことである。したがって，先端的技術を社内で最初に手がけるIT投資プロジェクトは採算性が低く，後発プロジェクトがそれを使用すれば採算が向上するため，却って，先発プロジェクトの動機づけが弱まってしまう。

　これらの課題によって，単に設備投資評価手法をそのまま応用するのは，実務としても適合性を欠くことが明らかになってきた。

## （4）費用対便益評価手法の改善

　伝統的設備投資評価手法を応用したIT投資評価の実務を修正する必要性が明らかになってきた。効果が不確実であるならば，採算性をいかに厳密に算定したとしても，計算結果の信憑性，あるいは経営者から見た信頼度が高いとはいえない。このような算定によって得られた数値が，真に企業に利益をもたらすとは思えないからである。

　これらの課題を解決する方法のひとつとして，非財務指標を考慮する総合的

評価手法が，とりわけ日本で実務に取り入れられている。換算しにくい効果を無理やり金額評価するよりも，定量化できるが金額換算しにくい指標，あるいは定量化も困難な定性的効果を評価情報の一部を構成するとして列記する。その際に，一定のハードルレート（割引率）を超えた採算的プロジェクトの中から，企業戦略との整合性，親和性，適合性を含めた総合的評価として優先順位づけするのは，経営者にとってわかりやすく，意思を反映しやすい手法といえる。総合的な評価アプローチは，多元的評価手法としてのBSC手法をこの領域で活用することにつながった。

　IT投資は，ときに実験的な意味をもって実施される。今後，有望な投資領域を明らかにしたり，逆に投資する価値のない領域を明らかにしたりし，将来の利益創造に貢献するような多くの情報を提供する潜在的可能性をもつITプロジェクトも少なくない。また，伝統的手法では，初期費用は返還されることはないため，この額が損失の最大値となるが，途中で違約金を支払うことで解約，返金が可能となるオプションがあれば，損失は軽減でき，経営者にとっても，意思決定のリスクを減らす効果をもたらす。

　このような効果はオプション価値と呼ばれている。これを金額換算し，従来のNPVに加算する手法はリアルオプション・アプローチと呼ばれ，意思決定リスクを反映した手法として活用されるようになってきた。

## （5）IT投資による価値の進化

　ITは何のために用いられるであろうか。何を期待されているだろうか。業務の自動化による効率化の期待効果の多くは生産性向上であり，その結果としての人件費削減である。しかし，生産性向上によって，直接的に要員削減を図る企業は多くなく，要員を必要としている部門へ配置転換するのがほとんどである。それは採用抑制という効果に等しい。しかし人件費削減という非常にわかりやすい効果の表現方法は合意形成にとって有用なツールである。また，在庫削減，製造・開発・納入などのリードタイム短縮も業務効果の中心である。

　次に，顧客にとっての価値である。顧客に提供するサービスの向上によって，満足度が向上し，次の発注につながる可能性が高い。また，ITを活用して新サービスを行なったり，顧客との情報交換を強めたりすれば，顧客との関係向上に役立ち販売強化につながりやすい。たとえば，購入した商品についてクレームメールを送れば，対応力が優れた企業はすぐに回答できるであろう。

納期が短縮すれば，顧客が保有すべき在庫を圧縮することができ，顧客の貸借対照表やキャッシュフローなどの財務業績を改善させる。

　このような業務効率向上価値と顧客価値に，人材育成の価値とレディネス強化の価値を追加しておきたい。企業は人なりといわれるが，2007年問題として団塊の世代が退職した後，企業の技能や技術力の低下にどのように対処すべきかと悩んでいるのも事実である。そのため，若い人への知識や技能の伝承を進めている企業も多い。以前は，IT化によって専門家でなくても，一定の仕事ができることが強調された時期があったが，現在では，それは競争力にはならないことがわかってきた。業務の標準化に加えて，これまで以上に付加価値を持つ仕事を遂行することこそが企業としての競争力になると考えるようになってきた。いかに複雑な仕組みで自動化しても，人の能力が下がってしまってしまっては，品質トラブル発生につながりやすいことも近年の事故で立証済である。

　このように，IT化によって複雑な仕組みを作れば作るほど，それに関わる人たちの能力も高める必要がある。精度の高い製品を自動的に製作できるようになったとしても，その精度を機械に組み込むことができ，出来上がった製品の精度を判別できる人がいなければ，競争力とはなりえない。また，高度な分析ツールや検索技術が発達するにしたがって，情報の活用能力，情報の分析能力，仕組みを考える能力，ITを活用して経営する能力など，多様な能力の向上がますます必要になっている。まさしく，IT化を進めるからこそ人材が育成されるという活用領域がこれから価値が高いといえるだろう。

　さらに，変化にすぐ対応できる仕組みを，前もってITを活用して作っておく必要がある。環境が変わってから対応するのではビジネスチャンスを逸してしまう。いわば，獲物がきたら，いつでも鉄砲を撃てる状態を作っておくように，レディネスが，スピード重視の時代には求められるようになったのである。

## （6）ポートフォリオ管理の有用性

　IT投資マネジメントにとって，個別プロジェクトの採算性評価と同様に，年度および中長期での企業全体でのIT予算の配分は重要な実践活動である。個別プロジェクトの採算性がROIなどの指標を用いて行われるのに対して，予算配分に関する手法としてポートフォリオ管理が用いられる。

ROIが高い個別プロジェクトは，企業業績を改善させるはずであるため，原則的に採用されるべきであるが，資金や人材などの投入資源に制約があるため，優先順位づけが必要となる。さらに，プロジェクト毎の効果が独立に得られるわけではなく，競争力向上のように，単純に加算できるとはいえないからである。

規模的にも質的にも異なる多様なITプロジェクトを，同じような評価方法で，採算性のみの優先順位で採否を決定するのは適切でない。各プロジェクトの特性を考慮して，そのタイプや質によって異なる手法で評価し，多様なIT投資プロジェクトを組み合わせたIT投資ポートフォリオを用いて，バランスのとれた全体最適を目指す投資意思決定が必要とされる。

IT投資ポートフォリオ管理におけるITプロジェクトのタイプ分類については数多く提案されているが，ハイリスク・ハイリターンとローリスク・ローリターンというような効果の大きさとリスクの程度を考慮した分類が一般的である。

**図表1−1　IT投資ポートフォリオ**

縦軸：リスク大／リスク小、横軸：収益小／収益大。左上：（無名）、右上：戦略的情報システム、左下：更新プロジェクト、右下：（無名）

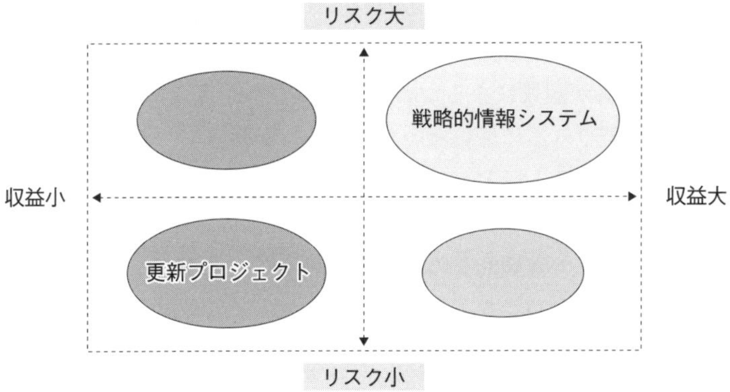

## （7）合意形成アプローチ

費用対効果のモデル化を精緻に行なおうとすれば，モデルが複雑になるとともに，前提や仮定が多くなり，調査データも増加し，調査期間は長期化する。さらに，不確実性が増し，結果として，経営者や利害関係者からみてわかりにくくなり，却って合意形成が困難になる。より正確な採算性分析を目指したのにも関わらず，あきらかにパラドックスに陥ってしまう。

また，モデルにおける係数は，プロジェクトを前向きに考える利害関係者は効果が大きくなるように操作し，否定的な場合は効果が低くなるように操作しがちである。したがって，恣意性が介在しやすく因果関係も検証されにくい。

　このような状況においては，調整コストが膨大になり，期間もかかり，タイムリーな意思決定を阻害しかねない。この調整メカニズムとして利害関係者間の合意形成を重視するアプローチが提起される。すなわち，論理的，かつ客観的な因果関係を定式化することは困難であり，それを厳密に追求しようとすればコストが肥大化する。したがって利害関係者間の調整ルールの設定とコミットメントが効果的な意思決定を支援する。

　意思決定の責任を持つ経営者，開発・運用に責任を持つ情報システム部門，効果を生み出し業績に責任をもつ利用部門の3者が合意を形成すべき利害関係者となる。経営者が情報システム部門に対して投資を行ない，情報システム部門は利用部門に対してサービスを提供する。利用部門は，このサービスを活用して経営者に対して業績として投資を回収させる。

　プロジェクトが採用されるために効果を過剰に見積もったとしても，事後に利用部門の効果が厳格に追跡されるのであれば，効果目標を高くすることに歯止めがかかる。逆に効果目標を低く見積もれば採算性が悪化するため，必要なIT投資予算の獲得が困難になるため，歯止めがかかるであろう。したがって，均衡を求めて調整されるに違いない。システムが複雑で，効果発生にタイムラグが生じるプロジェクトほど，コミットメントをベースにした合意形成アプローチが有効であろう。

　従来，投資と効果の客観的な因果関係を過度に追求するために，社内での調整に多くの時間と労力が費やされ，結果としてタイムリーな意思決定がなされず，トップの政治的行動や感覚的な判断に依存し，改善，改革の機会を失うことも少なくなかったであろう。合意形成アプローチは，効果的な調整モデルをIT投資マネジメントに組み込んだといえる。

## （8）プロセスアプローチの活用

　IT支出と業績との因果関係の研究が数多くなされており，とりわけ，直接的な関連度合いの有無を論じたものが多かった。しかしながら，従来のアプローチは，費用と企業業績の因果関係に他の要因がどのように影響を与えるかを分析するもので，企業実務に対して決して十分な情報をもたらさなかった。た

とえば，研修が業績に大きな影響をもたらすといったところで，では具体的にどのような局面でどのような内容の研修を実施したらよいかを知ることはほとんど困難である。

そのために，支出と業績という2局面だけではなく，途中にマイルストーンを設けるプロセスアプローチが提案された。各々のプロセスにおいて，投資内容以外に，人的資本や組織資本，情報資本など，財務的に定量化が難しい要因，すなわちインタンジブルズ[3]が，どのような影響を与えているかを検討する。

プロセス毎に成果を確認し，どのような成果にどのような要因が影響を与えるかを考察することによって，具体的な実務を検討することができる。また，事後に，当該プロジェクトの進捗を容易に確認することもできる。つまり，途中経過の把握によって，最終的な財務業績に貢献できなかった場合，要因の影響度合いを測定し対策を講じることが容易となる。企業の業績がよければ，全てのITプロジェクトが成功で，業績が悪ければ全て失敗というわけではない。業績はITプロジェクトだけで決まるわけでもなければ，業績によってのみITプロジェクトが評価されるということは不合理でさえある。

プロセスアプローチでは，途中段階の成果を確認することで期待された効果を確実に獲得しようとする。したがって，途中段階で成果が思わしくなかった場合の阻害要因を明らかにし，タイムリーな対策がとりやすい。それがプロジェクトに起因するものか，あるいは，企業環境の変化などの外部要因によるものかを識別することが容易になるであろう。

## (9) PDCA管理サイクル

合意形成アプローチは計画作成，意思決定，業績測定から構成され，効果的な意思決定と実施を支援するために，PDCA管理サイクルを適切に回すことが不可欠である。チェックとアクションを効果的に行なうために，計画段階において適切な評価尺度が合意されていなければならない。

IT投資の評価は，一回限りの活動ではなく，プロジェクトの進捗状況の把握，業績測定，改善活動などからなるPDCA管理サイクルとして実施される。その過程で，プロジェクトの成果が思わしくない場合，その原因が計画の問題なのか，開発過程あるいは運用上の問題によるものかを切り分けるための指標を前もって決めておけば，意思決定におけるリスクが軽減できるであろう。

計画作成段階では，トップ・マネジメントから情報システムに対する目標が

表明され，情報システム部門が提供すべき機能と支援内容，利用部門が取り組むべき課題，全社的な重要業績指標（Key Performance Indicator：KPI）の観点から，プロジェクトがどの指標を改善するかが検討される。さらに，機能要件の検討のみならず，経営の観点から，投資効果を勘案した機能の優先順位づけが行われる。

意思決定段階では，投資と効果の両方をできる限り貨幣価値に換算し，財務指標をベースに採算性を評価する。計画作成や業績測定の段階では管理指標を用いるほうが効果的であるが，投資意思決定段階では，時間的価値を考慮したNPVなどが用いられる。

業績測定段階では，効果がどの程度，達成されたかどうかが追跡される。業績測定を確実に行なうことによって，計画段階や意思決定段階における安易で恣意的な効果数値の設定を排除し，プロジェクト途中での改善活動や，プロジェクトの現実に即した効果指標が再設定しやすくなる。経営者が達成度を把握しやすく管理可能な指標を，自動的にモニターできるシステムに組み込んでおくことが有効である。

## (10) 公共部門におけるIT投資マネジメント

従来，IT投資マネジメントは，とりわけ日本では民間部門のテーマであった。しかし，公共部門つまり政府，行政機関，都道府県，市区町村においてもIT投資の大規模化，行政改革の潮流のなかで，同じように大きな課題となってきた。

ITバブルの影響によって，公共部門のIT化は予算規模が先にあって内容は後から詳細をつめるようなケースが少なくなかった。米国に追いつけ，追い越せというキャッチアップのために多額の投資がなされたといってよい。しかし，現実に住民基本台帳ネットワークに代表されるように膨大な投資において住民の視点や費用対効果が考慮されることはほとんどなかったに違いない。真の意味でのIT投資マネジメントが不在であったといえる。

近年，NPM（New Public Management），すなわち行政改革の推進によって行政組織に業績評価が採用されつつある。三重県，千葉県，札幌市，市川市などは，BSC手法を活用しながら業績評価を実施，行政をサービスとして位置づけ，その効用を何らかの指標をもって測定しようとしている。しかし，民間部門とは異なり，生産性向上，人件費削減を指標とすることや，財務指標を前面

に取り上げることに大きな抵抗感があるため、多くの困難が伴っているのが現状である。

米国では、1990年代前半から、連邦における様々なIT化と並行して行政改革上の必要性から法制度の整備が進み、行政サービスは成果によって評価されるべきであるという思想が広がっている。そのなかにBSCが有効な手法として組み込まれている。

民間部門では、採算性は財務指標で評価されることが原則であり、利害関係者間での合意形成が容易なため、上位の指標として取り上げられることが一般的である。しかし、公共部門においては、顧客すなわち市民へのサービス提供が上位の目標であって、財務の視点はそれを健全に運営するための条件であると考えるほうが妥当である。

市民サービス向上というような定性的指標を上位におくことは、IT投資評価をより困難にする。財務指標を用いて評価する際の回収期間、NPV、ROIなどの手法が活用できないため、投資金額と市民サービス向上をどのようにすれば同じ次元で評価できるかが大きな問題となる。もちろん、同じサービスを実施するのに、ITによって少ない人件費で実施できるという場合は、費用対便益手法を利用することも可能ではあるが、これまでできなかった新しいサービスを実施する場合は難しい。

BSCや戦略マップがこのような公共部門のIT投資マネジメントに活用される意義は、まさしくIT化の目標や、IT化によって実現される価値を体系的に図示することができる点にある。個別的な財務指標ではなく総合的に可視化することによって、利害関係者の合意形成が促進される。

## (11) IT投資マネジメントツール

BSCを活用する利点のひとつは、具体的な情報投資評価項目について、財務指標と非財務指標を同一次元で俯瞰できることにある。この特徴を参照しながら、BSCをIT投資評価の手法として中小企業のIT診断やコンサルテーションに活用するプロジェクトが、経済産業省が推進するITコーディネータープログラムを支援する目的で、2000年より進められ、中小企業を対象にしたe-Judgeというツールが開発された。

e-Judgeは、財務上の評価のみならず、これまで財務上では把握することが困難な、隠れたコストと効果を多面的に捉えるとともに、経営効率を測定する

重要な業績指標を設定することにより，従来の投資評価では考慮されにくい様々なコストと効果を具体的に数値化するIT投資診断評価システムとして公開されている。

e-Judgeは，情報投資企画の検討を支援する簡易診断と企画アウトライン作成のためのe-Judge Plan，具体的な情報投資のシステム・レベルでの評価情報を提供するe-Judge Value Proposal，IT投資全般のモニタリングを行なうe-Judge Monitorから構成され，経営戦略と情報投資の橋渡しを担う「経営改善シナリオ」，BSCの4つの視点での「提案ソリューションのインパクト計算」，KPIに関するベンチマーク結果などの情報を提供する。

このツールには，①診断用のプロセス，②インタビュー用フォーム，③ベンチマークデータ，④ITカテゴリー別ソリューション候補，⑤戦略マップテンプレートなどの具体的な支援ツールが用意され，ITコーディネーター自身のスキル育成にもつながり，IT投資マネジメントを支援する。

**図表1-2　IT投資マネジメント・フレーム "e-Judge" 全体図**

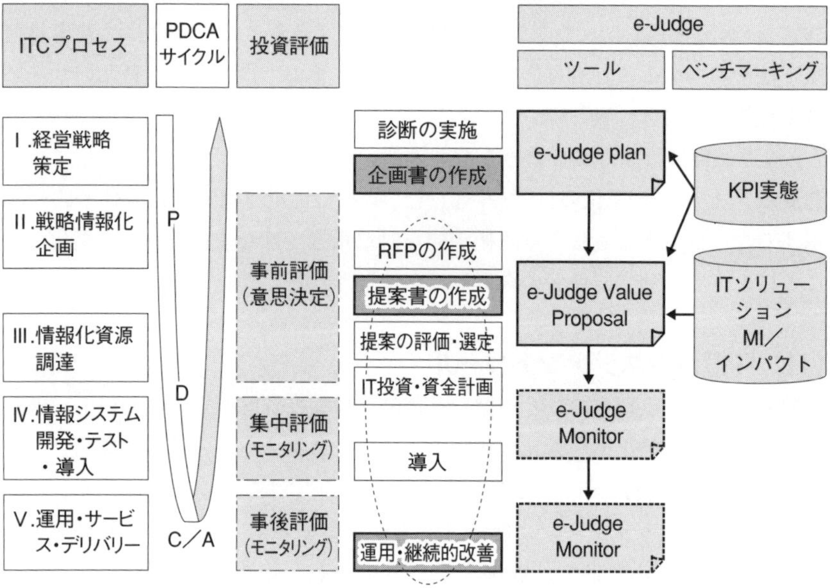

e-Judge plan　　　　　　　　　　　：独立したe-ビジネス診断ツール
o Judge Value Proposal/Monitor　：補完的なIT投資マネジメントとコミュニケーションツール

出典：http://e-judge.erp.jp/home.html ERP研究推進フォーラム
　　　COPYRIGHT 2002 ERP-FORUM ALL RESERVED

多くの中小企業は競争力を強化するためにIT投資を進めたいと思ってはいるが，専任スタッフやスキルの不足のため，有効な投資計画が立案できなかったといわれる。IT投資マネジメントの具体的なツールが提供されることによって，中小企業のIT戦略立案に際しての効果的な支援として，企業戦略とリンクしたIT投資計画立案の促進が期待される。

## (12) 成熟度段階の向上

　GAO（2004）は，これまでの個別プロジェクトにおけるライフサイクルを重視した管理手法に加えて，成熟度段階（maturity stage）モデルを提起した。このモデルは，組織のIT投資マネジメントを分析し，その成熟度を決めるために用いられるとともに，IT投資を成功させるための重要な段階とプロセスを明らかにすることによって，成熟度段階向上のための指針を示した。

　このモデルは，第1にIT投資のための厳密で標準的なツール，第2に評価結果を報告するための一貫性のあるわかりやすいメカニズム，第3にIT投資マネジメントプロセスを改善するためのロードマップを提供する。

　成熟度段階は図表1－3のように5段階に識別され，各々における重要なプロセスが示される。各々のプロセスは，さらに5つのコア要素（目的，前提事項，活動，業績のエビデンス，企業のコミットメント）へと展開される。このような成熟度段階をあがっていくことによって効果的なIT投資マネジメントが達成できることを提示した。

　このモデルは，IT投資の成功のためには企業内部でのIT投資マネジメントの成熟度を向上させることが重要であると示唆している。

図表1-3　ITIMの成熟度段階と重要プロセス（GAO, 2004）

| 成熟度段階（マチュリティステージ） | 重要プロセス |
|---|---|
| Stage 5：戦略的成果へのITの活用<br>投資プロセスを熟知し，他企業とのベンチマーキングによって戦略的成果を獲得する | ・投資プロセスの最適化<br>・戦略的ビジネス変革のためのIT活用 |
| Stage 4：投資プロセスの改善<br>投資プロセスとポートフォリオ改善のための評価技法を重視する | ・ポートフォリオの業績<br>・システムの成功の管理 |
| Stage 3：全体的な投資ポートフォリオの作成<br>選択-制御-評価のプロセスからなる投資プロセスを用いて，適切なポートフォリオが決められている | ・ポートフォリオ選択基準の決定<br>・ポートフォリオ作成，評価<br>・ポートフォリオレビューの実施 |
| Stage 2：投資基盤の構築<br>基本的な技法が実施されている<br>プロジェクト毎に意思決定される | ・IT投資会議設置<br>・ITプロジェクトの監視<br>・IT資産の追跡<br>・ITへのビジネスニーズの明確化<br>・提案書選別 |
| Stage 1：投資に関する認識の形成<br>場当たり的，予測困難なIT投資マネジメント。プロジェクト間の連携がなされていない | ・投資プロセスに規律がなく，ITに支出する |

## 3 ■ IT投資マネジメントのプロセス

　これまでにさまざまなアプローチが提起されてきた。もはや費用対効果だけで評価するのは適切ではない。また，最良の手法がないことも理解されつつある。したがって，いくつかの手法を組み合わせることが，現実的で，迅速かつ有効なIT投資マネジメントプロセスとなるだろう。

### （1）戦略マップとBSCによるIT施策の位置づけ

　当該ITプロジェクトが企業戦略のなかでどう位置づけられるかは，IT投資マネジメント活動の最初に定義される。戦略マップ作成による戦略テーマの落とし込みや改善すべき指標の因果関係を明確にすることによって，当該プロジェクトが何を目指し，何を改善しようとしているかが可視化される。

## （2）効果目標の設定

　費用対効果の金額算定が容易な案件は従来どおりNPVを試算できる。効果が不確定で，高いリスクが予想され，因果関係の特定が困難な場合，利害関係者での合意形成アプローチを活用する。すなわち，利用部門が，提供される情報サービス機能による効果目標を経営者にコミットする。その目標は予算管理の業績目標に組み込まれ，実績が追跡される。合意された効果目標と，それに必要な機能を満たすための費用を情報システム部門がコミットし，評価指標を算定する。

　また，効果の算定に際して，不確実性とリスクを考慮する必要が生じた場合は，リアルオプション手法によるオプション価値を加味する。

## （3）価値創出プロセスの検討

　IT資源の調達から財務業績にいたるプロセスを記述する。その過程でIT投資によって創出されるケイパビリティ，KPI，財務業績指標を定義するとともに，使用する既存のインフラの役割を明らかにする。とりわけ，情報資本としてのデータベース，連携するアプリケーション，機器，ミドルウェアなどを示すことによって，当該ITプロジェクトがいかに全社ITインフラを効果的に使っているプロジェクトであるかを可視化する。

　また，このプロセスを円滑に進めるために必要な人的資本，組織資本を明らかにし，能力の向上を図っておく。

## （4）投資ポートフォリオ

　企業戦略に位置づけられ，採算性評価の基準をクリアした個別プロジェクトが投資案件リストに掲載される。投資案件は，更新，インフラ，戦略プロジェクト，実験プロジェクトなどに分類される。各々の分類タイプに対する予算配分比率を決定し，タイプ内での優先順位づけを行なう。

## （5）年度毎レビュー

　個別プロジェクトは，意思決定段階でプロジェクト全体の投資予算を原則的には確保できたことになっている。しかし，進捗に合わせ年度毎にもレビューされる。レビューにおいては，進捗を確認するだけでなく，当初計画からのコスト削減の可能性についても検討する。このレビュー結果を次年度以降のポー

トフォリオに反映する。

## （6）業績管理

事後の業績確認は価値創出プロセスに沿ってIT資源の調達，ケイパビリティ構築，KPIの達成度を確認する。各プロセスにおいて未達成の場合は，そこに関与する能力やIT資産の状況から原因を明らかにし改善措置をとる。情報システムが完成したとしても，在庫削減，納期短縮などのKPIが達成されていない場合は，どこに問題があるかを明らかにする。

## （7）成熟度段階の向上

優れたIT投資マネジメントは，IT投資の採算性向上を支援する。現在のIT投資マネジメントプロセスの成熟度段階を確認して，さらに向上させるための要因について関係者が了解し，向上のための施策を実行することを支援する。

## ■ おわりに

本章では，IT投資マネジメントの基本的な考え方について述べてきた。ITの進展に伴い，活用領域が多様になるとともに，複雑になり，企業のさまざまな分野に浸透してきた。従来のような，個別プロジェクトに対して設備投資の評価手法を活用して，一回限りの意思決定のために採算性を評価することは現実に適合しなくなってきたのは明らかである。経営層からは，企業業績への貢献が求められていることはいうまでもない。本章では，さまざまな手法を活用し，投資を効果的に企業業績に結びつけるアプローチとしてIT投資マネジメントのフレームワークを提示した。

次章では，IT資源の取得から，企業業績実現までの価値が創出されるプロセスを検討することによって，IT投資マネジメントにおける成果と指標の関連を議論する。

[注]

1）：当初，IT投資の対象に含まれるのはハードウエア機器がほとんどであったが，その後，ソフトウェアが含まれるようになってきた。さらに近年ではサービスも含まれるようになってきたため，ITに関わる包括的な支出をIT投資と呼ぶことにする。また，ITに

関する費用に占める保守費用の増大がますます増大し，企業にとって重要な課題となっている．本書では，新規IT投資のみならず，保守費用など，全体の費用をIT支出としてIT投資マネジメントの管理対象とする．
2）：日本経済新聞朝刊「ソフトウェア専門大学院を産学連携で推進」2006年4月28日号を参照
3）：財務諸表に掲載される有形の資産に対して，近年，それ以外の要素，たとえば，知識，人材などが，企業価値にとってきわめて重要な役割を果たすことが主張されるようになってきた．これらに対して，無形の資産，インタンジブル資産などさまざまな名称が用いられている．そのなかで，特許権などは従来でも無形資産として掲載されていたが，まだ，掲載が困難なものが多い．本書では，有形資産として掲載されるもの以外の無形の資産を包括的にインタンジブルズと呼んでみる．

**【参考文献】**

IT経営応援隊EDI-WG『中小企業のIT経営への電子商取引推進』(独) 情報処理推進機構，2006年．

JUAS『「企業IT動向調査」2006』㈳日本情報システム・ユーザー協会, 2006年．

加古宣士「インタビュー 情報サービス産業の会計をめぐる諸問題」『企業会計』Vol.58, NO.2, 中央経済社, 2006年．

木内里美「ユーザー（発注企業）側からみた課題」『企業会計』Vol.58, NO.2, 中央経済社, 2006年．

情報サービスの財務・会計を巡る研究会『情報サービスにおける財務・会計上の諸問題と対応のあり方について』経済産業省, 2006年．

㈳日本経済団体連合会『産学官連携による高度な情報通信人材の育成強化に向けて』, 2005年．

GAO, *Information Technology Investment Management: A Framework for Assessing and Improving Process Maturity*, GAO-04-394G, 2004．

# 2章
# 価値創出のプロセス

## ■ はじめに

　IT投資は，企業に価値を提供する可能性があるとして意思決定され，実施に移される。これは当然の経営活動であるにも関わらず，その因果関係が不確実かつあいまいであることが，これまでの大きな問題とされてきた。第1に合理的な意思決定がなされにくいこと，第2に実施された意思決定の合理性が示せないこと，第3にプロジェクト終了後に採算性評価の事後評価が行えないこと，など企業経営に大きな影響を与える。

　これらの問題は，投資と効果を直接的な因果関係として捉えようとすることから生じている。IT投資プロジェクトの成否には様々な要因が作用するため，それらの要因の作用状況を把握しながら評価するのが妥当である。そうしなければ，企業業績がよければIT投資も成功，あるいは業績が悪ければIT投資も失敗，となってしまう。それは，効果的なIT投資マネジメントとはいえない。

　これらの課題を解消するアプローチとして，途中経過を重視するプロセスアプローチが提起された（Soh & Markus, 1995）。本章では，IT支出から財務的業績にいたる過程を，IT投資によって価値を創出するプロセスとして考察する。すなわち，ITにいくら費用をかけ，どの段階で，どんな成果が得られ，どのような影響を生じるのか，プロセスの視点から検討したい。

## 1 ■ プロセス志向のIT投資マネジメント

　多くの先行研究（たとえばWeill, 1988; Strassmann, 1990; Brynjolfsson, 1993; Hitt & Brynjolfsson, 1996）は，IT投資と企業業績との相関関係を研究対象としてきた。しかし，このような分析アプローチは，IT投資マネジメントにおいて，その有効性が限定的である。一般的な相関関係と，その要因を説明することはできても，個別企業の状況において，企業特有の要因を考慮することはできないし，また，説得力を増加させるために使用するとしても，効果を実現するための成功要因を具体的に示すことは困難である。

　実務を経験してみれば容易にわかるように，IT投資だけで，企業業績の改善が実現できることはほとんどありえない。マネジメントの卓越性などのインタンジブルズの重要性を指摘されたとしても，どのような場面で，どのような能力が活用され，どのような能力を育成しておけばよいのかは明らかにされない。IT投資マネジメントは，個別企業，個別プロジェクトにおける計画作成，意思決定，業績管理の各局面において，いかに効果的な実践活動を構築するかにかかっている。

　このような因果関係アプローチは，結果を重視する結果志向といえる。途中の経過をあまり考慮することなく，投資と効果を分析しようとする。それに対して，途中にマイルストーンをおき，途中経過の成果を確認するのがプロセス志向のIT投資マネジメント，つまりプロセスアプローチである。バランスト・スコアカード（Balanced Scorecard: BSC）や戦略マップも，最終的な財務業績のみを目標にするのではなく，先行的な指標とそれに続く指標との連鎖に着目している点を考えれば，まさしくプロセス志向であるといえる。

　現在，IT投資マネジメントにもっとも求められているのは，IT投資を，いかにして企業の業績向上に結びつけるかといった課題であり，IT投資から，どのようにして価値が実現できるのかというプロセスに大きな主眼があると考える。本章では，プロセスアプローチに沿って，IT支出から財務業績までのプロセスを追跡することによって，各プロセスにおいて成功要因がどのように作用するかについて，そして，IT投資によって価値がどのように創出されていくのかについて考察する。

## 2 ■ IT資源調達のプロセス

　IT支出は，直接的にはITに関する資源を取得するのに用いられる。世界から自社に役立つものを，求める品質で，より安い価格で購入するのが，資源調達プロセスの基本的な役割である。そして，それは企業の重要な能力でもある。

　ITはすでにコモディティ化，つまり日用品と同じように簡単に購入できるともいわれる。したがって，どの企業でもIT資源を容易に取得できる機会が等しくあると考えられがちで，IT資源の調達というプロセスにおいては特別な能力が必要なく，また，企業として差別化が困難なプロセスのように見える。

　しかし，IT資源の調達プロセスは，棚やメニューをみて商品やサービスを購入する活動とは大きく異なる。求める機能や品質の製品を安く購入するために，多大な探索能力が必要となっている。たとえば，必要なソフトウェアを求めて世界中のベンダーを探すためには，幅広く，深い知識が必要である。その目利き能力が不足すれば，結局，使えない商品や，ニーズと適合しない商品を購入することになる。効果的な調達に失敗した結果，やむを得ずソフトウェアに業務を合わせているという例も少なくない。

　また，複数の製品を組み合わせて使用することがほとんどであるため，製品間の相互接続性や整合性に関して深い知識が必要となる。生産管理パッケージや分析ツールを購入する際には，データベースやデータウェアハウス機能を担うミドルウェア，さらにオペレーティングシステムとの相互関係を確認する。既存製品のみならず，製品や技術の将来動向を踏まえて調達を行わなければ，将来，投資がムダになる可能性もある。まさに，効果的な調達プロセスには総合的で高度な能力が不可欠といってよい。

　IT資源調達のプロセスには，ハードウェアやソフトウェアのみならず，サービスの調達や，ソフトウェア開発外注も含まれる。パッケージを購入したとしても周辺ソフトウェアを開発することは通常のことである。その際に，仕様書の品質など発注者の発注能力が，納入されるソフトウェアの品質および業務への適合性に大きく関わることはいうまでもない。

　もはやITは道具だから，必要な製品を必要な時に買ってくればよいのではなく，日頃から調達に関わる能力や情報網を高めておかなければ，いざというときに優れたIT資源を獲得することなどほとんどできないといえる。調達プ

ロセスにおいては，自社のニーズに適合した製品，サービスの購入が基本的成果となる。その際に，調達に際してこれまでの経験，ノウハウを生かし，適切な機能と費用で購入できることが，成功への大きな要因であることはいうまでもない。

**図表2-1 IT資源調達のプロセス**

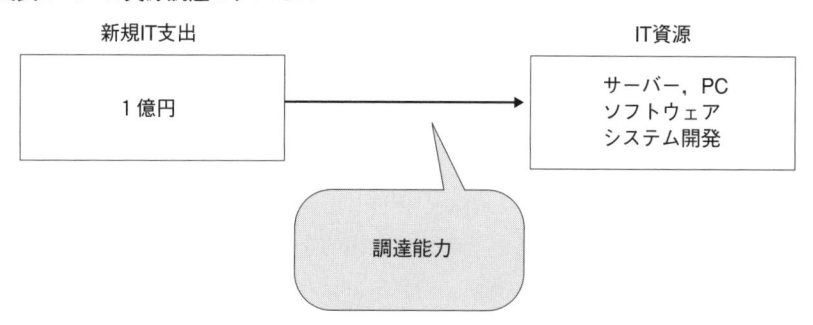

新規IT支出： 1億円 → IT資源：サーバー，PC／ソフトウェア／システム開発（調達能力）

## 3 ケイパビリティ向上のプロセス

　IT資源を獲得すること自体がIT支出の目的ではないし，IT資源を獲得するだけで，企業業績の改善が図られるわけでもない。資源の獲得から企業業績につなげるには，まだいくつかのプロセスを経なければならない。その間に，時間的な遅れや波及的な広がりを持つため，相互の因果関係づけは容易でない。

　多くの場合，調達した資源を組み合わせて，情報システムを構築することによって，情報支援や業務の自動処理を利用部門が活用できるようにする。この時点における中間的な成果としてケイパビリティを設定する。

　ケイパビリティは単にITのシステム機能や能力を意味するわけではない。また，情報システムを構築するだけでケイパビリティが向上するわけでもない。情報システムが効果的に活用できるようになっていなければならない。そのためには，利用者のスキルなどの能力が前提となり，関係者の研修や移行作業など，多くの人的資本，組織資本が必要となる。そこに，社員のIT操作能力や情報活用能力が大きな影響を与えることもいうまでもない。たとえば，1人1台ずつパソコンを設置したとしても，データ加工のための表計算ソフトに関するノウハウや経験がなければ，研修によってすみやかに補わなければならない。

さらに，新しい情報システムでいかに価値ある情報が表示されたとしても，あるいはダウンロード可能になっていたとしても，効果的な分析や改善活動を伴わなければ，情報から何の価値も生まれないであろう。表示されたデータの意味が利用者に確実に伝わっていなければ，うまく活用できるとは言いがたい。商品アイテム毎の販売動向が表示されたとしても，それをどう活用し，どうアクションをとるべきかというスキルがなければ，情報システムは十分な能力を発揮しない。これらのスキルはこれまで蓄積してきた会社の社員教育あるいはOJT（on the job training）の集積でもあり，さらに本人の自己研鑽の成果でもある。

　ケイパビリティそれ自体の測定は簡単であるとはいえない。「ｘｘｘができる」という表現は，個人ないし組織が獲得した能力を意味するけれども，水準を示すことはできたとしても，それには主観的な要素が含まれ，客観的な数値を示すことはできないことが多い。情報システム構築によって獲得できた能力の直接的な表現は，たとえば「精度の高い需要予測ができる」や「過去のデータにもとづいて精度の高い原価の分析ができる」であって，それは"どのくらい"という水準によって評価するしかない。また，活用する機会がなければ成果に結びつかない。すぐに競争優位の獲得につながるわけでもなければ，財務的な利益を獲得できるわけでもない。

　グローバルな生産体制構築によってSCM（Supply Chain Management）を構築し，世界各地の工場の生産状況，受注進捗状況と動向を即時に把握できるといった能力は，それが確実に現時点の情報か，また，顧客の注文毎に把握できるか，ミクロな工程レベルまで追跡可能か，など，情報の粒度によってその価値は大きく異なる。さらにいえば，達成すべき目標は，費用対効果を考慮しながら，その水準が細かく決められるに違いない。

　サプライヤーの部品在庫がリアルタイムに把握できるといったケイパビリティの水準は，経営環境や利害関係者のニーズとの関係によって決められる。そして，それを効果的に活用する機会が到来した時に，はじめて，ケイパビリティは企業業績に貢献することになる。

　ケイパビリティの向上は，調達したIT資源を活用して情報システムを構築し，効果的な情報支援，業務の自動化を通じて，企業の組織能力の向上を達成することを意味する。そして，活用する機会が到来した時に，すぐに役立てるよう準備しておくことが基本的な役割である。

**図表2-2　ケイパビリティ向上のプロセス**

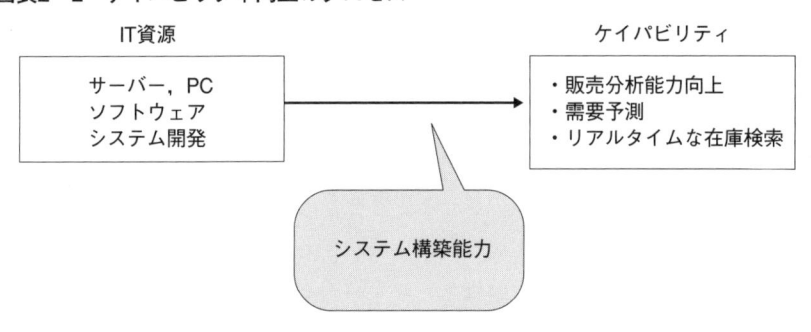

IT資源
- サーバー，PC
- ソフトウェア
- システム開発

→（システム構築能力）→

ケイパビリティ
・販売分析能力向上
・需要予測
・リアルタイムな在庫検索

## 4 ■ IT資産形成・活用のプロセス

　ほとんどの企業は，はじめてIT投資を実施するのではない。何らかの既存のIT設備やソフトウェアを使用することを前提として，新規の個別プロジェクトを提案している。たとえば，稼動中の実績収集システムを活用すれば，タイムリーな情報入手が容易になり，また，既存の設備機器，情報資本を活用することで購入資源を減らすことができ，少ない費用で実施できる。ハードウェア，ソフトウェアだけではなく，ノウハウ，スキルを持った人材が必要であるし，利用部門に対してもヘルプデスクなどの設置，利用者のレベルアップ，不満解決を支援する組織の仕組みが必要であることはいうまでもない。このようなITに関わる資産を有効活用することが，その能力水準を効果的に高めることにつながることになる。

　また，共有的なIT資産は，過去のIT投資による成果物であるが，適切にメインテナンスされていなければ，新たなプロジェクトのために活用することはできない。そのなかには，すでに投資回収を終えたアプリケーションシステムもあるだろうし，また，ネットワークやミドルウェアのように，それ自体が利益をもたらすのではなく，インフラとして，他のアプリケーション開発のための基盤として機能するものもある。

　このように，1つのシステムが稼動し，それが次のシステムの基盤となり次から次へと進化して，その利用価値を高めるという側面を，多くのIT資産がもっている。その価値はメインテンスという，いわば手入れのためのIT支出なしには維持されないことが多い。さらに，業務改革，商品サービスの変更に伴って，使用されなくなることも珍しくない。

IT資産は，既存のITインフラや稼動中のアプリケーションばかりではない。蓄積されたデータやノウハウも重要なインタンジブルズである。外部から購入した情報はもちろんであるが，それ以上に，長い時間をかけて蓄積した顧客情報，品目毎の販売データ，さらに，社員のスキルデータなどは，企業の貴重な情報資本である。これらを活用することによって，経営戦略の実施に際して，成功の確率を高めリスクを減少させる影響をもたらすに違いない。

　適切な情報資本なしには実施できない戦略さえある。在庫データが整備されていなければ，いかに優れた分析ツールを購入しても在庫分析やデータマイニングによる原因探索は不可能である。これらのITや情報資本をうまく活用できる人材は，まさしく人的資本である。さらに，在庫データを分析しようとしても，製品コード体系や部品のグループ化，さらに共通化への認識が低ければ，企業間での効果的なサプライチェーンの構築は困難であろう。これらは組織資本に相当する。

　いかに"よい"システムを開発したとしても，これらのインタンジブルズが不十分であれば，効果をあげられず，競争優位性は高まらない。このような情

**図表2－3　IT資産形成・活用のプロセス**

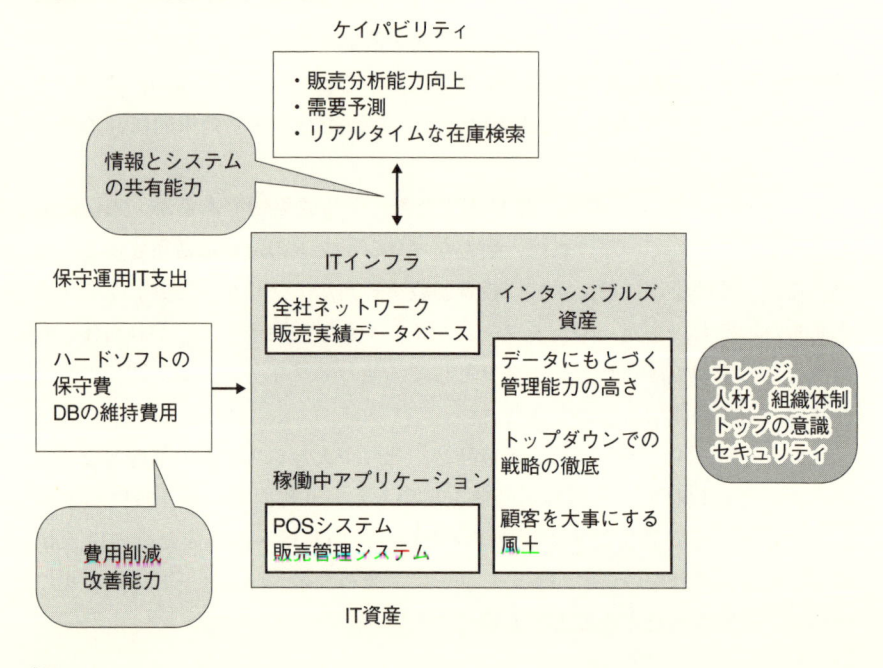

ケイパビリティ
・販売分析能力向上
・需要予測
・リアルタイムな在庫検索

情報とシステムの共有能力

保守運用IT支出

ITインフラ
全社ネットワーク
販売実績データベース

インタンジブルズ資産
データにもとづく管理能力の高さ
トップダウンでの戦略の徹底
顧客を大事にする風土

ハードソフトの保守費
DBの維持費用

稼働中アプリケーション
POSシステム
販売管理システム

ナレッジ，人材，組織体制
トップの意識
セキュリティ

費用削減改善能力

IT資産

報資本，人的資本，組織資本の整備状況が競争力を左右するのである。適切にメインテナンスされ，適切に運用されたIT資産は，新規プロジェクトの採算性を高め，リスクや不確実性を減少させ，確実なシステム立ち上げを支援する。

このように，IT資産の蓄積・活用プロセスの成果は，情報資本などのIT資産の蓄積による新規ITプロジェクトの迅速な立ち上げと活用，投資採算性の向上にある。

## 5 ■ KPI管理のプロセス

ケイパビリティを確実に高めたとしても，まだ，企業業績に反映できるわけではない。たとえ，店舗での売上がリアルタイムに把握できて，分析が短時間にできたからといって，さらに分析の精度や粒度が向上したからといって，直接的に売上増大をもたらすわけではない。それが実務において活用され，成果に結びつける機会が生じた時，重要業績指標（Key Performance Indicator：KPI）の改善が実現される。内部効率性指標としての在庫削減，生産性向上，品質改善，期間短縮，顧客指標としての顧客満足度向上，納期短縮，対応力向上などである。

KPIは，事前，事後の両局面において共通に定量化可能である。たとえば，リアルタイムに在庫動向を分析できることは，管理者への情報支援として在庫削減への効果的措置をとることを容易にするであろう。つまり不要な在庫を抱えている品目，長く滞留している品目を明らかにすることによって，それを適正な水準へと低下させることにつながる。また，仕掛品在庫が増加していることに早く気付けば，工程の不具合，作業進捗のトラブル，品質不良の発生などの原因を早期に発見し，除去することに役立つ。これは業績指標の改善につながる。すなわちリアルタイムに在庫把握できるというケイパビリティがKPIとして定量化され，事前，事後に確認できる。

KPIは進捗時点でも活用できる。多くの場合，稼動後に，活用ノウハウなどの情報資本や人的資本，組織資本が整備されるにしたがって，効果が発揮されることが多く，効果の進捗度合いを確認できることがKPIの重要な役割である。

KPIは，単に業績指標を表記できるだけではなく，利害関係者がIT投資の成果について同じ用語でコミュニケートでき，効果的に合意を形成するためのツールとなる。改善に向けた利害関係者の意識あわせ，改善への措置を実施する

際の基本的な情報となるであろう。

　企業のなかには，ケイパビリティを適切にうまく活用できない会社もある。人材を埋もれさせている企業の例も少なくない。いかに分析能力が向上したとしても，企業全体として数字で管理されることを忌避する風潮，また，分析結果に信頼をおかず，アクションを躊躇したとすればタイミングを損ないかねない。現場の経験や勘を取り入れながら，互いの信頼関係を構築しておかなければ，ケイパビリティをKPIの改善につなげることはできなくなる。ケイパビリティの向上は重要ではあるが，それだけではKPI改善につなげることはできない。向上したケイパビリティをいかにして生かすかという観点が重要だからである。

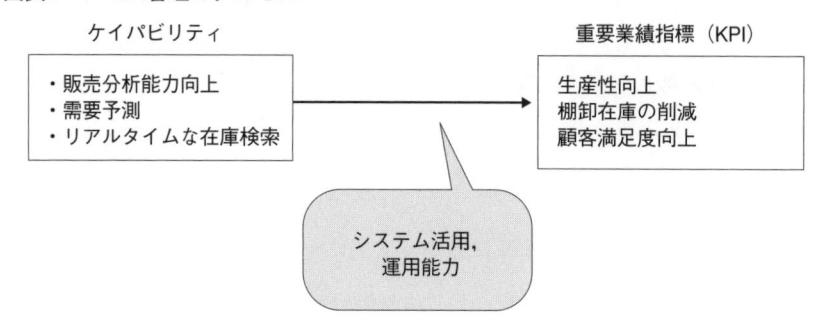

**図表2−4　KPI管理のプロセス**

| ケイパビリティ | 重要業績指標（KPI） |
|---|---|
| ・販売分析能力向上<br>・需要予測<br>・リアルタイムな在庫検索 | 生産性向上<br>棚卸在庫の削減<br>顧客満足度向上 |

（システム活用，運用能力）

## 6 ■ 財務業績のプロセス

　ケイパビリティによって改善されるKPIは多くの場合，管理的指標であって，直接，金額に換算される指標ではない。KPI改善を財務指標の改善につなげるためには，営業力，製品競争力などが必要となってくる。さらにいえば，景気動向，需給動向も関係するだろう。いかに売れ筋商品を分析したとしても，その商品が他社よりも魅力がなければ，そのビジネス機会は他社に持っていかれることになる。顧客満足度がいかに高くなったとしても，顧客ニーズに適合した商品がなければ，また顧客の業績が芳しくなく設備投資意欲や支払い余力がない場合は，購買行動に結びつかず会社の財務業績に貢献しない。

　財務業績の良し悪しは，その企業の経営力を判断する重要な指標になるが，財務指標の上下が，そのまま会社の能力を正しく示すものだと断定してよいわ

けではない。会社が持っている強みは内的要因であって，外的要因との相互作用によってはじめてその力が発揮される。日本企業は，失われた10年においても社内で技術力を貯え，ケイパビリティを高く維持してきたことは，自動車産業をはじめとして製造業復活の要因であった（藤本, 2003）ともいわれる。企業は，多くのノウハウ，ナレッジを蓄積し，これらのインタンジブルズをうまく活用できたからこそ，景気回復とともに企業業績向上を達成できたに違いない。

　IT投資の直接的なねらいは内的要因，つまり資源の獲得，ケイパビリティの向上，さらにはIT資産の蓄積，戦略の実施に対するレディネスの向上にあるといえる。たとえば，在庫を削減して，財務体質を改善し，競争力のある商品をタイムリーに市場へ投入し，営業力の高い販売チャネルを整備することで，IT投資による成果を財務的業績として発揮させることができるという価値創出のプロセスが描けるだろう。

　財務指標は事後においてその達成度を確認できるけれども，それは包括的であって，個々の改善要因を特定することはきわめて難しい。たとえば，棚卸資産残高が大幅に減少したのはSCMによる在庫管理機能の精度向上や分析力の向上によるものか，販売増による在庫の一時的な減少か，あるいは旧製品の値引き販売による減少なのか，など要因は多々考えられる。

　また，IT投資は，企業のさまざまなケイパビリティとIT資産とが効果的に融合された時に財務業績につながりやすいけれども，直接的に財務業績につながらなかったからといって，IT投資自体が財務業績向上に有効ではなかったということを意味するとは限らない。IT投資は，財務業績につながるべくレディネスを高めているのであって，情報資本，組織資本，人的資本のレディネ

**図表2-5　財務業績のプロセス**

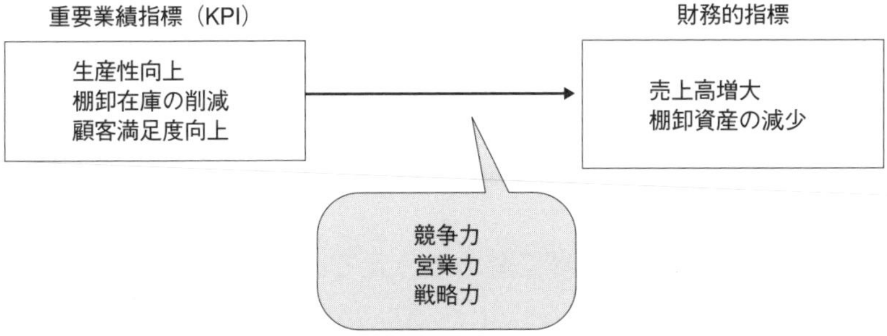

重要業績指標（KPI）

生産性向上
棚卸在庫の削減
顧客満足度向上

→

財務的指標

売上高増大
棚卸資産の減少

競争力
営業力
戦略力

スがなければ，どんなに経営環境が好転しようとも，その機会を財務業績向上に生かすことなど，この厳しい競争環境で起こり得るはずもない。

**図表2-6 価値創出プロセス全体図**

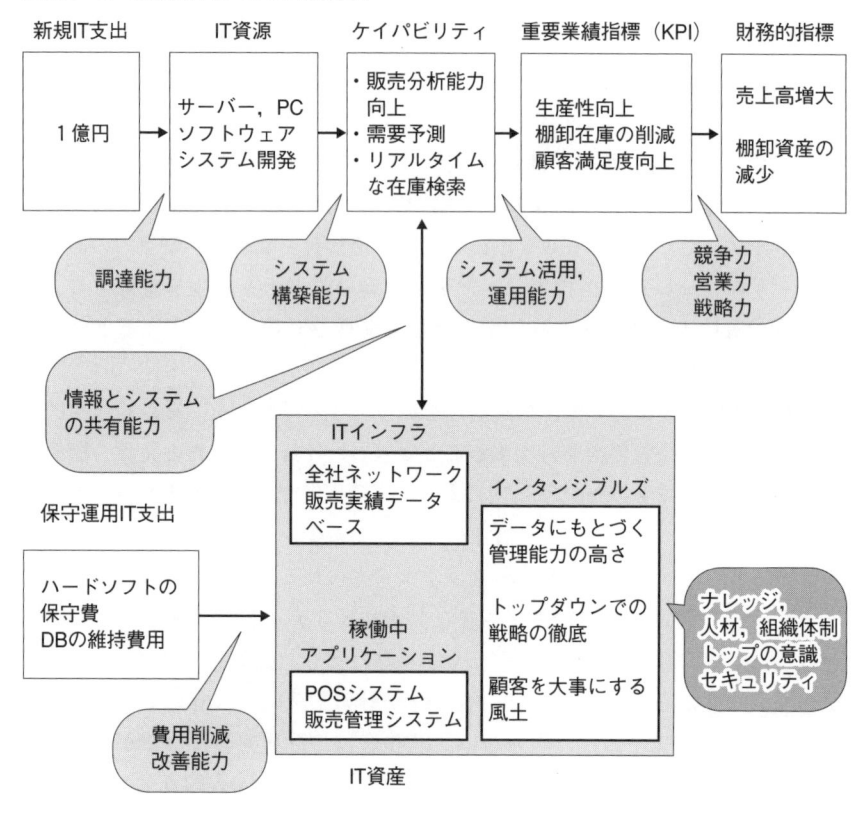

```
新規IT支出        IT資源         ケイパビリティ       重要業績指標(KPI)    財務的指標

 1億円         サーバー，PC    ・販売分析能力      生産性向上         売上高増大
              ソフトウェア      向上            棚卸在庫の削減
              システム開発    ・需要予測         顧客満足度向上      棚卸資産の
                          ・リアルタイム                         減少
                            な在庫検索

   [調達能力]      [システム        [システム活用,      [競争力
                構築能力]       運用能力]        営業力
                                              戦略力]
        [情報とシステム
         の共有能力]

                          ITインフラ
保守運用IT支出               全社ネットワーク    インタンジブルズ
                          販売実績データ
                          ベース           データにもとづく
ハードソフトの                              管理能力の高さ
保守費                                                        [ナレッジ,
DBの維持費用                                トップダウンでの        人材，組織体制
                          稼働中           戦略の徹底           トップの意識
                          アプリケーション                      セキュリティ]
   [費用削減                POSシステム        顧客を大事にする
    改善能力]               販売管理システム      風土
                                IT資産
```

## 7 ■ 考察

このようにIT支出と企業業績の間のいくつかのプロセスを考察することによって，価値が創出されるプロセスが可視化される。それと同時にIT投資マネジメントを進めるうえでの重要な知見がいくつか得られる。

## (1) 各プロセスを成功裏に進めるうえで必要となる能力の識別

各プロセスは単に整然と順序に沿って進むわけではない。それを成功裏に実

施できるためにはさまざまな能力が関わらなければならない。これらの能力とは何かを意識することは明らかに重要なことである。これらの能力の総体がインタンジブルズを構成しているといえる。

## （2）内部要因による指標と外部要因による指標との分離

IT支出と企業業績とを直接的な因果関係として把握するのは困難である。そのために，企業内部の活動や努力で実現が可能な指標と，外部からの不確実な要因の影響を受ける指標とを分離することが効果的な管理につながる。因果関係のあいまいな指標に固執するのではなく，管理可能な指標を中心に数値化し，進捗の確実な確認と是正をすることによって，確実に企業能力の向上を図ることができる。そして，不確実な要因を考慮しながら，その能力を効果的に活用し，企業の財務業績の改善につなげる機会に備える。両者の指標を明確に識別し有効に管理することが重要であろう。

## （3）ケイパビリティをIT資産として蓄積

IT投資は企業業績としての回収を目指して実施される。しかし，その過程で構築されたネットワークなどのインフラ，アプリケーション，データベースや，それによって向上したケイパビリティは，当該プロジェクトが終了した後も，企業の重要なIT資産として蓄積される。蓄積されたIT資産は次のIT投資プロジェクトに活用される。

## （4）IT資産のレディネスを高めるための保守費用の役割とIT査定の必要性

IT機器や通信設備などの物的インフラは当然のようにメインテナンスが必要となる。ソフトウェアは，それ自体の劣化が生じることはないが，利用環境の変化，周辺ソフトとのインターフェースの整合性など外部的な要因による価値低下をそのまま放置していては，必要な時に利用可能な状態，すなわちレディネスを維持できなくなる。そのために，バージョンアップやプログラムメインテナンスなどに多額の費用がかかることも少なくない。

しかし，管理がずさんであれば保守費用はすぐ増加してしまうため，増加を抑制する管理能力も問われる。さらに，物理的な意味の寿命ではなく，メインテナンス費用と，そのソフトの使用価値とを勘案し，保守費用をかけるだけの

第2章 価値創出のプロセス 35

価値がないという場合は，積極的に使用を停止し，資産を除却することが合理的である。IT資産を定期的に査定することが必要となる。

## （5）IT資産の蓄積による後続IT投資の採算性向上

IT資産を効果的に蓄積することは，後続のIT投資プロジェクトの採算性を向上させるであろう。そこには，ITインフラ，稼動中アプリケーション，データベースや，その活用スキル，組織体制などの情報資本，人的資本，そして組織資本などが含まれるが，これらは一時的に人材を外部から雇用したり，教材を購入したりすることによって容易に達成できるものではない。

効果的にIT資産を蓄積し，活用する企業は，そうでない企業に比べてIT資源調達に関わる費用が，少なくて済む，言いかえれば，採算性が高くなる。そして，さらに構築されたIT資産が，また次のITプロジェクトに活用されるといった進化的な発展をとげて企業の競争力が強化される。

## （6）新規IT支出と保守費用のポートフォリオ管理

通常，新規IT支出は投資案件として採算性が厳しく評価される。それに対して保守費用などの経常経費は前年対比として評価されることが多い。新規IT支出がITプロジェクトのライフサイクル期間で評価されるのに対して，保守費用は単年度の期間予算として評価される。しかし，当該年度のIT支出は両者の合計である。そして財務的資源は限られるため，いかに採算性が高いからといって予算枠なしに支出することはありえない。

したがって，個別ITプロジェクトの採算性に加えて，当該年度のIT支出の内容を評価するITポートフォリオ管理を実施する必要がある。その際に，リスクとリターンが質的に異なるIT投資プロジェクトを，種類や内容によって分類し，評価手法を変えるとともに，配分率を考慮して組み合わせることによって，全体最適を志向しようとする。

## ■ おわりに

本章では，投資と業績の因果関係論に対して，その間のプロセスを追跡することによって，具体的にIT支出が，どのような価値を生むのかについて検討した。その結果，まず，IT投資は，企業のケイパビリティ，すなわち，企業

がなにかをなしうる能力を高めるために実施されることが明らかになった。そして，既存のIT資産と融合することによって効果的に能力が高められ，定量的な業績指標であるKPIの改善に貢献する。そして，企業業績を高める機会に備えるところに，その本質がある。

　IT投資を効果的に実施するためのインタンジブルズの重要性も述べてきた。これらのプロセスを繰り返すことで，IT資産が蓄積され，次のIT投資の有効性，採算性を高めることができる。IT化による企業の競争優位性の獲得は，このような進化的なプロセスを経て達成される。価値を創出するこれらのプロセスの検討が，効果的なIT投資マネジメントの構築を支援するに違いない。

【参考文献】

藤本 隆宏『能力構築競争－日本の自動車産業はなぜ強いのか』中央公論新社，2003年．

Brynjolfsson, E., "The Productivity Paradox of Information Technology", *Communication of the ACM*, Vol. 36, No.12, 1993, pp. 67-77.

Hitt, L. M. & E. Brynjolfsson, "Productivity, business profitability, and consumer surplus: Three different measures of Information Technology Value", *MIS Quarterly*, Vol. 20, No. 2, 1996, pp. 121-143.

Soh, C. & M. L. Markus, "How IT Creates Business Value: A Process Theory Synthesis", *Proceedings of Sixteenth International Conference on Information System*, 1995, pp. 29-41.

Strassmann, P. A., The Business Value of Computer, Information, Economics Press, 1990 （末広千尋訳『コンピュータの経営価値』日経BP社, 1994年）．

Weill, P. D., *The Relationship between Investment in Information Technology and Firm Performance in the Manufacturing Sector*, Ph. D. dissertation, New York University, 1988.

# 第2部

# アプローチ編

# 3章 IT投資マネジメント研究の発展

## ■ はじめに

これまでのIT投資マネジメントに関する研究の基本は，投資した費用と効果，さらに企業業績との因果関係をどのように定式化するかにあったと考えられる。それはMISが大々的にアピールされた1960年代から現在まで続いている。本章では，これらの先行研究を，（1）第1期1990年以前（2）第2期1990年代前半，（3）第3期1990年代後半以降に分け考察してみる。

## 1 ■ 第1期　困難性の指摘（1990年以前）

ITの変遷によってIT活用領域が変わり，IT投資に対するマネジメントの方法も変わってきた。明確な概念として議論されたのは，1960年代後半のMISの提唱以降であろう。MISはバラ色の未来志向の技術として啓蒙的な意味合いをもって，メディアを含む大きな潮流としてもてはやされると同時に，巨大化，複雑化する科学技術への恐れに対する批判的意見も少なくなかった。

Dearden（1966）は，MISは失敗したと述べ，主に，リアルタイム処理の効果について疑問を呈した。いわばバッチ処理中心の技術ではリアルタイム処理は高価になり，採算が取れないと批判した。技術的にすばらしいけれども，効

果に関しては疑わしいと述べたのである。しかし、総じて投資効果が問題になることは少なかったといってよい。

その主な理由として、IT投資が明確な投資プロジェクトと認識されていなかった点があげられる。1990年代以前の汎用コンピュータでは、レンタル、つまり月額支払いが多く、それは一時費用ではなく定常的支出と考えられた。そして、新規アプリケーションは既存設備で処理可能か、処理能力の増強が必要かどうかが検討され、必要と判断されれば増強を意思決定する。このときのキャッシュフローは能力増大に伴うレンタル費用の増額分となる。これが新規ITプロジェクトの実施の可否にとって、有用な財務的評価情報となりうるかどうかは疑問である。まさしく、企業が必要としているのは能力計画（capacity planning）であった。

また、社内での情報システム開発要員について、単に、定常的な費用として処理したため、明確な開発投資として計上されなかったという背景もある。さらに、"IT化は、他とは異なる投資案件"という認識、"効果はあるけれども、見えにくい"、"効果を理解できないのは"、経営者の"先端技術への認識不足"、といったIT化を推進する業界、専門家の啓蒙的な信仰もあったのではないだろうか。

企業の成長とIT費用の増大が同期しているときは、IT投資は、あまり議論されることはなかったが、1980年代後半になると、米国企業の業績退潮にも関わらずIT費用だけが増大しつづけたことが大きな問題となってきた。

IT投資の経済性評価が明確に意識されるようになったのは、Emery（1987）によるIT投資領域における費用便益分析（Cost Benefit Analysis）の適用からと考えられる。すなわち、積極的にITの効果を可視化し、「情報の価値は、情報が組織の成果に与える増分的な影響量から計算される。今、この成果、すなわちペイオフが、費用の削減とか利益の増加のように、眼に見える金銭的な形に換算して表現できるものと仮定しよう」と述べ、費用対便益アプローチを提起した。さらに、情報の価値＝（その情報がある場合のペイオフ）－（その情報がない場合のペイオフ）と定式化した。

便益は財務的効果として算定されるだけではなく、ITを行わなかったときに生じる予想損失を機会損失として組み込んで評価した。在庫情報があることによって、在庫切れによる緊急出荷依頼への追加費用が不要になるというように金額換算を行ない、費用と効果金額とを比較する手法を提示した。生産計画

管理システムの構築費用5億円に対して，効果として，①計画要員の削減5名，②計画精度の向上，計画ロス（1億円／年）の減少，③在庫削減，緊急手配費用（1億円／年）が不要，というようにである。

　いくらITに投資したら，いくら利益として回収できるか。この単純なモデルにこれまで多くの研究者，実務家が取り組んできたが，効果があいまいであるために，きわめて難しい問題であった。業務の自動化による要員の置換効果が中心である時代でさえ，目に見えない効果が重要だという指摘が，すでにあった（栗山仙，1968; Emery，1987）ほどである。

　IT投資の経済性評価が，さらに本格的に議論されるようになったのはCIM（コンピュータ統合生産システム）の登場によってであった。工場を新設する際に，多くのIT機器，ソフトウェア購入，システム開発費用が必要とされたため，その投資が果たして採算性があるのかどうかを経営者に問われたからといえる。

　CIM投資に関して多くの研究がなされ，経済性評価の手法は回収期間法から現在価値法，内部利益率法などの時間的な価値の評価へと大きな発展を遂げた。Kaplan（1986）は，CIMの効果には定量化が容易な効果以外にもフレキシビリティ増大，市場への迅速な対応，リードタイムの短縮などがあり，これらは重要であるが定量化が非常に困難であると述べながら，しかし，困難だからといって，信念だけ（faith alone）でCIM投資が正当化されてよいわけはなく，できる限り財務的，客観的に評価する必要があるとして，NPV（net present value: 正味現在価値法）による厳密な評価が必要であると主張した。

　また，この時期に，Parker & Benson（1988）は，「情報システムの価値を，伝統的な効果のみならず，幅広い範囲の効果を対象とすべきである」と述べ，価値連結効果，価値加速効果，価値再編成効果，イノベーション効果など，波及的な効果を含めた幅広い価値増大を強調した。

　1980年代後半のMISからSISへの展開に際して，IT投資を考察しつづけたMcFarlan（1981）は，ケーススタディを通じて，投資評価にリスクを勘案していないことを警告した。ITプロジェクトは，規模，技術に関する経験，プロジェクト内容の明確さなど，の3つの次元によって，リスクの影響を受ける。したがって，技術レベルの高低とプロジェクト内容の明確さによってマトリクスを作成し，その中でリスクの程度を判別しようとした。リスクを上回る効果があるか，失敗した場合の影響の範囲を一部にとどめることができるか，

代替案を考えているか，など異なるプロジェクトには異なる管理手法が必要であることを示唆した。このようなアプローチは1990年代末期からポートフォリオ管理として取り上げられるようになる。

以上のように，第1期においては，先端技術の発展のなかで，効果表現の困難性に関する議論が中心であったといえる。

## 2 ■ 第2期　会計技法への疑念（1990年代前半）

1980年代の日本的経営システムからの影響，さらに1990年代のリエンジニアリングの提唱などによって，米国式経営に対する疑念が増幅され，それがIT投資マネジメントの領域においても，これまでの会計技法が有効なのかという反省を生じさせるようになった。

これまでの議論は，個別プロジェクトにおける計画段階での経営者意思決定支援の側面が強調されてきた。しかし，結果としてIT投資と効果の間には相関関係ないしは因果関係が成立するかどうかについての事後評価に関する実証的研究も進められた。Weill（1988）は，情報投資と企業業績との関係をバルブ業界での調査分析にもとづき，両者の間に深い相関があることを立証した。それに対してStrassmann（1990）は，「企業の利益率と情報化投資に…相関関係が全く存在しないのはなぜかを検討しようとした…。両者の間に相関がないという結論は，一般に宣伝，広告されている内容とは主張が異なる。それはまた，情報化投資は多少ともコスト削減に貢献し企業競争力を生むという一般に信じられているテーゼに反する」として，投資と効果の直接的な因果関係を否定し，そこに管理者の能力，企業の組織能力の有無が大きく影響すると示唆した。

一見，相反するような両者の見解は，しかしながら投資と効果の因果関係づけを決定するのは必ずしもIT投資自体の内容ではなく，それ以外の要因，たとえば管理者の能力やトップのリーダーシップなどに依存するということを明らかにした点で同じ意味合いをもっていた。これらの投資と効果の因果関係のあいまいさは，生産性パラドックスの議論を巻き起こした。Brynjolfsson（1993）は，「Productivity Paradox，すなわち，生産性向上を目指してIT投資を実施したにもかかわらず，様々な要因によって，それが達成されないということが発生している」，と述べ，生産性向上を目指したIT投資が，目的を達成

できないことを問題にした。この提起が，従来の因果関係研究に大きな修正を要請した。さらに，その後の継続的な調査研究（Brynjolfsson, 2002）によって，成功企業では，1ドルのタンジブルアセットに対して9ドルものインタンジブルアセットに投資しているなど，企業の組織能力，すなわち経営能力や管理能力の高さが投資対効果の因果関係に大きな影響を与えることを検証した。

1990年代初期からのSIS（Strategic Information System: 戦略的情報システム）の提唱によって，経営戦略へのITの直接的な貢献，また，経営戦略との方向づけ（alignment）がIT投資の重要な要素として議論されるようになった。1980年代の米国では，景気が低迷しているにもかかわらずIT支出が増加し続ける状況に，経営者は大きな不満を感じていた。それに対して，Henderson & Venkatraman（1993）は，「ビジネス戦略とIT戦略との間の方向づけの欠如によって，企業はIT投資の価値を実現できないでいる」と述べ，IT投資の採否，優先順位づけにあたっては，経営戦略とIT戦略との方向づけが重要であると提唱した。いいかえれば，計画段階において，ROIだけではなく経営戦略を支援するIT投資であるかどうかの検討が重要であると述べ，IT投資マネジメントの領域に戦略性の議論を持ち込んだ。

しかしながら，このアプローチには2つの点で大きな課題が残されたままであった。

①個別プロジェクトが優れた採算性を示すのであれば，業績を向上させるはずであるから，企業戦略との整合性をあえて議論する必要性があるのか。
②企業の戦略を支援するのであれば，多少，採算性が他のプロジェクトより劣ったとしても，採用されるべきだろうか。

小松（1991）は，日本のCIM投資研究にもとづき，「CIM導入の狙いが直接的に経済性を表わす指標でないことから，CIM化投資を多目的評価とする」と述べ，財務指標のみで評価することの問題点を解決するため複数評価指標の活用を提起した。さらに櫻井（1991）は，アンケート調査にもとづき，経済的評価を採用している企業が22%であったのに対して71%の企業が総合評価によるとの回答から，CIM投資では，数値化できない要素が多くあるため，総合的評価が最終的に優れていると結論づけた。

Dos Santos（1991）は，「伝統的な評価分析では，最初のITプロジェクトは，将来的なプロジェクトのための価値ある実験であっても，それ自身で採算的であることは難しいので，そのため，従来のNPVに加え，将来のプロジェクトの

価値をオプション価値として付加」することを提案した。この研究アプローチは，リアルオプション・アプローチ（Real Option Approach）を活用したIT投資評価研究の創始となった。

これらの動向の背景には，個別プロジェクトの費用対効果分析の会計情報は，経営者にとって必要十分な信頼性とアカウンタビリティに欠け，さらにいえば適合性（relevance）を喪失しているのではないか，という疑問を内包していた。Johnson（1992）は「停滞を続ける生産性と経済的な機会の縮小という病気の治療は，まさしく会社が作業のコントロールシステムから会計情報を一掃することである」と述べ，会計が米国の企業業績悪化の原因であるかのように，会計への疑念を露わにした。

第2期は，IT投資効果の困難性の根底に，因果関係自体への疑問，さらに従来の会計技法や会計情報への疑念が生じてきたことを示している。

## 3 ■ 第3期 解決アプローチの探求（1990年代後半以降）

1990年代後半になると，この困難な課題に対してさまざまなアプローチが試みられるようになってきた。

### (1) バランスト・スコアカード手法の活用

櫻井（1995）は，「評価における基礎条件の変化は，次の3つにまとめることができよう」として，第1にシステム投資によって得られる戦略的効果を測定する必要があること，第2にユーザーの利用方法によって効果が大きく変わること，第3に業務改善効果を測定する必要があることをあげ，総合的な評価の重要性を提唱した。これは日本におけるIT投資評価実務を踏まえた議論であり，多くの実務家に支持された。

このような総合的な評価アプローチはKaplan & Norton（1992）が提起したバランスト・スコアカード（Balanced Scorecard: BSC）手法の活用によって，より体系化されていった。とりわけ，財務指標と非財務指標の融合という大きな課題に対して，具体的な手法を示すことに成功している。すなわち，業績指標を先行指標（lead indicator）と遅行指標（lag indicator）とによる因果関係の連鎖としてモデル化し，学習と成長の視点，内部プロセスの視点，顧客の視点，財務の視点，の4つ視点に分類した。これらを総合的に把握することによ

って，財務指標と非財務指標の融合をはかったといってよい。

BSCによって，1990年はじめより提起された経営戦略とIT戦略との方向づけの問題（Henderson & Venkatraman, 1993）に関して，効果的なモデル表記が可能になった。IT投資は，各視点に配備されたKPI（Key Performance Indicator: 重要業績指標）の改善のための戦略的活動項目として位置づけられ，その効果はKPIの改善量として示される。したがって，IT投資がどのようにKPIに貢献できるか，それが経営戦略，財務指標にどのようにつながるかが明確になる。

指標間の因果関係を数値化することは非常に困難ではあるが，IT投資がどのKPIにどのように影響を与えるかを推測することはそれほど難しくない。たとえば，SCM構築によって顧客の需要予測情報がタイムリーに入手でき，より平準化された日程計画策定やサプライヤーへの発注活動が促進されるとしよう。これらが内部プロセスの視点の重要な指標として定義されているのであれば，重要な効果として評価することができる。このような指標の改善によって，緊急納入の減少につながるだけではなく，顧客の満足度向上，信頼関係の改善につながり，潜在的なビジネス機会の増大につながる。これらの因果関係が，IT投資の評価におけるモデリングの問題として，さらに議論されることによって，総合的評価法がBSCの活用を通じて大きな発展を遂げたと考えることができる。

櫻井他（情報化投資効果調査委員会, 2000）は，GAO（1997）で提示された米国の公共部門でのBSC活用フレームワークに基づき，戦略との方向づけの確保，戦略実施のために，IT業績測定のプロセスにおいて，業績指標をBSCの4つの視点に活用し，実践的な形で位置づけた。BSCを日本の民間企業に適用することによって，財務成果偏重のIT投資評価を，戦略との方向づけや顧客の観点などの多元的な指標を取り入れ，定性的な要因をも加味した評価方法として提起した。

IT投資マネジメントにBSCを活用するというアイディアは，米国の公共部門において主導的な役割を果たしているといってよい。逆に，日本の公共部門では，行政改革の最中であるとしても，IT投資マネジメント領域のBSC適用は緒についたばかりであるが，民間企業においては，NEC，エプソン，リコー，キリンなどをはじめとして，実務として活用されるようになっている。

BSC適用に関する最近の議論を検討してみよう。小野（2003）は，効果目標の設定においてBSCの4つの視点が有効であると述べる。CSF（Critical Success Factor: 重要成功要因）を設定し，IT投資が，CSFの実現に貢献したかどうか，を評価することによって，事前評価段階における戦略の明確化，指標の明確化に有効であると述べる。

　近（2003）は，BSCの活用に関し，主観性を排除できるか，優先性，重要性の議論が十分かどうかによってBSC適用に限界が生じると指摘し，無形の資産の可視化，カストマーイクイティ理論の応用，数理的な最適IT投資評価方法を提起する。しかし，原理的に言えば，BSCは客観的な因果関係を目指すのでもなければ，正確な投資効果を算定するのでもない。経営者，さらに管理者，従業員による戦略のマッピングを通じた合意形成取得に主眼があったことを思い起こせば，客観的な因果関係を求めているのではなく，管理可能な状況を作り出すことこそがねらいではあったと考えられる。神原（2003）も，BSCによって，従来の金額算定された効果を中心とするIT投資評価から脱却すべきという。

　しかし，BSCをIT投資マネジメントに用いる際にはいくつかの課題が指摘できる。最終的にROIは算定できるのか，指標間の因果関係は識別できるのか，ITによって支援されるKPIの改善をIT投資の効果とみなせるのか，という点である。大串（2003）は，前もってBSCを経営に取り込むことがIT投資評価の促進要因となる，と指摘し，IT投資評価そのものにBSCを用いるのではなく，その前提となる経営の可視化のためにBSCを活用すると位置づける。

## （2）プロセスアプローチの展開

　Soh & Markus（1995）は，ひとつの解決方法としてプロセスアプローチを提唱した。マネジメント上の阻害要件が大きいために，IT支出と企業業績とは簡単には関連づけられないため，その間の中間的な成果としてIT資産を設定した。

　IT支出を効果的に企業の業績に結びつけるためには，まず，ITが業務を効率的に実施できるよう設計されているかどうか，それによって「適切な利用（appropriate use）」がなされるか，企業戦略とコスト構造とアプリケーションとがフィットしているかどうか，そして最後に，マネジメント上の阻害要件の企業業績への影響などを考慮しなければならない。そのため，中間的な成果として，ITインフラや一連のアプリケーションからなるIT資産をおくことを提唱した。IT資産から，製品・サービスの変革や創造，ビジネスプロセスの変

革，組織知能の拡充，ダイナミックな組織構造などが作り出される。これらの成果を総称してITインパクトと呼んだ。そして，ITインパクトから事業価値（business value）が創出されると述べた。

ここでのプロセスは，「企業にとって有用な資産として蓄積する」，「資産を適切に活用できるしくみを構築する」，「企業のITインパクトを競争優位に生かせる事業運営を実行する」，として整理できる。プロセスアプローチは，投資対利益の因果関係づけの道筋をより可視化する試みであるといえる。すなわち，IT投資はIT資産に変換され適切に利用されて，企業のビジネス遂行に必要な製品，サービスの強化，組織知識の蓄積，環境に対応しやすい組織への変革といったインパクトを与えることができ，業績向上に貢献すると主張した。これらのロードマップは，あきらかに投資と利益の間の因果関係をいくつかのマイルストーンに分割することによって，効果的に支援するための重要な要因を明らかにしている。

**図表3-1　プロセスアプローチ（Soh & Markus, 1995）**

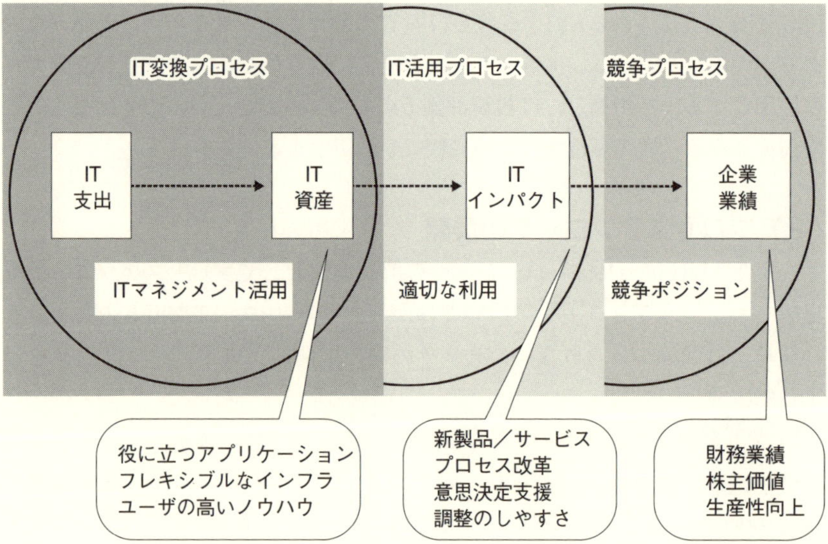

| IT変換プロセス | IT活用プロセス | 競争プロセス |
|---|---|---|
| IT支出 → IT資産 | ITインパクト | 企業業績 |
| ITマネジメント活用 | 適切な利用 | 競争ポジション |
| 役に立つアプリケーション<br>フレキシブルなインフラ<br>ユーザの高いノウハウ | 新製品／サービス<br>プロセス改革<br>意思決定支援<br>調整のしやすさ | 財務業績<br>株主価値<br>生産性向上 |

同じような問題意識から，Kumar（1996）は，通常，IT投資は段階的に実施され，利益に直結するわけではないと述べる。まずインフラが整備され，次に，それを活用したビジネスアプリケーションが稼動するのであって，効果を

もたらすのは第2段階からであり，第1段階では，効果は見込めないと主張した。

「適切な利用」という概念は，あらたな議論を提起した。Devaraj & Kohli (2003) は，IT投資の内容とは別に，適切に利用されなければ財務業績や品質が向上することはないとして，失われたリンク（missing link）を考察し，ITが実際に利用されたかどうかについて，十分には議論されなかったのではないかと述べる。このようなIT投資と業績との間の失われたリンクを補充する手法としてプロセスアプローチを位置づけた。

さらに，この「適切な利用」には，自発的（voluntary）と強制的（mandatory）の2種類があり，一見，強制的な利用の方が，利用率が高まり効果も高くなるように思われがちであるが，実証検証によればそれは限定的であって，自発的な利用の方が積極的な態度，学習的な姿勢によって，より大きな効果の機会をもたらすと指摘した。いわば，強制的な使用，組織的な指示，命令などによる利用度の増大は業務命令的な範囲に限られ，たとえば，過去の顧客の購買動向を確認して，効果的な販売戦略を立案し，実行するというような非定常的な業務での利用は促進されない。また，顧客データベースをいかにして有効に活用するかは，利用者の意欲や動機づけに依存することが多い。そのような利用があってはじめて，データベースシステムの価値が高まる。それは，単にデータベースをアクセスするよう命じられたのでもなく，手法が定められているわけでもない。それが効率的な業務遂行であると本人が意識をもってアクセスするからこそ，価値を生み出せるのである。

## （3）リアルオプション・アプローチの応用

近年のeビジネスなどでは，投資のタイミングによって不確実性やリスクが大きく変化することが多い。他社より先に実施することは，一般にハイリスクではあってもハイリターンである。しかし1年後であればローリスク・ローリターンの投資となるかもしれない。

IT投資マネジメントにおける従来のリスク分析は，どの位のリスクが受け入れ可能か（Willcocks & Margretts, 1994），リスクを減少させるための対応策の費用はいくらが適切か，それはどこに支出されるべきか（Birch & McEvoy, 1969）が中心的な議論であったといえる。これは，ITプロジェクトをいかにして成功裏に完了させるかという視点であって，たとえば，ハイリスク・ハイ

リターンのプロジェクトとローリスク・ローリターンのどちらが投資として優先すべきかを評価するものではない。

　eビジネスにみるような不確実性を本来IT投資が有しているとすれば，それは設備投資というよりも金融商品の性格を持つ投資に近い。投資のリスクとタイミングをどのように考慮して意思決定するかが重要な成功要因となるからである。Dos Santos（1991）が切り開いたIT投資マネジメントへのリアルオプション・アプローチの応用は，不確実性とリスクを取り扱うために，その後も発展をつづけた。

　リアルオプション・アプローチとは，不確実な環境下で，将来のとりうる実物への投資オプション（選択権）を意味し，その価値を含めて分析する手法である。具体的には，従来のNPVに投資の機会原価やオプションの価値を反映させる手法であり，プロジェクト実施によって将来生まれるかもしれないオプション価値を考慮して算定しなおす（Dixit & Pindyck, 1995）手法である。最近では研究開発投資など先端的な投資プロジェクトに応用されている。

　このアプローチはIT投資の様々な局面で活用できる。Amram & Kulatilaka（1999）は，情報システム更新の事例をあげ，将来のアプリケーションの実施可能性をオプションとして評価に加え，段階的な実施をすれば各段階での結果を次の投資評価に反映することができ，計画の継続，変更，あるいは中止というオプションを持てるようになると指摘した。ERP（Enterprise Resource Planning）などの大規模なIT投資に際して，初期に全ての投資を意思決定するのではなく，段階毎での意思決定のオプションを増やすことによって，経営者にとっては意思決定と実施におけるリスクの低減をもたらす価値となる。

　多くのオプションを持つことは経営管理上のフレキシビリティを増大させることにつながる（Edleson, 1999）。さらにビジネス環境が急速に悪化した場合の損失を最小化する（今井他，2000）という意味でも，このアプローチは大きな価値をもっている。これらの成果にもとづき，加藤（2000）はシステム導入，システム開発，業務改革における段階的な進め方の利点に言及しながら，今，投資すべきかどうか，目指す機能が投資によって実現できるかどうか，などがあいまいであり，また，ハード，ソフトの急速な価格の値下がりをどう組み込むべきかという課題を提起した。

## （4）IT投資ポートフォリオ

McFarlan（1981）のIT投資ポートフォリオの提起は，2000年以降，明確な形で提案されるようになってきた。早くからこのアプローチを取り入れてコンサルティング業務を行ってきた米国のMeta Group（2002）は，84%の企業はきちんと投資評価を行っておらず，リスク管理と技術革新のための新しい手法が必要だと述べ，IT投資プロジェクトを分類，評価，優先順位づけし，企業のビジネスニーズとITシステムとを関連づける手法としてITポートフォリオを提案した（図表3－2）。

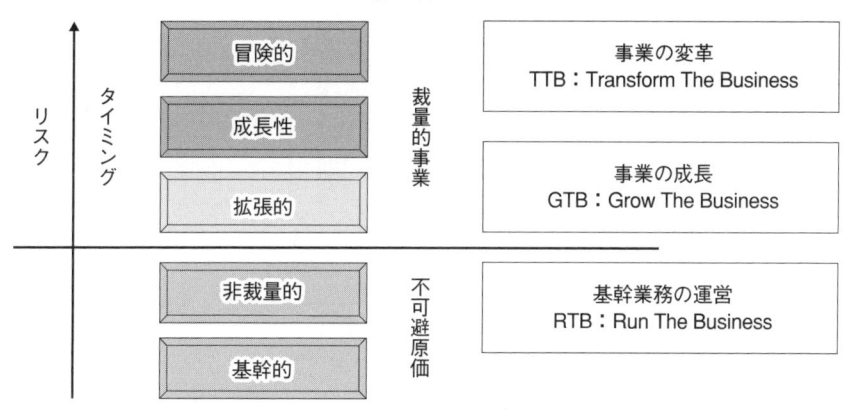

**図表3－2 ITポートフォリオ（Meta group, 2002）**

| リスク | タイミング | | 裁量的事業 | 事業の変革<br>TTB：Transform The Business |
|---|---|---|---|---|
| | | 冒険的 | | |
| | | 成長性 | | 事業の成長<br>GTB：Grow The Business |
| | | 拡張的 | | |
| | | 非裁量的 | 不可避原価 | 基幹業務の運営<br>RTB：Run The Business |
| | | 基幹的 | | |

基幹業務の運営（Run The Business: RTB）は，電気や光熱費と同様に，それなしにはビジネスが遂行できなくなるタイプのIT支出である。それは，変動することはあまりなくリスクは低い。そして，リターンは，中から高レベルの投資案件といえる。それに対して，事業の変革（Transform The Business: TTB）は，新規ビジネス，現行業務の大幅な変革などのためのIT支出であり，その成功には大きなリスクを伴う。

このような分析によって，IT支出の性格が明確になるとともに，RTBへの支出をできるかぎり削減し，成長期にはTTBの比率をできるだけ高めるというIT戦略をとるのは有効であろう。まさしく，ビジネス環境と目標に対応しながら，IT投資プロジェクトの最適な組合せを目指している。

このようにして，IT投資プロジェクトを分類し，評価・優先順位づけを行

うための手法としてITポートフォリオが活用される。CIOはITマネジメントだけではなく，不確実な経営環境でのIT投資のリスクとリターンを組み合わせるファンドマネジメントも重要なミッションであると述べる。

さらに，Ross & Beath（2002）は，投資タイプを，技術スコープとしての事業施策と共有インフラ，さらに対象期間を短期と長期に分け，変革，更新，プロセス改善，実験という4象限に，資金をどう配分するかがCIOの重要なミッションであると述べ，30社のIT投資に関する調査にもとづき，IT投資プロジェクトをマッピングした（図表3−3）。

**図表3−3　Ross & Beath（2002）によるITポートフォリオ**

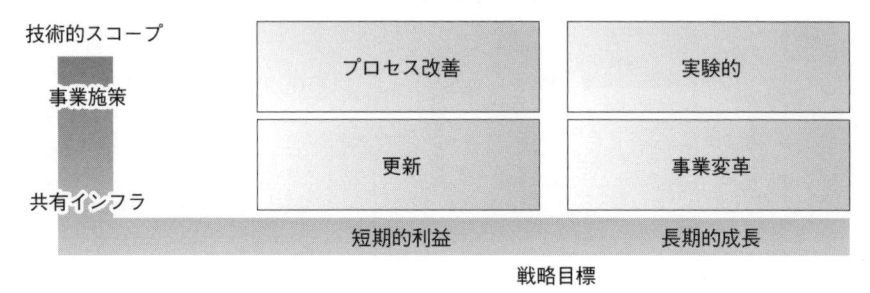

|  | 短期的利益 | 長期的成長 |
|---|---|---|
| 事業施策 | プロセス改善 | 実験的 |
| 共有インフラ | 更新 | 事業変革 |

技術的スコープ（縦軸） / 戦略目標（横軸）

Weill & Broadbent（1998）は，ピラミッド形として，インフラ関連，業務関連，情報関連，戦略関連の4つを位置づけ，各々の特性にあわせた配分および事業戦略における役割を示した（図表3−4）。

また，Jeffery & Leliveld（2004）は，ポートフォリオ管理を，事業戦略に方向づけられた，リスクとリターンを踏まえた，高度な評価づけやフィードバック

**図表3−4　Weill & Broadbent（1998）によるポートフォリオ・ピラミッド**

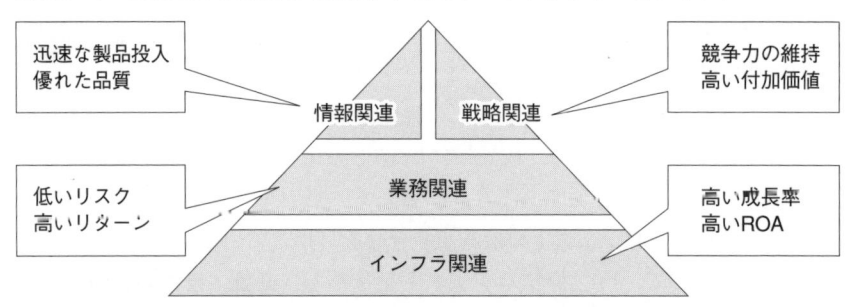

- 情報関連 … 迅速な製品投入，優れた品質
- 戦略関連 … 競争力の維持，高い付加価値
- 業務関連 … 低いリスク，高いリターン
- インフラ関連 … 高い成長率，高いROA

による優先づけの手法であると位置づけた。リスクの高低とビジネス価値の大小によって4象限のマトリクスを作り，ローリスクとハイリターンの投資を最優先とし，ローリスクとローリターンのプロジェクトを低い優先順位とし，ハイリスク・ハイリターンのプロジェクトは実施容易性で判断し，ハイリスク・ローリターンとなる投資は棄却する。このような投資判断の基準を提起した。

このように，IT投資のタイプ分けにはさまざまな方法が提案されているが，IT投資ポートフォリオを活用することによって，個別プロジェクトの採算性評価だけではなく，見逃されがちなインフラ整備に対しても一定の支出を行なうよう企業を仕向けることができる。

## （5）インフラ投資評価

これまで，IT投資マネジメントの最も困難なテーマのひとつはインフラ投資に関するものである。Duncan（1995）は，インフラストラクチャーとは，現在および将来にわたって，アプリケーションのための基礎となる共有的，有形なIT資源であると定義する。基本的には，プラットフォーム，ネットワーク，キーデータ，そしてアプリケーションから構成される。そして，フレキシビリティこそインフラの最も重要な価値であり，フレキシビリティが高ければ高いほど，企業は変化に対してより多くのオプションを持つことができる。いわば，企業環境の変化に伴って柔軟に対応できる能力として，インフラの持つフレキシビリティが活用される。

したがって，企業経営に柔軟性を提供するのに役立つインフラ投資こそが高く評価されるべきで，調査結果から，能力の役割（capability role），事業管理リーダーシップ，システムの結合，インターフェースの標準化の4点が経営に最も貢献していると分析した。

Kumar（2004）は，さらに，このようなフレキシビリティをIT価値の観点からモデル化し，インフラが柔軟に対応できるかどうかによってITの価値が大きく変わると主張した。分析方法として，ゆらぎ，ジャンプ，外乱などの変化パターンを作り，時間の経過とともに，ITの価値の変化をシミュレーション手法によって検証した。そして，NVFI（not very flexible infrastructure），すなわちフレキシビリティのあまりないインフラ投資とVFI（very flexible infrastructure），すなわち非常にフレキシブルなインフラ投資のケースを比較した。環境変化に伴い，データ量などが大きく変動するほど，フレキシビリテ

ィのあまりないインフラは，フレキシビリティの非常に高いインフラに比べて，大幅に価値が低下することを示した。

これらの分析は，ITインフラを単なる固定的な資産と位置づけるだけではなく，多様な価値を持ち，管理可能なIT投資とすべくチャレンジしている。

第3期では，いわばIT投資と効果という直接的な因果関係の追及よりも，そこに関わるインタンジブルな要素の存在が大きく影響を与えることを明らかにしつつ新しいアプローチを提起している。

## ■ おわりに

投資と効果の因果関係づけに関する膨大な研究が40年間繰り広げられた。それは明らかにITの活用方法，活用領域が変化したことと無縁ではない。個別的な業務効率化のツールから企業経営全体にわたる戦略実施に関わるIT活用へと大きく変化し，そのことが新しい方法論を求めていたのである。それらが示す方向は，従来，設備投資評価手法の拡張として用いられてきた費用便益分析の克服であったといえるだろう。

とりわけ，この10年間，多くの研究者が新しい評価，実施に関わる手法を提起してきた。リスクをいかに取り込むか，目的が限定されないインフラ投資の評価，リアルオプション・アプローチ，また全社的なIT投資の組合せを考察するポートフォリオ管理などを取り込んできた。それらは一見，個別的で関連がないようにみえるが，費用対効果分析から脱却し，IT投資の実施プロセスを詳細に論じながら，その過程における多様な要因がIT投資マネジメントに大きな影響を与えていることを示してきた。個別プロジェクトの採算性を個別的に評価するのではなく，企業全体のIT支出の最適化を目指していることは明らかである。

【参考文献】
今井他『IT投資の経済的評価～リアルオプション・アプローチ～』企業活力研究所, 2000年.
大串葉子『情報化投資評価について』新潟大学産学連携セミナー資料, 2003年.
小野修一『情報化投資効果を生み出す80のポイント』工業調査会, 2003年.
加藤敦「情報化投資へのリアルオプション・アプローチ適用: その可能性と課題」『経営情報学会2000年秋季全国発表大会予稿集』2000年, pp.218-221.

神原智「バランススコアカードを活用したIT投資評価」『ITソリューションフロンティア』野村総合研究所, 2003.4月号.

栗山仙之助『電子計算機 経営情報システム研究』日本経営出版会, 1968年, pp.8-22.

小松昭英「CIM化投資の経済性評価」『CAD&CIM』No.27, 1991年, pp.18-21.

櫻井通晴『企業環境の変化と管理会計』同友館, 1991年.

櫻井通晴「オープン化時代のシステム化投資の評価」『専修経営学論集』, No.61, 1995年, pp.27-51.

櫻井通晴他（情報化投資効果調査委員会）『バランスト・スコアカード活用による情報化投資評価の研究』(社) 情報サービス産業協会（JISA）, 2000年.

近勝彦「IT投資評価プロセス構築のプロセス」OA学会研究会資料, 2003年.

Amram, M. & N. Kulatilaka, "Disciplined Decisions: Aligning Strategy with the Financial Markets",Harvard Business Review Vol. 77, No. 1, 1999, pp.95-104 （小林訳「リアルオプションが経営戦略を変える」『ダイヤモンドハーバードビジネス』Aug/Sep2000, ダイヤモンド社, pp.98-110.）.

Birch, D.G.W. & N. A. McEvoy, "Risk analysis for information systems", in Willcoks, L., ed., *Investing in Information Systems*, Chapman & Hall, 1996, pp.255-258.

Brynjolfsson, E., "The Productivity Paradox of Information Technology", *Communication of the ACM*, Vol. 36, No.12, 1993, pp. 67-77.

Dearden, J., "Myth of Real-time Management Information System", *Harvard Business Review*, May/June 1966, pp.123-132.

Devaraj, S. & R. Kohli, "Performance Impacts of Information Technology: Is Actual Usage the Missing Link?", *Management Science*, Vol. 49, No. 3. 2003, pp. 273-289.

Dixit, A. K. & R. S. Pindyck, "The Options Approach to Capital Investment", *Harvard Business Review*, Vol. 73, No. 3, 1995, pp.105-115 （「オプション理論が高める経営の柔軟性」『DIAMONDハーバードビジネス』Aug/Sep, 2000, pp.68-85.）.

Dos Santos, B. L., "Justifying Investments in New Information Technologies," *Journal of Management Information Systems*, Vol. 7, No. 4, 1991, pp. 71-89.

Duncan, N. B., "Capturing Flexibility of Information Technology Infrastructure: A Study of Resource Characteristics and their Measure", *Journal of Management Information System*, Vol. 12, No. 2, 1995, pp. 37-57.

Edleson, M. E., "Real Options: Valuing Managerial Flexibility" *Harvard Business School Case study*, 9-294-109, 1999.

Emery, J. C., *Management Information Systems*, Oxford University Press, 1987 （宮川公男監訳『エグゼクティブのための経営情報システム』TBSブリタニカ）.

GAO *Executive Guide: Measuring Performance and Demonstrating Results of Information Technology Investments*. GAO/AIMD-97-163, 1997.

Hitt, L. M. & E. Brynjolfsson, "Productivity, business profitability, and consumer surplus: *Three different measures of Information Technology Value*", MIS Quarterly, Vol. 20, No. 2, pp. 121-143.

Jeffery, M. & I. Leliveld, "Best Practices in IT Portfolio Management", *MIT Sloan Management Review*, Vol. 45, No. 3, 2004, pp. 41-49.

Henderson, J. C. & N. Venkatraman, "Strategic Alignment: Leveraging Information Technology for Transformation Organizations", *IBM System Journal*, Vol.32, No.1, 1993, pp.4-16.

Johnson, H. T., *Relevance Regained*, The Free Press, 1992 (辻他訳『米国製造業の復活』中央経済社, 1994年).

Kaplan, R. S., "Must CIM be Justified by Faith Alone", *Harvard Business Review*, Vol. 64, No. 2, 1986, pp.87-93.

Kaplan, R. S. & D. P. Norton, "The Balanced Scorecard- Measures That Drive Performance", *Harvard Business Review*, Jun.-Feb, 1992, pp.71-79 (「新しい経営指標 "バランスドカード"」『DIAMONDハーバードビジネス』1994年 Apr.-May, pp.81-90.).

Kumar, R. L., "A Note on Project Risk and Option Values of Investment in Information Technologies", *Journal of Management Information Systems*, Vol. 13, No.1, 1996, pp. 187-193.

Kumar, R. L., "A Framework for Assessing the Business Value of Information Technology Infrastructure, *Journal of Management Information System*, Vol. 21, No. 2, 2004, pp. 11-32.

Meta Group, *The Business of IT Portfolio Management: Balancing Risk, Innovation, and ROI*, A Meta Group White Paper, 2002.

McFarlan, P. W., "Portfolio Approach to Information Systems", *Harvard Business Review*, Sept/Oct, 1981, pp. 142-150.

Parker, M. M. & R. J. Benson, *Information Economics*, Prentice Hall, Inc., 1988 (宇都宮,高儀,金子訳『情報システム投資の経済学』日経BP社, 1990年).

Ross, J. W. & C. M. Beath, "Beyond the Business Case: New Approaches to IT Investment", *MIT Sloan Management Review*, Vol. 43, No. 2, Winter 2002, pp. 51-59

Soh, C. & M. L. Markus, "How IT Creates Business Value: A Process Theory Synthesis", *Proceedings of Sixteenth International Conference on Information System*, 1995, pp. 29-41.

Strassmann, P. A., *The Business Value of Computer, Information,* Economics Press, 1990 (末広千尋訳『コンピュータの経営価値』日経BP社, 1994年).

Weill, P. D., *The Relationship between Investment in Information Technology and Firm Performance in the Manufacturing Sector*, Ph. D. dissertation, New York University, 1988.

Weill, P. D. & M. Broadbent, *Leveraging the New Infrastructure: How Market Leaders Capitalize on Information Technology*, 1998 (福嶋訳『ITポートフォリオ戦略論』ダイヤモンド社, 2003年).

Willcocks, L & H. Magretts, "Risk and information systems: developing the analysis", in Willcocks, L., ed., *Information Management: The Evaluation of Information Systems Investment*, Chapman & Hall, 1994, pp.207-230.

# 4章

# 資源ベースアプローチ

## ■ はじめに

　本書で述べているIT投資マネジメントを支える重要な理論的基礎のひとつは資源ベースの経営戦略論である。この理論をもとにして資源、ケイパビリティ、資産などの概念を検討し、IT支出による資源の取得からケイパビリティの向上、蓄積されたIT資産の活用、財務業績への貢献という価値創出のプロセスを提示してきた。IT投資の目的もまた、内部資源の取得とその開発、活用にあると考えたからである。

　Wernefelt (1984)、Barney (1991)、Grant (1991)、Hall (1992) らが創始した資源ベースアプローチ（RBA: Resource-Based Approach）の教えるところによれば、資源をいかに有効利用できるかどうかが、他社との競争優位性を高める重要な役割を果たすとされる。他社から模倣されにくく、移転されにくい能力、すなわちケイパビリティが競争力にとって非常に重要であり、市場から容易に調達できる資源を、当該企業ならではの、企業特殊（company specific）な能力へ高めることができる。そして、この資源とケイパビリティを組み合わせることによって、持続的な戦略の優位性を創造するための戦略的資産（strategic asset）を形成することができると考える。

　このような理論フレームワークに倣えば、通常のIT支出によって、原則的

には，どの企業にとってもほとんど質的に変わることのない資源を市場から入手できる。サーバー，パソコン，ソフトウェア，そしてASP（Application Service Provider）からのサービスでさえも，費用さえ払えば容易に調達できる。また，人材もまた資源であり，市場から調達できる。

IT支出による資源の調達をケイパビリティへと高め，将来の利益をもたらす機会を提供しうるIT資産をいかにして構築するかが，IT投資マネジメントの重要な役割といえる。このようなIT資産が財務的業績に貢献することは確実なようにもみえるが，外部環境における不確実性，たとえば，為替レートの変動，地震，津波などの天災，天候の影響など様々な要因，さらに競争相手の出方によっても大きな影響を受けざるを得ない。

本章では，IT投資マネジメントにおける資源ベースアプローチの有効性を検討する。

## 1 ■ 資源ベースの経営戦略アプローチの展開

近年，経営戦略論において，企業や組織とその行動を経営資源の観点から考察する資源ベースアプローチへの関心が高まっているといわれるが，その背景には，業界における企業のポジショニングが戦略や業績を規定するという従来の産業組織論的アプローチへの批判という側面が少なからずあったと言われる。戦略の成功や競争優位の源泉として，企業の外部要因よりも，むしろ，企業の保有資源やコア能力などの内部要因の影響が大きいと主張されたのである。

多くの企業が，大きな環境変化と企業のリストラクチャリングに際して，あらためて自社の能力を見直し，経営資源に着目するようになってきた。近年では，技術やマーケティングなどの業務遂行上の資源に加え，経営者チームの持つマネジメント・ノウハウという資源や能力が注目されている。

経営資源や企業特有の能力が企業の業績や競争優位性を規定するという資源に着目する考え方に，これまで多くの研究者が取り組んできた。これらの研究の流れは，一般に資源論的視点（resource-based view: RBV），さらに，資源ベースアプローチ，資源パースペクティブ（resource-based perspective），さらに，資源理論（resource-based theory）などと呼ばれているが，本章では，資源ベースアプローチと総称する。

企業が有する経営資源や組織能力に競争優位性の源泉を見出すという資源ベ

ースアプローチの発想は，決して新しいものではなく，戦略形成の手法，あるいは意思決定プロセスに既に組み込まれているものもあった。たとえば，SWOT（Strength, Weakness, Opportunities, Threats）分析と呼ばれる戦略決定の基本的手法においては，前段のSWの部分，すなわち，企業が保有する強みと弱みの分析は，経営資源や組織能力の評価を意味している。

資源ベースアプローチ研究の展開について，まず，Penrose, Wernerfelt, Barneyの研究をベースに検討する。

## （1）Penroseの研究

資源ベースアプローチの源流の一つは，Penroseの企業成長に関する研究である。Penrose（1959）は，伝統的なミクロ経済理論においては，企業は一定の需要・供給環境の下で利潤を最も大きくするような供給量を決定するための存在でしかなかったと述べる。この企業に関する概念は市場メカニズムを分析するためには効果的であるが，企業の成長理論を考える場合には不適切だと述べる。企業は成長しつつある組織体であるという観点から考えれば，企業の主要な機能は，内部で立案され実行に移される計画に応じて，資源を活用し，財と用役を供給することにあると主張した。したがって，企業は単なる管理単位ではなく，生産的資源の集合体であって，経営者の意思決定によって資源を各種の用途と時期に配分することが，その基本的機能であるとした。

Penroseは，生産的資源とは，工場，設備，土地，天然資源，原料などの物的資源と，労働者，業務，財務，法律，技術，経営スタッフなどの人的資源であり，用役は，資源を使って業務活動に貢献するものであると規定した。そして資源と資源がもたらす用役を明確に区別し，生産工程に投入されるのは資源そのものではなく，資源によって提供される用役であると述べた。したがって，まったく同じ資源が別の目的または別の用途に用いられる場合や，あるいは別のものといっしょに用いる場合には，異なった用役が提供される。資源が，用途とは独立に定義づけられるのに対して，用役は，機能や活動を意味し，用途に深く関わっている。

企業活動は，通常，多種多様な資源と用役の結合を通して行なわれるが，たとえ同じ資源を保有し，利用したとしても，資源の組合せ，あるいは企業資源の構成の違い，さらに資源が持つ価値や，資源の利用方法の違いによって，生産する製品や製品群とそのマーケット，企業の行動パターンや成果に様々な差

異が生じる。それは，企業の独自性や差別化の源泉となる。

さらに，Penroseは，企業に独自性を与える要因は，資源，あるいは潜在的な生産的用役における不等質性にあると述べた。つまり，企業は，資源を所有し，用役を利用し，独自性をもって目的の活動を行う管理された組織体であると考える。このような用役を効果的に利用するためには，深い知識が必要となる。したがって，資源の物的特性や，利用方法，あるいは製品についての知識が増大するにしたがって，より多くの用役が利用できるようになるに違いない。そして，以前には利用できなかった用役，または利用されなかった用役が，新たに生み出される。

企業が所有し，利用している資源について，多くの知識を得ることによって，より高い企業の生産性と業績を実現できるのであれば，未知の生産用役，未利用の生産用役の持つ価値はきわめて大きい。資源の新たな利用可能性の探求，資源に内在する未知の生産用役の発見も，知識の増大によって大きな影響を受ける。したがって，企業における技術革新も，偶然や思いつきではなく，現在所有している資源の性質とそれが提供する生産的用役の種類と範囲に関わる知識の水準に深く結びついている。

Penroseは，企業成長を制約する要因は，「マネジメント層の能力」，「製品市場あるいは原材料（生産諸要素）」および「不確実性とリスク」にあると考え，資源ベースアプローチの企業観に大きな影響を与えた。さらに，企業成長における外的要因として，製品・サービスに対する需要，また，市場での競争状態，製品・サービス産出に関わる技術動向要因，市場要因などをあげ，内的要因として，事業拡大に必要となる多様な経営資源ならびに生産力，技術力などの組織能力をあげ，両者の役割の違いを明確にした。資源ベースアプローチは，この内的要因に注目する。

企業の人的資源が蓄積したノウハウ，知識や，組織内に蓄積された生産設備，業務プロセスなどの多様な資源が，企業の異質性を生み出すという主張は，工場，生産設備などの物的な生産手段や資源よりも，企業の経営者および従業員が，企業活動を通じて獲得する経験やノウハウ，すなわち組織能力の重要性を強調している点で先駆的であり，企業の競争優位の源泉を説明する重要な概念として，また，近年のインタンジブルズ概念につながり，資源ベースアプローチの主唱者たちと共通する。

## (2) Wernerfeltの研究

「企業の資源論的視点（A Resource-based View of the Firm）」（Wernerfelt, 1984）は，資源ベースアプローチの一つの出発点を提起している。そこでは，「企業にとって，資源と製品は同一コインの両側面である」という視点から，製品は，資源によって作り出される用役（the services of several resources）を必要とし，ほとんどの資源が製品を生産するために利用されると考える。したがって，企業活動を把握するためには，製品・サービスを生み出す源泉である経営資源・組織能力の側面と，どのような製品・サービスを提供すべきかと，いう製品マトリックスあるいは戦略的ポジショニングの両側面から捉えるべきとした。そして，必要資源と，その構造が明らかになることによって，適切な製品と市場活動を明らかにすることができると述べる。

企業を様々な資源の組合せ，あるいは資源の結合と見るアプローチは，Penroseの『企業成長の理論』にも見られたが，近年，企業の多角化戦略の形成における基礎的視点の一つとして注目されるようになってきたのは，多角化戦略の決定や実行に際しての資源に関わるさまざまな問題が，このアプローチによって解明できると考えたからであろう。

Wernerfeltは，資源とは，「当該企業の強み，弱みと考えられるものの総て」であり，企業が半永久的に保有する有形・無形の資産（tangible and intangible assets）を意味する。たとえば，ブランド名，社内技術知識，熟練従業員の雇用，取引契約，機械設備，能率的な作業手続き，資本などである。これらの資源を保有し，それらを組み合わせることによって，他社の追随を困難にすれば，資源面での優位性の確保と維持によって，競争上の優位性と業績の達成が容易になる。

Wernerfeltは，企業を経営資源の側面から考察することによって，新たな見方を取り入れた。

①多角化企業に関する視点
②高い収益性を生み出す経営資源としての「資源ポジション障壁」（resource position barriers）の識別
③既存の経営資源の活用（exploitation）と新しい経営資源開発とをバランスさせた戦略的意思決定
④不完全市場における希少な経営資源の調達としての企業買収

これらの論点のうち，資源ベースアプローチの基本的な問題意識であるが，

資源，あるいは組織能力が競争優位性を支援することを意味している。

経営資源と収益性（競争優位）との関係を考察する出発点として，企業が，他企業に対してコストや収益に影響を与えるような資源を保有することによる相対的優位性の確保を資源ポジション障壁と表現した。たとえば，技術的能力，生産上の経験，技術的リーダーシップ，顧客の企業や製品へのロイヤルティなどであり，先行者優位性（first mover advantage）がその企業の収益性と，その資源利用企業の収益性に大きな影響を与える。

Wernerfeltは，特定産業への参入を阻害する要因が参入障壁であるのに対して，特定産業に参入した企業間の競争優位性あるいは収益性の要因として，資源ポジション障壁を説明する。たとえば，M&Aを実施する場合，資源，イメージ，技術的能力，諸契約の集合体の売買がなされるが，売買関与者は少数であり，非市場的取引による場合が多いため，相手企業の保有資源は何か，どの資源が有用であるか，資源獲得にはどの程度の費用が必要か，その獲得方法や支払い方法はどうかなどについて，資源ポジショニング障壁を獲得するための戦略の実施に関わる問題として詳細に検討しなければならなくなっている。まさしく，さまざまな局面において，資源の問題が重大になっていることを示した。

## （3）Barneyの研究

Barney（1991）は，「企業の持続的競争優位性の源泉」を探究し，もし，経営資源が同質（homogeneous）かつ移動可能（mobile）ならば，企業間に競争優位性の差異は生じない，という認識からスタートした。たとえば，先行者優位性を発揮しようとして，他社に先んじて市場，消費者動向などに関する情報を入手したとしても，それは「同質な経営資源」であって移動可能であれば，すぐに他企業にも伝播してしまうので，先行者優位性を維持することはできない。したがって，異質で移転困難な性質を有する経営資源が必要であるとして，次の特性を重視する。

①価値性（valuable）

　　戦略の策定においても，市場での販売機会の実現にも価値性がまず必要不可欠である。

②希少性（rare）

　　経営資源が戦略策定・実行にとって価値があるだけではなく，それ自身が希少性をもっていなければ，すべての企業が同等の競争優位性を獲得で

きてしまう。

③模倣困難性 (imperfectly imitable)

　物的資源に比べて，技術，ノウハウなどの無形資源の場合，当初は希少であったとしても模倣されやすく希少性が低下しがちである。したがって，希少性だけではなく，模倣困難性という特性が必要となる。模倣困難性は，歴史的経緯，因果関係の曖昧さ (causal ambiguity)，社会的な複雑さ (social complexity)，という3つの要因から生じる。

　歴史的経緯とは，創業者の個性・理念をはじめとする企業特殊性の1タイプである。因果関係の曖昧さは，ある企業が競争優位を確立している原因が曖昧であるために，かえって模倣が難しいことである。社会的な複雑さとは，企業組織内の公式，非公式の人間関係の複雑さ，および企業と外部の利害関係者との多岐にわたる関係の複雑さを意味する。

④代替可能性 (substitutability)

　ある企業が希少で模倣困難な経営資源を有していても，他の企業が，他の資源を利用して同等の戦略を実現することが可能となるならば，競争優位性は失われてしまう。競争優位性を生み出すためには，その資源が他の資源では代替が困難でなければならない。

## 2 ■ 資源ベースアプローチにおける諸要素の検討

　資源ベースアプローチは，資源に着目して経営戦略の優位性の源泉について議論してきた。当初の議論の中心は資源そのものであったが，その後の展開から，ケイパビリティが識別され，さらに資産へと分化されていったと考えられる。その経緯を中心に議論を整理してみたい。

### (1) 資源

　Penrose, Wernerfelt, Barneyらの資源についての解釈は多様ではあるが，これらの議論をベースに資源ベースアプローチが発展していったのも事実である。Amit & Shoemaker (1993) は，企業の資源は，企業が所有ないし支配している利用可能要素 (available factors) のかたまりであり，取引可能な知識（パテントやライセンスなど），金融資産，物的資産，人的資本によって構成され，さらに，広汎な企業の資産である技術，経営情報システム，労使間の信頼などと結

合して，最終製品やサービスに転換されるとした。

　Grant（1991）は，戦略の形成過程を重視し，生産的プロセスを分析の基本単位とした。生産的プロセスへ投入されるのが資源であると位置づけ，そこには資本設備，個々の従業員の熟練，スキル，パテント，ブランド，資金などが含まれ，有効活用されるのはそのうちのわずかであると述べた。また，Priem & Butler（2001）は，戦略の策定，実施の観点から，企業の生産性と効果性の改善を支援する全ての資産，実行能力，組織プロセス，企業属性情報，知識などが資源に含まれることを重視した。

　このように，資源ベースアプローチでは，特異性をもつ資源が競争優位性として最も重要であるという認識で共通しているが，業務遂行という観点や，戦略の策定，実施の観点において必要となる資源というように，その対象が拡大していったと見ることができる。

## （2）ケイパビリティ

　資源ベースアプローチの研究者たちは，Penroseが提唱した用役に該当する概念を，一般にケイパビリティ（訳書では実行能力あるいは貢献能力）と表現する。Grant（1991）は，ケイパビリティとは，ある仕事や活動を実施するための資源の能力によってもたらされ，競争優位性の主要な源泉であり，資源がもっている能力をうまく活用できるかどうかが競争優位性を規定していく重要な要因になると述べた。また，ケイパビリティは組織内部で形成され，組織の業務遂行における生産性，目的達成の効率または効果性を追求し，効率的組織活動のための手段的役割を果たすための論理，技法，技術の集合体であるとみなした。

　Amit & Schoemaker（1993）は，複数の資源を結合し，活用するための企業の能力をケイパビリティと定義したが，それは，情報をベースとした企業特殊なプロセスであって，資源との複雑な相互作用によって，長い年月をかけて，人的資本によって情報の蓄積，交換を行いながら開発された中間的な財であり，資源の生産性や戦略の柔軟性の向上に役立つことを重視した。

　また，Leonard-Barton（1992）は，新製品開発の局面を例にとって，資源のダイナミックな側面に着目した。時が立つにつれて変化し強化されるコア・ケイパビリティと，それを阻害するような逆機能としてのコア・リジディティ（core rigidities: 重大な硬直性）が発生することを指摘し，相互のパラドックス

を解消する必要があると述べた。

　Teece, Pisano, & Shuen（1997）は，変化の激しい環境下で企業が成功するためには，技術的資産を蓄積するだけでは不十分であって，変化する環境に調和するように，企業内外の組織技能，資源，能力をつねに獲得，統合，再構成できるようなダイナミックな能力（dynamic capability）が必要であると主張した。

　以上の議論を整理してみよう。まず，ケイパビリティは，組織における資源の組合せとその集積ないし合成とみなされ，資源の効果的な組合せ，配列を繰り返すことによって育成される。これは，構造的，静態的解釈といえるだろう。さらに，ケイパビリティを，長い期間をかけて育成，発揮されるものとして捉え，時間的経過にしたがって，製品，技法，活動内容などの内的な関係性を変化させながら形成されるものとした。つまりケイパビリティを動態的なものとして考えるようになってきたといえる。

## （3）資産

　ケイパビリティが資源から識別されていったように，ケイパビリティからさらに資産が分化されるようになった。Amit & Shoemaker（1993）は，競争優位を構築するために必要となる資源やケイパビリティに加えて，「戦略的資産（strategic assets）」という概念を用いて説明する。企業の資源はただ異質であるというだけでは，競争優位に寄与しない。資源は，他よりも優れた価値（valuable）をもっているだけでなく，希少なものでなければ戦略的な意味を持たない。しかしながら，ある業界では，効率性よりも創造性が重視されるかもしれないが，別の産業では，その逆となる場合もある，というように，資源の価値は普遍的ではなく，業界の発展段階に応じて必要となる資源やケイパビリティも変化する。発展段階によって，特有の成功要因が存在するとして，「戦略的産業要因（strategic industry factors）」それに対応する戦略的資産（strategic assets）の概念を提起した。

　資源やケイパビリティの特異性と戦略的産業要因とが重なる（overlap with strategic industry factors）ことによって，レント，すなわち希少な資源から得られる利益（Collis & Montgomery, 1998）が戦略的資産から創出される。まさしく，資源とケイパビリティの相互作用が，企業独自の戦略的資産を形成し，市場の要請する戦略的産業要因と戦略的資産が効果的にマッチングするこ

とを通じて，当該市場における企業の重要な競争優位をもたらすと述べた。

戦略的資産は，①希少性（scarcity），②低い取引可能性（low tradability），③模倣不可能性（inimitability），④限定された代替可能性（limited substitutability），⑤適切性（appropriability），⑥耐久性（durability），⑦戦略的産業要因との重なり，⑧補完性（complementary），の8つの特性をもっており，インタンジブルズがそれぞれに大きな役割を果たす。

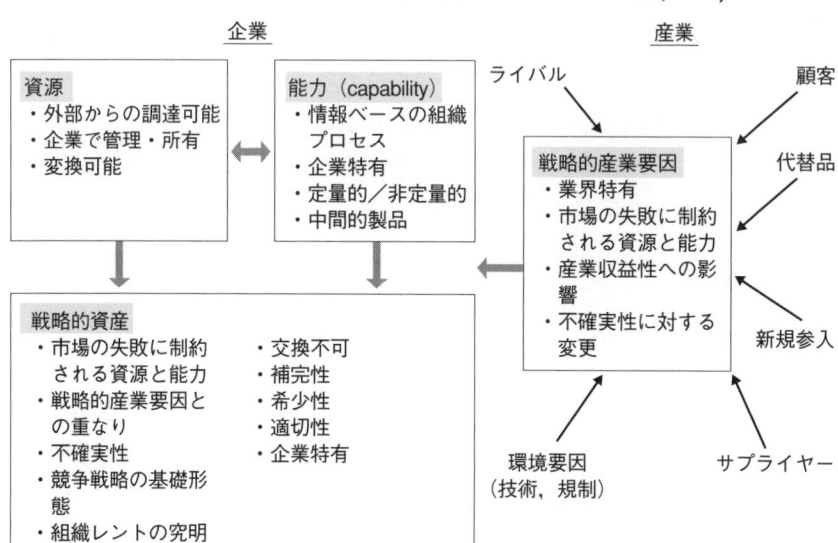

図表4-1　資源ベースアプローチの基本構造（Amit & Schoemaker, 1993）

```
企業                                    産業
┌─────────────┐  ┌─────────────┐        ライバル              顧客
│ 資源        │  │ 能力(capability)│        ↓                  ↓
│・外部からの │  │・情報ベースの │    ┌─────────────┐
│  調達可能   │↔│  組織プロセス │    │ 戦略的産業要因 │ ← 代替品
│・企業で管理 │  │・企業特有     │    │・業界特有     │
│  ・所有     │  │・定量的/非定量│    │・市場の失敗に │
│・変換可能   │  │  的           │    │  制約される資 │
└─────────────┘  │・中間的製品   │    │  源と能力     │
                 └─────────────┘    │・産業収益性へ │ ← 新規参入
                        ↓            │  の影響       │
┌─────────────────────────────┐      │・不確実性に対 │
│ 戦略的資産                   │ ←── │  する変更     │
│・市場の失敗に  ・交換不可     │      └─────────────┘
│  制約される    ・補完性       │            ↑         ↑
│  資源と能力    ・希少性       │      環境要因     サプライヤー
│・戦略的産業要  ・適切性       │     （技術，規制）
│  因との重なり  ・企業特有     │
│・不確実性                     │
│・競争戦略の基礎形態           │
│・組織レントの究明             │
└─────────────────────────────┘
```

資源，ケイパビリティ，資産という進化は，1980年代後半から，現在にいたる大きな潮流を作り出してきた。それらを先行研究から図表4-2のように整理した。

## 3 ■ 資源ベースアプローチによるIT投資マネジメント

1990年以降，ITマネジメントの分野において，経営戦略とIT戦略との方向づけ（alignment）が議論されてきた。効果的なITの活用が，経営戦略に方向をあわせることで，企業業績に大きく貢献することが期待された。

しかし，多様化する経営戦略の策定・実行に有効なIT投資の選択肢も多様

### 図表4−2　資源ベースアプローチ研究の発展

| 研究論文 | 資源 | ケイパビリティ | 資産 | コメント |
|---|---|---|---|---|
| Penrose (1959) | 資源として物的資源,人的資源,企業家的資源,管理的資源を区別した | 用役という概念を用いて説明している | 論及せず | 企業は資源の束であるという見方と,内部・外部の資源をバランスよく使うことによって最適なパターンで成長できるという2つの見方が,RBVに対するPenroseの貢献である |
| Wernerfelt (1984) | 企業が継続的に保有する有形,無形の資産と定義,具体的には機械・設備,技術力,従業員の技能,各種の取引契約,ブランド,社内技術,知識,熟練従業員の雇用,能率的な作業手続きなど | 諸資源を識別することに伴う実務上の困難さ,組織活動や成果に対してあるケイパビリティが,実際上,どの程度まで活動分野にまたがって結合できるかの判断の難しさ,資源の視点から戦略を形成する過程やそれを実施するための構造やシステムの構築に関する諸問題を指摘している | 企業が高収益をあげるためには,他社の追随が,より困難である無形資源の保有と,それらの組合せを作り上げる必要があるとし,資源ポジション障壁を提起した | 資源ポジション障壁はその資源を持たない企業にのみ参入障壁として働く。他市場においてその資源を保有している企業が新規参入する場合,参入を阻止する有効な手立てとはならない |
| Barney (1991) | ①物的資源:テクノロジー・工場・設備②人的資源:経験・ノウハウ・知恵・人間関係③組織的資源:サポートシステム・計画システム・コントロールシステム・調整システムに分類される | 資源はいわゆるヒト・モノ・カネに加えて,情報,技術力,ブランド,専門能力,組織文化などと組み合わせて組織のケイパビリティを生成する | 論及せず | 産業組織論の戦略グループ内の企業の資源は基本的に同質であり,資源の異質性は産業やグループ内で発生するという前提に疑問を投げかけた |
| Castanias & Helfat (1991) | 経営資源をリカルド・レントと準レントに分けた。前者は,もしもある経営資源が同じような経営資源によって提供される製品・サービスよりも優れた製品・サービスを提供するならば,そのような資源はレント(格差収益)を生む。後者は,ある経営資源を最もうまく利用できた時の価値と,うまく利用した時の価値との差として定義される | リカルド・レントはインプット資源の希少性に,準レントは資源の活用能力に関するコンセプトとして捉える | 論及せず | アウトプットとしてのレントという視点から資源の2側面を捉えることの必要性を強調した |

| 研究論文 | 資源 | ケイパビリティ | 資産 | コメント |
|---|---|---|---|---|
| Grant (1991) | 経営資源を①財務リソース②実物的リソース③ヒューマン・リソース④技術的リソース⑤名声⑥組織的リソースの6つに分類した | 実行能力を意味する。それは資源のチームがある仕事や活動を実施するためのキャパシティである | 企業の重要な資源や実行能力は、識別・理解がしにくく、移動も不完全で、たやすく模倣できない。インタンジブル・アセットを評価。開発していくことが企業にとって大切であると論じる | インタンジブル・アセットを評価する方法として、株式価格と実物資産のリプレース価格との差に着目する |
| Hall (1992) | インタンジブル・リソースに注目し、たとえばパテント、トレード・マーク、取引上の機密、契約、ライセンス、データベース、情報、組織文化などがあげられている。そしてインタンジブル・リソースをアセットとコンピタンスの2つに分けた | インタンジブル・リソースとケイパビリティのフレームワークを提示した | イギリスの大手企業のトップマネジメントに対してアンケートを行い、その結果、企業にとって名声、製品名声、ノウハウ、ネットワークといった項目のスコアが高かったと分析する | インタンジブル・リソースの総合的評価はバランスシート上の価値と株式市場価値との比較からも得られるとした |
| Leonard-Barton (1992) | 経営資源はコア能力という概念を用いて説明し、コア能力とは従業員のナレッジ・スキル、テクニカル・システム、マネジメント・システム、価値観・規範のセットである | 経営資源のダイナミックな側面に着目し、時が立つにつれてコア能力は変わり、コア・リジディ(core rigidities: 硬直性)が発生する、と主張した | コア能力という概念には差別能力、コア・コンプタンス、不可視資産、企業特殊コンピタンスというようにさまざまに表現される | 既存の経営資源研究では、その優位性のみ分析に焦点が当てられたが、経営資源の逆機能に着目した。コア能力とコア・リジディのパラドクス・マネジメントを効率的に行うことが成功につながると主張した |
| Amit & Schoemaker (1993) | 経営資源は企業により保持・管理される利用可能な要素のストックを指し、パテント、ライセンスなどの取引可能なノウハウと、工場、設備などの財務的・実務的資産からなる | 実行能力を意味する。それは組織プロセスを利用して望まれる結果に向けてリソース間の相互作用を通じて時間をかけて開発される企業特殊能力と定義した | 競争優位を構築するためには、どのような資源やケイパビリティが必要であろうか。この点を検討するためには、戦略的資産という概念を用いて説明し、そこにインタンジブルズが大きな役割を果たすことが示されている | 資源、ケイパビリティ、戦略的資産と戦略的産業要因のコンセプトから戦略策定における複合的アプローチの重要性を提案した |

である。どのような経営戦略を想定し，それに，どのようなIT投資が適合しているかを明確にしなければ，投資が採算的であるかどうかを評価したことにならない。すなわち，IT投資には企業戦略からみて適合するIT投資とそうでないものがあるのであって，その観点からの取捨選択の評価も必要となっていることを意味する。そのためには，ROIという収益性だけではなく，あるいはそれ以上に新しい評価アプローチが求められているといえる。したがって，どの会社にも共通で客観的な評価手法は存在せず，適切なIT投資マネジメントのデザインも企業ごとに大きく異なってくるのは当然である。

資源ベースアプローチの観点から見れば，IT化は競争力を向上させるというポジティブな面も持っているが，データのデジタル化によって，競争相手が模倣しやすいというネガティブな面も持ち合わせており，永続的な競争優位を築けるかどうかが疑問視されている。Feeny & Ives（1990）は，IT化によって競争力を高めるには，競争相手が追いつくのにどのくらいの期間がかかるか，どの競争相手が追いつけるか，競争相手は当社より強力となるか，などについて十分考慮しなければならないと示唆する。

さらに，Clemons & Row（1991）は，ITが差別化可能な戦略的資源（strategic resource）である時にのみ，ITが競争優位を獲得できると述べる。市場で容易に入手できる資源もあるけれども，構造的に異質な資源が重要であり，IT化による取引コストの低減を生かして，顧客やサプライヤーとの関係構築や，重要な資源の共有こそ，競争優位の維持に有効であるとした。

また，Mata, Fuerst & Barney（1995）は，これまでITは企業のコスト削減に有用だと言われてきたけれども，そのことは企業の競争優位を獲得できるということと同じではないと述べる。資源ベースアプローチによれば，資源やケイパビリティが価値あるだけではなく，競争相手とは異質で，移動困難でなければならない。その要因として，顧客のスイッチングコスト，開発導入のためのITコスト，保有技術，技術的スキル，ITの管理技法を検討し，なかでもITの管理技法が，他社が模倣困難で，かつ企業独自のものであるため，競争優位の維持に有効であると結論づけた。

近年の資源ベースアプローチの議論では，マネジメントスキルなど人的資源に関わる要因を競争要因として取り上げることが多い。Powell & Dent-Micallef（1996）は，ITは参入障壁を作れるため，競争力に貢献できると考えられてきたが，実際には，ITが価値あるものであっても，他社にすぐに真似されやす

く，競争優位にむすびつくとはいいがたい。したがって，技術的な問題だけでなく，オープンな組織文化，コミュニケーション，CEOのコミットメント，合意形成，フレキシビリティ，ITと戦略の統合など，人に関係するような補完的な資源が不可欠であると指摘した。

1990年代後半になると，グローバル化の進展によって競争はさらに多様化し，インターネットをはじめとするITの発展はビジネスの方法をも大きく変えてきた。新しい製品やサービス，そして新しい事業の創造，とりわけ，企業経営を変革する重要な技術基盤としてのITがつねに脚光を浴びてきた。今日，ITなしに，企業の生存や成長を考えることは不可能になったとさえいわれ，収益逓増などの新しい経済原理，すなわちニューエコノミー論が台頭してきた。

それに対してPorter（2001）は，インターネットはビジネス手法を均一化するものであり，持続的競争優位そのものになることはないと断じ，競争優位の源泉は変わらず戦略的ポジショニングにあると述べた。また，Barney（2001）は，インターネットは幅広く平等に恩恵をもたらすため，競争優位を生み出さないとし，だからこそ，サプライヤーや顧客，従業員との関係性などの模倣困難な資源がますます重要になってきたと主張した。

ITは企業の情報処理効率を高めるだけでなく，組織や経営管理の抜本的改革を促進するものであるが，同じ情報システムを導入しても，業績を向上させる企業もあるが，そうでない場合もある。ITが企業の成功を導くものであるかどうかは，Brynjolfsson（1993）を代表とする生産性パラドックス（productivity paradox）の議論として知られる。直接的な因果関係があるとしても，そこには促進要因としてのインタンジブルズの存在が重要になるし，また，業績につながらなかった場合の原因が投資内容自体よりも，阻害要因としてのインタンジブルズの影響が大きいという共通の課題が見出される。すなわち，成功，失敗の要因として，経済や経営の環境といった外部要因よりも，人的・組織的要因という企業の内部要因の関与が大きく関わっていることがわかってきた。

ITに関わる組織的な活用能力を高めるために，ITケイパビリティ（国領，2004）概念が提起され，いかにITを使いこなすかが重要とされた。そのためには，IT活用ビジョン構築能力，IT活用コミュニケーション能力，プロセスデザイン能力，IT投資適正化能力，チェーンリーダー開発能力の5つが必要

であると示唆した。

　ITケイパビリティを効率的に機能させるためには，IT資産，すなわちインフラストラクチャーなどの物的資産，スキルなどの人的資本，知識，情報などの情報資本，さらに組織資本などを効果的に活用できるかが成否を左右する。しかし，それらは一時的に模倣困難であっても，コストや時間をかければ，そのほとんどが競争者によって模倣可能で代替可能となりうる。それに対して，岸（2003）は，情報システムによって企業コンテクストが活性化されることで持続的競争優位が実現できると述べ，企業コンテクストとITとの相互作用に着目した。

　ITの活用は，業務効率化からSCM（Supply Chain Management）やCRM（Customer Relationship Management）など，より戦略的な領域へと拡大し，それに伴って，システムやプロジェクトも大規模かつ複雑になり，活用される技術自体のみならず，活用方法も複雑になってきた。そのため，情報システムの品質だけではなく，企画から開発，運用に至るまでのプロセスや運用体制，さらにIT活用能力などからなる総合的なケイパビリティが，システムの成否を左右するようになってきたといえる。これらの能力を総合的に診断し，どこに課題があるのかを見極めなければ成功は容易ではなくなってきた。

　しかしながら，別の見方をすれば，このような困難性は，ITが単なるコモディティではなく，模倣しにくい重要な競争要因となりうることも示唆している。そこにこそ，市場から調達することが困難で，希少で移動困難かつ企業特有なIT資源とケイパビリティ，IT資産の組合せによる競争優位構築の可能性があるといえる。

## ■ おわりに

　IT投資の経済性評価は，投資と効果の因果関係追求の歴史であったといってよい。そこで生じる大きな疑問，すなわち，果たして因果関係が成立するのかという大きな議論を呼び起こした。しかしながら，資源ベースアプローチの考え方を取り入れることによって，本来，IT投資は直接的な財務業績改善をもたらすのではなく，ITを活用することによって企業内のケイパビリティの向上を目指しているのであって，それを介して企業業績向上に寄与するという価値創出のプロセスを効果的に説明できる。

さらに，IT化は競争優位の構築に貢献するか否かにも疑問が投げかけられた。より安価で模倣容易であれば，優位性を維持できないからである。そこに，人的資本，情報資本，組織資本などのインタンジブルズが作用することによって，他社から容易には模倣されにくいケイパビリティとなり，IT投資による業績を最大化するのに役立つ。

　しかし，インタンジブルズが重要であるとしても，人的資本はなかなか育成しにくいうえに，現在から将来の日本における少子高齢化を前にして，では，そもそも育てるべき人材が枯渇してこないかという危惧も予感される。まさしく，IT投資マネジメントの中心的テーマとして，インタンジブルズをいかに形成し，いかに活用し，管理するかが深刻な問題となってきているである。

【参考文献】

国領二郎『ITケイパビリティ 今すぐ始めるIT活用力―診断と処方箋』日経BP出版センター，2004年．

岸真理子「資源ベースビューに基づく情報戦略」，遠山暁編『ポストITストラテジー―eビジネスからビジネスへ―』日科技連出版，2003年，pp. 57-87．

Amit, R. & P. J. H., Schoemaker, "Strategic Assets and Organizational Rent", *Strategic Management Journal*, Vol. 14, No. 1, 1993. pp. 33-46.

Barney, J. B., "Firm Resources and Sustained Competitive", *Journal of Management*, Vol. 17, No. 1, 1991, pp. 99-120.

Barney, J. B., "Is Sustained Competitive Advantage Still Possible in the New Economy?", 2001 （岡田監訳「リソース・ベースト・ビュー」『DIAMONDハーバード・ビジネス・レビュー』May, 2005, pp.78-87）．

Brynjolfsson, E., "The Productive Paradox of Information Technology", *Communication of the ACM*, Vol. 36, No. 12, 1993, pp.66-77.

Castanias, R. P. & C. E. Helfat, "Managerial Resources and Rent", *Journal of Management*, Vol. 17, No.1, 1991, pp. 155-171.

Clemons, E. K. & M. C. Row, "Sustaining IT Advantage: The Role of Structural Differences", *MIS Quarterly*, Vol. 15, No. 3, 1991, pp. 275-292.

Collis, D. J. & C. A. Montgomery, *Corporate Strategy : A Resource-Based Approach*, Irwin/McGraw Hill, 1998 （根来他訳『資源ベースの経営戦略論』東洋経済新報社，2004年）．

Feeny, D. F. & B. Ives, "In Search of Sustainability: Reaping Long-term Advantage from Investment in Information Technology", *Journal of Management Information System*, Vol. 7, No. 1, 1990, pp. 27-46.

Grant, R. M., "The Resource- based Theory of Competitive Advantage : Implication for Strategy Formulation", *California Management Review*, Vol. 33, No. 3, 1991, pp. 114-135.

Hall, R., "The Strategic Analysis of Intangible Resources", *Strategic Management Journal*, Vol. 13, No. 2, 1992, pp. 135-144.

Leonard-Barton, D., "Core Capabilities and Core Rigidities: A Paradox in Managing New Product Development", *Strategic Management Journal*, Vol. 13, No. 5, 1992, pp. 111-125.

Mata, F.J. W. L. Fuerst & J. B. Barney, "Information Technology and Sustained Competitive Advantage: A Resource-Based Analysis", *MIS Quarterly*, Vol. 19, No. 4, 1995, pp. 487-505.

Penrose, E. T., *The Theory of the Growth of the Firm*, Wiley, 1959（末松訳『会社成長の理論（第2版)』ダイヤモンド社, 1962).

Porter, M. E., "Strategy and the Internet", *Harvard Business Review*, March 2001 (「戦略の本質は変わらない」『DIAMONDハーバード・ビジネス・レビュー』2001年May, pp.53-77.).

Powell, T. C. & A. Dent-Micallef, "Information Technology as Competitive Advantage: The Role of Human, Business and Technology resource", *Strategic Management Journal*, Vol. 18, No. 5, 1997, pp. 375-405.

Priem, R. L. & J. E. Butler, "Tautology in the Resource-Based View and the Implication of Externally Determined Resource Value: Further Comments", *Academy of Management Review*, Vol. 26, No. 1, 2001, pp. 57-66.

Teece, D. J., G. Pisano & A. Shuen, "Dynamic Capabilities and Strategic Management", *Strategic Management Journal*, Vol. 18, No. 7, 1997, pp. 509-533.

Wernerfelt, B., "A Resource-based View of the Firm, *Strategic Management Journal*, Vol.5, No. 2, 1984, pp. 171-180.

# 5章
# リアルオプション・アプローチ

## ■ はじめに

　IT投資マネジメントにおいて，不確実性は，重要な影響要因であるにもかかわらず，実務においてほとんど考慮されることがなかったといってよい。投資評価に際して，不確実性を明示することはほとんどなく，また，不確実性が減少できるという効果を積極的に取り入れることもなかった。リアルオプション（Real Options）手法の登場によって，IT投資マネジメントに不確実性を積極的に取り入れる機会が提供されたといってよい。

　1980年代以降，金融市場では不確実性に対処するため，オプションの要素を含む金融商品が次々と開発され，さらに，その理論的価格を求める金融工学が発達した。リアルオプション・アプローチは，金融市場で発達したオプションの考え方を実物資産（real assets）に応用し，これらの成果を経営的意思決定に活用するものである。

　本章ではリアルオプション・アプローチの基本的な考え方を確認するとともに，この手法がIT投資マネジメントにどのように活用できるかについて，インフラ投資とセキュリティ投資を例にして検討する。

## 1 ■ リアルオプション

　リアルオプションには多くの研究があるが，リアルオプションの価値を評価するとともに，応用可能性について考察したTrigeorgis（1996）は，その後の発展，普及の基礎を築いたといえる。また，Amram & Kulatilaka（1999）は具体的事例をもとにその有効性を検討し，Copeland, Thomas & Antikarov（2003）はモデル構築等の理論的枠組みを明確にし，その価値評価に関する議論を深めた。さらに，Mun（2005）は理論価格算出に関する数式や手法について定式化するなど，広範な成果が示された。

　まず，これらの研究をもとに，リアルオプションの理論的基礎を確認する。

### （1）オプションとリアルオプション

　最初に金融オプションについて考えてみよう。オプションとは大阪証券取引所の定義によれば，①予め定められた期日（満期日），または，期間内に，②予め定められた価格（権利行使価格）で，③特定の商品（原資産）を，④売り付ける，または，買い付ける権利と定義されている[1]。

　商品を売り付ける権利をプット（Put），買い付ける権利をコール（Call）と呼ぶ。また満期日のみに権利行使可能なものをヨーロピアン・タイプ，満期日までの期間内であればいつでも権利行使可能なものをアメリカン・タイプと呼んでいる。上場会社の株式は証券取引所で取引されるが，コールまたはプットも市場取引の対象となる。

　リアルオプション・アプローチでは，金融商品に代わって実物資産を原資産として分析する。経営者にとって，不確実な状況下で，経営における柔軟性を積極的に評価する手法を提供するという点に大きな意義がある。

### （2）契約型リアルオプションと仮想型リアルオプション

　リアルオプションには，双務的な契約に基づくリアルオプションと，契約に基づかない仮想的なリアルオプションとがある。契約型リアルオプションは様々な契約において見ることができる。たとえばブラジル代表サッカー選手ロナウジーニョとFCバルセロナの契約にはリアルオプションが含まれていたという。2004年当時の新聞報道によると両者が結んだ契約の期間は2005年から2009年までの5年間であるが，さらに2010年から2013年までの4年間の延長オプシ

ョンがついている。

　ここでのオプションの原資産はこの4年間のロナウジーニョの選手価値であり，FCバルセロナは，選手価値を一定以上と判断すれば，権利を行使し継続して在籍させることができる。このとき，FCバルセロナは権利確保の対価を当初の契約金に上乗せしているに違いない。この契約によって，FCバルセロナは，ロナウジーニョが他チームで活躍するかもしれないというリスクを回避することができる（図表5－1）。これは契約型リアルオプションの活用例である。[2]

**図表5－1　契約型リアルオプションの例**

原資産
2010－2013年における選手価値

高い → オプション行使
　　　所属選手として契約

　　　権利確保の対価
　　　（おそらく）契約金上乗せ

低い

　契約型リアルオプションの基本的な目的は，第三者にリスクを負担させるリスク移転にある。リスク回避やリスク低減には限界があるため，第三者にリスク負担を移転することでリスクを大幅に減らすことができる。たとえば，「試用期間つき売買契約」には，気に入らなければ無償返品できるというプットオプションが含まれている。また，「住宅債券購入」は将来，資金調達が可能になるというコールを得る権利を確保するための対価である。さらに火災保険は火災により建物が無価値となったときでも，約定価格で買い取らせることができるプットオプションとしてとらえることができる。

　契約型リアルオプションがリスク移転を目的とするのに対して，仮想型オプションは不確実性や柔軟性を考慮した意思決定に利用される。身近な例として，ある男性が結婚相談所に入会することを考えてみよう。出会い相手との結婚が魅力的であれば，結婚という権利を行使することができるが，そうでなければ見送ることもできる。権利確保の対価は結婚相談所の入会費用である（図

表5－2）。ただし，結婚をするという権利行使が契約により保証された権利ではないため，この権利は常に競争相手にさらされる。結婚しようと考えても，ライバルが現れれば権利は失われてしまう。このように仮想型リアルオプションの場合には競争によってオプション価値が侵食されるリスクがある。

**図表5－2　仮想型リアルオプションの例**

原資産
出会う相手との結婚の効能

高い → オプション行使
権利確保の対価
結婚相談所会費

低い

## （3）コール型オプションとプット型オプション

　金融オプションと同じように，リアルオプションのタイプにもコール型とプット型がある。コール型の代表が拡張オプションであり，第1段階，第2段階と順次，投資を増加させるケースに対してあてはまる。まず，拡張オプションを，原資産を購入する選択権と考えてモデル化してみよう。初期投資は必ず支払わなければならないが，投資の段階的実施や分割が可能である。このモデルにおいて，原資産価格は拡張投資後のプロジェクトの現在価値（Present Value : PV），権利行使価格は第2段階の投資額とする。オプション費用に相当するのが，第1段階の投資実施に伴う初期投資額で，これは権利確保のための対価とみなすことができる。

　プット型の代表は廃棄オプションである。廃棄オプションはプロジェクトの現在価値が著しく低下したときに，プロジェクトを中止し資産を売却して清算価値を得ようとする権利である。原資産がプロジェクトの現在価値，権利行使価格がプロジェクトの清算価値である。また権利確保の対価はモデルによって変化する。清算価値が不変であることがこのモデルの前提である（図表5－3）。

**図表5−3 拡張オプションと廃棄オプション**

|  | 選択権 | 権利行使価格 | 原資産価格 | 権利留保の対価 |
|---|---|---|---|---|
| 拡張 | 拡張投資を行う権利 前提；投資分割可 初期投資が猶予不可 | 第2段階の投資額 | 拡張後プロジェクトのPV | 初期投資 |
| 廃棄 | プロジェクト中止による清算価値を得る権利 前提：清算価値が不変 | プロジェクトの清算価値 | プロジェクトのPV | （モデルによって異なる） |

## 2 ■ オプションの理論価格

拡張オプションや廃棄オプションを定式化した後に，権利確保の対価をどう評価するかが，次の大きな課題である。不確実な状況において，柔軟性を確保するためのマネジメントアクションの価値をオプションの理論価格と呼び，金融オプションに準じて算出される。

金融オプションはそれ自体が金融商品であり，証券取引所などで市場取引されている。取引に際して，売り手や買い手が参考とするためオプションの適切な価格，すなわち理論価格を求める方法がこれまで多くの研究者によって提案されてきた。代表的手法として，Black & Scholes（1973）は，「リスク中立評価法」による解析法を用いた理論価格の導出を開発し，ブラック−ショールズ法と呼ばれている。それに対して，Cox, Ross & Rubinstein（1979）はパラメータ間の関係を定式化する2項ツリー理論を用いて理論価格を求めた。この2つに，モンテカルロ・シミュレーションを加えた3つの方法論がよく知られている。

### （1） ブラック−ショールズ法

ブラック−ショールズ法は，原資産価格が辿る経路を数学的にモデル化し理論価格を解析的に導出するもので，金融オプションでは標準的に用いられている。ブラック−ショールズ法によるとコールオプションの理論価格Cおよびプットオプションの理論価格Pは次のように算出される。

$$C = SN(d_1) - Xe^{-rT} N(d_2) \qquad P = -SN(-d_1) + Xe^{-rT} N(-d_2)$$

$$d_1 = \frac{\ln\left(\frac{S}{X}\right) + \left(r + \frac{\sigma^2}{2}\right) T}{\sigma \sqrt{T}} \qquad d_2 = d_1 - \sigma \sqrt{T}$$

ただしS=原資産価格，X=権利行使価格，T=満期までのオプション期間，r=無危険利子率，σ=ボラティリティ（原資産伸長率についての分布の標準偏差）である。また関数N（d）は標準正規累積分布関数を表すものとする。

　ブラック－ショールズ法は，原資産やオプションを含むさまざまな金融商品が市場取引される中，オプションが他の金融商品により複製され，それらの相対価格が一物一価に収斂するプロセスをモデル化したものである。リスク中立評価法と言われるように原資産価格の平均伸長率が，安全が確保できる利子率である無危険利子率に従い，伸長率のバラツキが対数正規分布によることを前提としている。考案者がノーベル経済学賞を受賞したこともあり，オプションの理論価格を客観的，合理的に導出したとして「カリスマ性」を享受している。またパソコンの表計算ソフトでも，パラメータを代入すれば簡単に理論価格が計算できるという点で活用が容易である。

　しかしながらリアルオプションにおいて，この手法を用いるにはいくつかの限界がある。まず，複雑な実務モデルに適用するためには柔軟性に乏しいことである。ブラック－ショールズ法は，①株式の配当がない，②無危険利子率が一定である，③ボラティリティが対数正規分布に従い一定である，などの厳格な条件を求めている。それに加え，オプション期間中はいつでも権利行使が可能なアメリカン・タイプのオプションには対応できない。

　さらに，IT分野におけるリアルオプション・モデルでは，原資産やオプションが市場取引対象でない場合が多く，ブラック－ショールズ法による理論価格を，市場が定めた客観的価格と同等と断定するのは無理が生じることである。そして，ブラック－ショールズ法の導出過程が極めて複雑なため，ファイナンス理論に熟達している専門家以外に説明するのは非常に難しく，多くの企業のトップマネジメントからは，「ブラックボックス」化に対する懸念が強い。

　これらの限界を理解した上で，リアルオプションにおいてもブラック－ショ

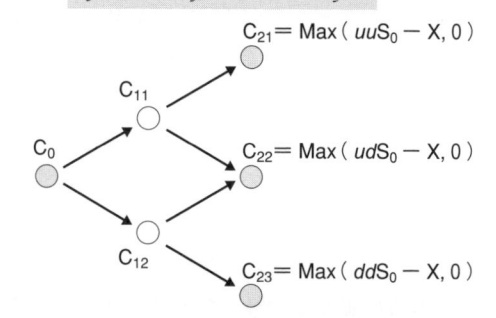

ールズ法を活用できるであろう。

## （2） 2項ツリー

2項ツリーの手法は，原資産経路の2項ツリーとオプション価値の2項ツリーから構成される。オプション価値は，次のように求められる（図表5－4）。

① 原資産価格の経路・分布予測：第0期（現在）からスタートして資産経路の2項ツリーを伸ばして期末価格を求める
② 期末オプション価値の計算：オプション価値の2項ツリーにおいて，右端の期末オプション価値を算出する
③ 期末オプション価値の現在価値換算：右端の期末オプション価値から，順次左側に遡り，最終的に第0期（現在）のオプション価値を求める。

原資産経路の予測，期末オプション価値の現在価格への割引にあたって，金融オプションでは「リスク中立評価法」をとる。「リスク中立評価法」は，全ての投資家がリスク中立であるように仮定するもので，原資産価格の期待値並びに期末オプション価値の割引率は，いずれも無危険利子率とする。Cox, Ross & Rubinstein (1979) の研究によれば，ブラック-ショールズ法と同じように，2項ツリーにおいてもパラメータ間の関係を定式化することによってリスク中立評価法が実現される。2項ツリーにより求められる理論価格は，期間分

**図表5－4　コールオプションの2項ツリー**

【資産経路の2項ツリー】
（1）原資産経路の予測

【オプション価値の2項ツリー】
（2）期末オプション価格算出
（3）期末オプション価格→オプションの現在価格

$$f = e^{-rT}[pf_u + (1-p)f_d]$$

資産経路の2項ツリー：
- $S_0$ → $S_{11}$ (確率 $p$), $S_{12}$ (確率 $1-p$)
- $S_{11}$ → $S_{21} = uuS_0$ (確率 $p$), $S_{22} = udS_0$ (確率 $1-p$)
- $S_{12}$ → $S_{22} = udS_0$ (確率 $p$), $S_{23} = ddS_0$ (確率 $1-p$)

オプション価値の2項ツリー：
- $C_0$ → $C_{11}$, $C_{12}$
- $C_{11}$ → $C_{21} = \mathrm{Max}(uuS_0 - X, 0)$, $C_{22} = \mathrm{Max}(udS_0 - X, 0)$
- $C_{12}$ → $C_{22} = \mathrm{Max}(udS_0 - X, 0)$, $C_{23} = \mathrm{Max}(ddS_0 - X, 0)$

割数を増やすことでブラック-ショールズ法の解に近づく[3]。

2項ツリーの長所として，ファイナンス理論の専門家以外に対しても，理論価格を算出する仕組みが説明しやすいことがあげられる。さらに2項ツリーは柔軟性に優れており，コール型とプット型，ヨーロピアン・タイプとアメリカン・タイプに対応することができるとともに，原資産価格の伸び率などのカスタマイズも比較的容易である。しかし，公式から簡単に理論価格を算定できるブラック-ショールズ法に比べれば，ツリーを組み立てるための時間と工数がかかることが難点である。

## （3）モンテカルロ・シミュレーション

モンテカルロ・シミュレーションは表計算ソフトにアドインされている「クリスタルボール」などの専用ソフトを利用することで容易に処理できる。基本的な作業の流れは2項ツリーの場合と同じである。すなわち①原資産価格の経路や分布の予測，②期末オプション価値の計算，③期末オプション価値の現在価値換算，となる。このうち特徴的なのは原資産価格の経路や分布を予測するとき，時点0のときから期末までの資産経路について乱数を発生させてシミュレーションすることである。このシミュレーションは通常千回〜10万回行い，その累積分布に基づいて期末オプション価値を計算する（図表5-5）。

モンテカルロ・シミュレーションの長所として，不確実性についてさまざまな確率分布を想定できること，不確実性の源泉が複数である場合も対応できることなどがあげられる。満期日のみ権利行使可能なヨーロピアン・タイプには，期末原資産価格のみを問題にするので適用が容易であるが，オプション期間中いつでも権利行使が可能なアメリカン・タイプのオプション価格算出に適用することはあまりない。2項ツリーでは，資産経路のパターン数が限られているので，任意の権利行使時のオプション価値と権利行使せずに保持したときの期待値を比べながら，期末から第0期まで遡ることが容易であるが，モンテカルロ・シミュレーションでは，試行1回毎に，期末原資産価格だけでなく第9期，8期，7期，・・・第1期というように各期末の価格を求め，それぞれの時期に行使した場合の利得を比較し，利得が最大となる時期並びにそのときのオプション価値を計算するため，かなり煩雑になる。

図表5-5　モンテカルロ・シミュレーション

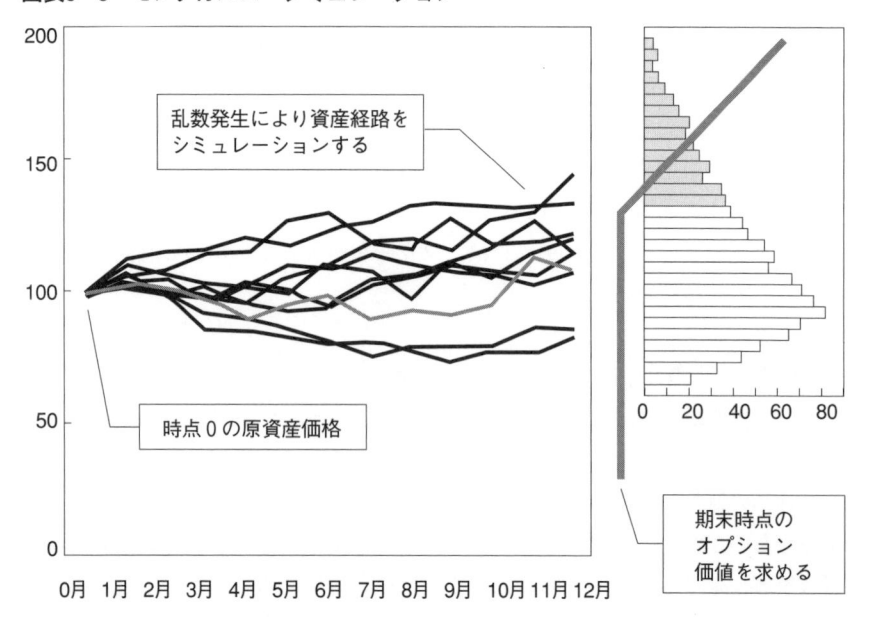

乱数発生により資産経路をシミュレーションする

時点0の原資産価格

期末時点のオプション価値を求める

## 3 ■ IT投資マネジメントとリアルオプション

　リアルオプション・アプローチは，IT投資マネジメントに効果的に応用できる可能性が高い。通常，財務的な投資評価手法として，正味現在価値法（Net Present Value Method：NPV）が標準的に用いられているが，現在のIT投資評価実務において，厳密な意味での財務的評価手法として活用されることは，米国に比べて多くなかったといえる。キャッシュフロー予測の困難さ，評価期間終了後の最終価値への考慮，割引率の設定などがその理由としてあげられる。しかし，今日，株主をはじめとするステークホルダーに対する説明責任の必要性はますます高まっており，キャッシュフローを予測し，これに基づいて投資評価を行うことは，マネジメントの責任による「公正価値（fair value）」の提示として，避けて通れなくなっている。したがって，IT投資領域においても，NPVをより実践的，効果的に活用するために，オプションを組み込むことが検討されるようになってきた。

　IT投資の領域に，はじめてリアルオプション・アプローチの応用を試みたDos Santos（1991）は，伝統的な評価分析方法では，最初の実験的なITプロジェ

クトは，いかに将来的なプロジェクトのための価値あるものであっても，それ自身で採算的であることは難しいので，従来のNPV（正味現在価値）に加え，将来のプロジェクトの価値をオプション価値として付加することを提案した。

　その後，IT投資を事例にした研究が多くなされた。Amram & Kulatilaka (1999) は，情報システム更新のケースをとりあげ，段階的な更新によって各段階での成果を投資評価に反映することによって，IT投資の継続，変更，あるいは中止というオプションを持つことができると分析した。これは，ERP (Enterprise Resource Planning) パッケージの導入のような，大規模なIT投資に際して，段階毎での取りうる意思決定のオプションを増やすことになり，IT投資プロジェクトのリスク低減に結びつく。

　たとえば，A案は，毎年1億円を3年にわたって支払う。B案は，初期に3億円支払うが，一括払いの利点として3000万円が割引されたとしよう。割引率が社内の投資ハードルレートより高いならば，有利な投資案件とされる。しかし，経営者としては，一回の意思決定によって3億円が固定されるよりも，うまくいかなかったときに中止できるオプションの方がリスクを減少させるという点で魅力的と感じるかもしれない。この場合，経営者は，この中止オプションの価値を3000万円以上の価値として認めたことになる。

　また，Taudes (1998) はソフトウェアの増強投資を例にとり，拡張オプションを適用し，Panayi & Trigeorgis (1998) は，通信会社におけるITインフラ投資と銀行の海外業務拡張における多段階のリアルオプションの価値について検討した。Benaroch & Kauffman (1999) は，ネット銀行によるPOSデビットサービスへの拡張投資を事例に，この手法の有効性を検証した。また，Benaroch (2002) は，インターネットによる販売チャネル新設の投資について分析し，Billington, Johnson & Triantis (2002) はヒューレット・パッカード社のサプライチェーン戦略を，リアルオプションの視点から分析するなど，実証的な研究も発展していった。[4]

　本章では，従来，評価が困難とされてきたITインフラ投資とセキュリティ投資に拡張オプションと廃棄オプションの考え方を用いて検討する。

## (1) ITインフラ投資の評価

　企業のITプロジェクトにおいては，最初のプロジェクトとしてネットワーク・インフラを整備し，それをもとに後続プロジェクトでアプリケーション・

ソフトを開発したり，また，最初から全額を投資するのでなく，最小規模のシステム構成からスタートし，その後，システム規模を増強，拡大するという段階的な投資を実施したりする場合が多い。このとき初期投資としてのインフラ投資だけを評価しようとすれば，それ自体で業務的な効果を生み出すことは少ないため，採算性が低くなりがちである。

　しかしながら，インフラ投資の真の価値は，それに続く拡張投資をしやすくすることにある。リアルオプション・アプローチから見れば，インフラ投資には，将来，状況に応じた拡張投資を行うためのコールオプション確保（ヨーロピアン・タイプ）の機能があることが理解できる。したがって，インフラ投資自体のNPVに，拡張オプション価値を加えたものを真のNPVとみなすことが，意思決定する投資価値の実態に近いものとなる。

---

インフラ投資の真のNPV ＝ インフラ投資自体のNPV ＋ オプション価値

---

　図表5－6は，インフラ投資とそれに続く拡張投資の2段階からなるIT投資の損益分布について例示したものである。数値例として，拡張投資が生み出す損益の予想値が不況時－50，好況時＋50と設定する。従来のNPV手法をそのまま用いた場合の予想値は，やや不況の可能性が高いため，－5とする。もし拡張投資を必ず実施しなければならないとすれば，拡張投資の価値は－5として評価される。しかし実際には，拡張投資は選択権であって，不況期には，実行しなければよいのであって，－50の最悪の予想値となることはない。好況時にのみ実施され，＋50を享受できる。

　したがって，リアルオプション・アプローチでは，権利行使時の損益の期待値のみを勘案するため，この数値例ではオプション価値としてとらえられた拡張投資の価値は，＋5程度と試算され，投資する価値があると判断できる。このように，インフラ投資は，オプションを確保するために投じた対価であり，投資を実施することによって，はじめてオプション理論価格に相当する価値を得たと解釈できる。

**図表5－6　拡張投資の損益**

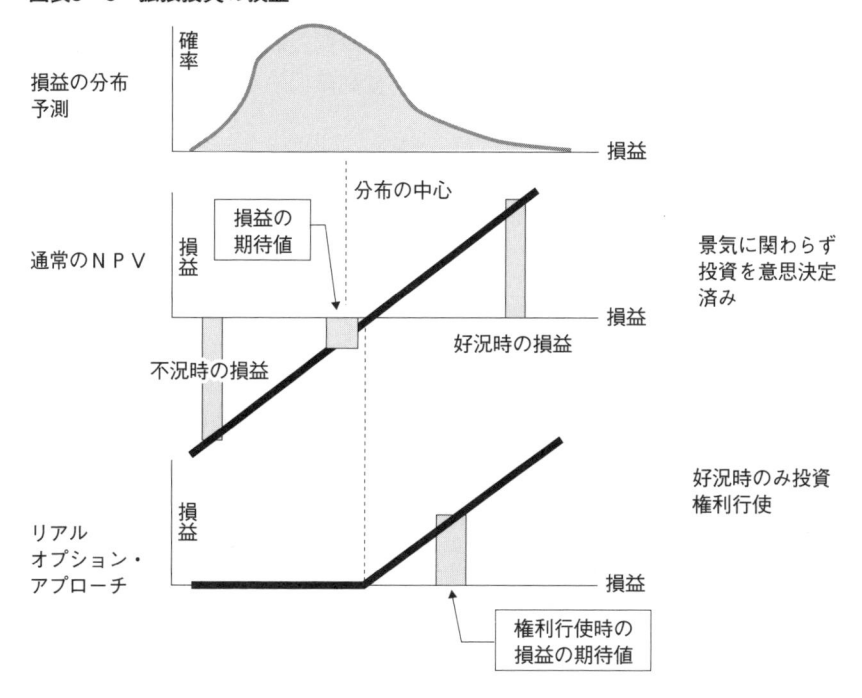

損益の分布予測

確率

損益

通常のＮＰＶ

分布の中心
損益の期待値
損益
不況時の損益
好況時の損益

景気に関わらず投資を意思決定済み

リアルオプション・アプローチ

損益
損益
権利行使時の損益の期待値

好況時のみ投資権利行使

## （2）セキュリティ投資の評価

　セキュリティ投資はIT資産の可用性（availability），機密性（security），完全性（integrity）を確保するために実施される投資である。しかし，セキュリティ投資に対する評価は非常に難しいとされ，一般には非裁量的投資として，いわば，やむを得ないタイプの投資として投資評価の枠外とする場合も少なくない。リアルオプション・アプローチはこの困難な投資領域の意思決定に際して，新たな解決手法の可能性を提起している。

　まず，セキュリティ・リスクをすべてカバーするような仮想的な損害保険があるとしよう。損害保険料を支払うことによって，広い意味でオプションを確保することができる。セキュリティ・リスクを低減させるために，IT投資がなされるとすれば，投資によって損害保険の料金は低下することが期待される。つまり，IT投資の価値を，投資しない場合と，投資した場合の保険料の差としてとらえることができる。

　ここでのオプションとは，障害によって価値が低下したIT資産を，損害保

険によって一定金額で買い取ってもらう権利であり，その際の権利行使価格，すなわち買い取ってもらう価格は，当初のIT資産の価値となる。それに対して原資産価格はIT資産の現在価値である。権利確保の対価はセキュリティ投資額となる（図表5－7）。

　すなわち，ITセキュリティ投資をした場合としない場合の2つの「損害保険」を仮定し，その保険料の差をITセキュリティ投資のリスク低減効果とみる。実際にはセキュリティ対策のみを目的とした投資は少ないため，コスト削減等の一般効果を通常のNPVとして，それにオプション価値差を加える。[5]

---

セキュリティ投資効果 ＝ 一般効果 ＋ セキュリティ・リスク低減効果
　　　　　　　　　　＝ 通常のNPV ＋ オプション価値差（損害保険料の差）

---

**図表5－7　セキュリティ投資とリアルオプション**

| | 選択権 | 権利行使価格 | 原資産価格 | 権利留保の対価 |
|---|---|---|---|---|
| 損害保険<br>（対策前） | 価値が低下した資産を定額で買い取ってもらう権利 | 当初IT資産価値 | IT資産のPV | |
| 損害保険<br>（対策後） | | | | セキュリティ投資 |

　図表5－8に示すように，セキュリティ投資によって，予想される損失分布は大幅に改善され受取保険額も縮小し，保険料も少なくなる。したがってセキュリティ投資を評価するためには，適切な損失分布を予測することが重要となる。一般に損失分布の作成にあたっては，セキュリティ投資の効果が及ぶ生涯期間（償却年数）にわたる生涯年間損失予測額を用いる。このとき生涯年間損失予測額の分布を求めるため，モンテカルロ・シミュレーションが用いられる。

**図表5-8　セキュリティ投資と損失分布**

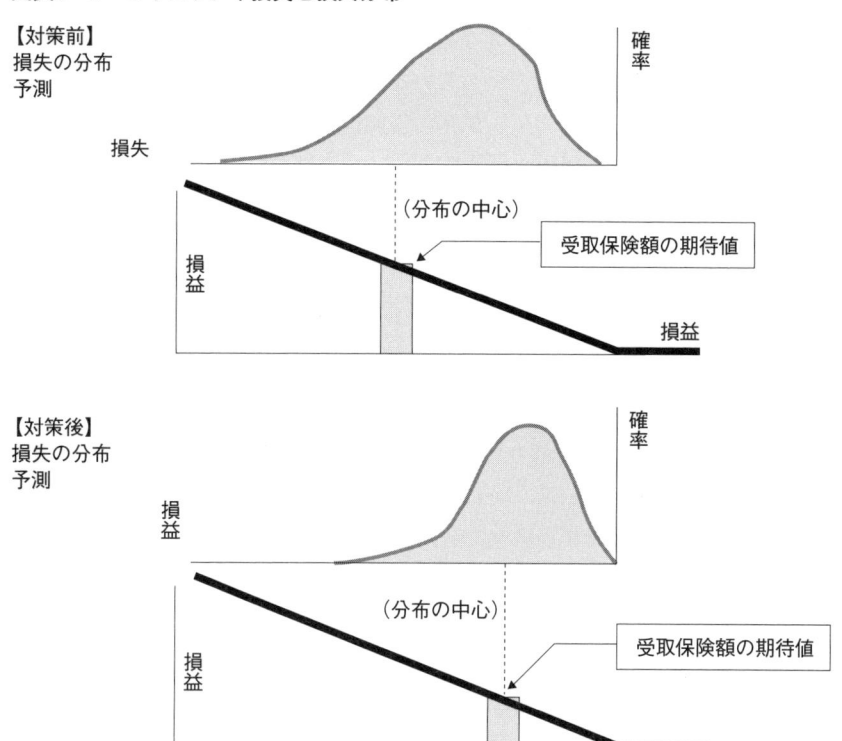

【対策前】
損失の分布
予測

【対策後】
損失の分布
予測

## ■ おわりに

　IT投資マネジメントにおいて，不確実性下での柔軟性の確保を評価要素として積極的に加えようとするとき，リアルオプション手法は，NPVによる投資評価を補完する重要な役割を果たす。ITインフラ投資においては，インフラ投資自体のNPVに，将来の拡張可能性を確保するオプションの価値を加算することによって，インフラ投資の価値を，本来の目的に適合した評価数値として金額換算することを支援する。またセキュリティ対策効果は，投資前後の2つの損害保険（プットオプション）の保険料の差異として定式化することができる。

　ここでリアルオプションを応用する際の課題について述べておきたい。まずオプション価値算出プロセスの信頼性確保である。IT投資におけるオプション価値は，市場性のある商品の不確実性とは異なるため，その算定はマネジメ

ントの責任によって行われることになる。このプロセスで，恣意性を排除し，説明責任をどう確保するかが重要な問題である。実務的には，パラメータ値を多少変えても結論が大きくは変わらないという意味での数値の頑健性（robustness）を確保することによって，結果の信頼性を担保することができる。さらに契約によらない仮想型オプションにおいては，権利行使の排他性がないために，競争リスクによる価値の低下をどのように評価するかが大きな課題である[6]。

　しかしながら，多くの企業においてはNPV自体が，投資評価法としてまだ十分には定着しているとはいえない。こうした状況では，NPVを補完するリアルオプション・アプローチを，そのままの形で投資評価に活用するのは難しいかもしれない。むしろ，バランスト・スコアカード（Balanced Scorecard: BSC）を実施する際に，オプションの確保，価値向上を促進する要因を，各企業が用いる評価指標体系に織り込むことが，当面の活用方法として効果が期待できそうに思える。拡張オプションを確保するためには，ITインフラを活用するためのスキル向上や市場環境についてのモニタリングが不可欠であり，BSCを活用して，PDCAサイクルに組み込み，業績管理と連動させることが企業価値の向上を支援することにつながるであろう。

　リアルオプション・アプローチは，新たなIT環境下におけるIT投資マネジメントにおいて，NPVの精度を向上させる意義もあるけれども，総合的な評価方法の観点からの計画作成，意思決定，業績管理の各局面において，これまで困難であった要素の指標化を可能にする方法論として貢献できるのではないだろうか。

[注]
1）：大阪証券取引所「先物・オプション取引」http://www.ose.or.jp/futures/index.htmlを参照
2）：2008年夏，同選手はFCバルセロナと契約解除で合意し，ACミランに移籍した。
3）：「リスク中立評価法」によるにはパラメータを以下の通りにすればよい。このとき2項ツリーの分割期間数を無限大にすればブラック-ショールズ法の解と一致する。

$$u = e^{\sigma\sqrt{T}} \qquad d = \frac{1}{u} \qquad p = \frac{e^{rT} - d}{u - d}$$

ただしp=上昇確率，u=上昇率，d=下降率，T=オプション期間（分割後）とする。

4）：これら以外にも，IT産業レベルの拡張オプションをとりあげた研究として，Baldwin & Clark（2000）が知られている。彼らはモジュール化により内部構造隠蔽，入出力インタ

フェースの公開，標準化などが進むことで，オプションの分割や柔軟な活用が容易になったことを検証した。また，他にも投資タイミング（アメリカン・コールとしての定式化），ITベンチャーの企業価値評価（コールとしての定式化）等へのリアルオプション適用の先行研究もある。

5）：保険料＝受取保険額の期待値と単純化して考える。実際の保険料は，これに保険会社の経費等を上乗せしたものである。
6）：競争相手が少数ならオプション価値減耗度を推定する方法として定率配当モデル，「ゲームゲームの理論」モデル，確率的計算モデルなどがある。

## 【参考文献】

Amram, M. & N. Kulatilaka, *Real Option: Managing Strategic Investment in Uncertain World*, Harvard Business School Press, 1999（石原他訳『リアル・オプション——経営戦略の新しいアプローチ』東洋経済新報社, 2001年）.

Baldwin, C. Y. & K. B. Clark, *Design Rules, Vol.1: The Power of Modularity*, The MIT Press, 2000.

Benaroch, M., & R. J. Kauffman, "A Case for Using Option Pricing Analysis to Evaluate Information Technology Project Investments", *Information Systems Research*, Vol. 10, No. 1, 1999, pp. 70-86.

Benaroch, M., "Managing Information Technology Investment Risk: A Real Options Perspective", *Journal of Management information Systems*, Vol. 19, No. 2, 2002, pp. 43-84.

Billington, C., B. Johnson & A. Triantis, "A Real Option Perspective on Supply Chain Management in High Technology", *Journal of Applied Corporate Finance*, Vol. 15, No. 2, 2002, pp. 32-43.

Black, F. & M. Scholes, "The Pricing of Option and Corporate Liabilities", *Journal of Political Economy*, Vol. 81, 1973, pp. 637-654.

Copeland, T. E. & V. Antikarov, *Real Options: A Practitioner's Guide*, W. W. Norton & Company, 2001（栃本訳『決定版 リアル・オプション：戦略フレキシビリティと経営意思決定』東洋経済新報社, 2002年）.

Cox, J. C., S. A. Ross & M. Rubinstein, "Option Pricing: a simplified approach", *Journal of Financial Economics*, Vol. 7, No. 3, 1979, pp.229-263.

Dos Santos B. L., "Justifying Investments in New Information Technologies," *Journal of Management Information Systems*, Vol. 7, No. 4, 1991, pp. 71-89.

Mun, J., *Real Options Analysis: Tools and Techniques for Valuing Strategic Investment and Decisions*, 2nd Edition, Wiley Finance, 2005（川口・構造計画研究所訳『実践リアルオプションのすべて：戦略的投資価値を分析する技術とツール』ダイヤモンド社, 2003年）.

Panayi, S. & L. Trigeorgis, "Multi-stage Real Options: The Case of Information Technologies and International Bank Expansion", *The Quarterly Review of Economics and Finance*, Vol. 38, No.4, 1998, pp. 675-692.

Taudes, A., "Software Growth Option", *Journal of Management information Systems*, Vol. 15, No. 1, 1998, pp. 165-185.

Trigeorgis, L. *Real Options: Managerial Flexibility and Strategy in Resource Allocation*, The MIT Press,1996（川口他訳『リアルオプション』エコノミスト社, 2001年）.

# 6章

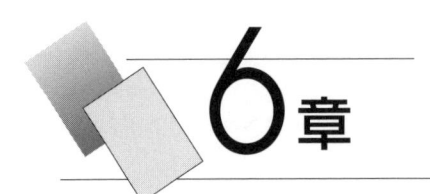

# 合意形成アプローチ

## ■ はじめに

　IT投資は効果を求めて実施されるにもかかわらず，その効果があいまいなため，採算性評価が困難であると，これまでいわれつづけてきた。その困難性を克服するため，多くの先行研究が実証的なデータに基づきモデルの精緻化を図ってきた。しかし，効果的な意思決定や実施にとって，重要な成果が得られてはいないように思える。

　近年の戦略的IT投資においては，ITは経営戦略の実施のための効果的道具として位置づけられている。したがって，IT投資からどのような効果が得られるかよりも，戦略目標を達成するために，どのようにIT資源を獲得し，活用するか，適切な費用であるのか，に大きな比重がおかれるようになってきた。これらの評価は投資と効果の客観的な因果関係づけによって決められるものではなく，利害関係者間で調整されることによって，合意を形成することが重要と考えられる。

　本章では，従来のアプローチの困難性を克服する方法論として，利害関係者の合意形成の役割に着目し，新たなIT投資マネジメント手法を構築したい。

# 1 ■ 費用対効果アプローチの限界

　費用対効果分析の役割は，IT投資額と効果金額とを勘案し，採算性の観点から意思決定を支援する情報を提供するところにある。しかし，効果を算定する際には，評価者の恣意性を排除できないという基本的な問題に加えて，モデル化に関する次のような問題が生じる。

①前提や仮定の多さ

　　たとえば，工数削減によって人件費が削減できると考えるのが通常であるが，人件費単価は，直接，給与として支払う金額なのか，福利厚生などの経費を含めた金額なのか，スペースや光熱費を含めるのか，などによって大きく変わりうる。このように，モデル化するためには，多くの前提や仮定の数値が必要となる。

②モデルの複雑化

　　モデルを精緻化しようとしても，IT投資の内容以外に，関与する様々な要因が効果に影響を与えていることが明らかなため，精緻に検討しようとすればするほどモデルは複雑にならざるを得ない。

③調査時間と工数

　　たとえば，生産性向上効果を測定するためには，現在，どのくらいの工数がかかっているかを調査する必要がある。しかし，この調査には多くの時間と工数がかかり，迅速な意思決定には対応が困難となる。

④不確実な要因の増大

　　多くの効果は機会原価の削減，つまり，この投資がなかった場合の損失で測定しようとしている。しかし，それは将来に関わることであって，不確実な環境要因の影響を受けざるを得ない。そして，精緻に議論しようとすればするほど，不確実な要因が増大する。

　これらの問題によって，精緻化を目指そうとすればするほど，トップや現場の理解や合意が得られにくいモデルとなってしまう。たしかに，客観的で直接的な因果関係が精度高く得られれば，IT投資案件の信憑性が高まり，意思決定が円滑になされ，利害関係者との合意形成が容易になると考えがちである。しかし，精緻化を目指せば目指すほど結果として信憑性が低く，理解しにくくなるというパラドックスに直面する。

## 2 ■ 合意形成アプローチの発生

　費用対効果分析が効果的なIT投資マネジメントを担えないとするならば，それに代わる方法論を検討しなければならない。客観的な因果関係が得られないのであれば，次善の策としてIT投資プロジェクトに関わる利害関係者に限定して因果関係に関する合意ができないだろうか。

　合意とは，「人々の間でのコミュニケーションによってある命題が相互承認されている状態，ないし，そうみなすことが適切であるような状態」(合意形成研究会，1994) と定義される。効果算定技法を精緻化することによっても客観性の高い効果金額の数値が得られないのであれば，それを評価，実施する利害関係者間で相互に目標数値の合意形成を図ることが現実的な評価手法となるであろう。まさに，合意形成は，IT投資マネジメントにとって重要なツールなのである。

　高度な技術であればあるほど部門間での情報の非対称性が生じる。つまり，投資内容にITの技術的価値を並べ立てたとしても，また業務価値の向上や顧客価値の増大を提案したとしても，経理部や企画部などのように，IT投資を貨幣価値で評価しようとする部門に対して，それらの価値を効果的に伝えることは困難である。したがって，組織を横断する利害関係者間において，共通に会話できる用語として，効果的なコミュニケーションを支援する会計情報の役割は非常に大きい。

　IT投資実施によって，まず実現されるのは業務的な効率の向上であるが，これでさえ金額に換算する際に，各企業の事情や状況に大きく左右される。たとえば，工数削減によって人件費が削減できるといっても，解雇しなければ直接的なキャッシュインフローにつながるわけではない。多くの場合，他の部門に異動するため，採用抑制という機会原価としての削減を意味するだけである。そして，その価値は企業によって異なる。成長企業であれば人材の有効活用という価値を生じるが，人員削減真最中の企業にとっては，異動するだけならば，経営者は高く評価しないかもしれない。このような工数削減という一見評価容易な直接的効果でさえ，IT投資による効果を金額換算するとき，ある企業は高く評価できるが，他の企業は低く評価するなど，企業の状況によって大きく変わりうる。

　また，近年，企業の競争力向上に貢献する戦略的なIT投資案件も少なくな

い。従来，IT投資を行ったら，どのような効果があるかとして調査し金額換算してきた。IT投資による効果項目と効果数値を列記して金額換算し，最終的に合算する。しかし，戦略的投資においては，最初に目標が設定され，その目標を達成するために，さまざまな活動項目が計画され，さまざまな資源が調達され，資源のひとつがIT投資となる。つまり，投資の結果として効果が生じ，それを金額換算し合計するというのが従来のアプローチであるとするならば，目標に向かって，IT資源を含むさまざまな資源が活用されるという考え方が相応しい。そのような戦略的IT投資の評価のために合意形成アプローチが提案された。

**図表6－1　戦略的IT投資効果のしくみ**

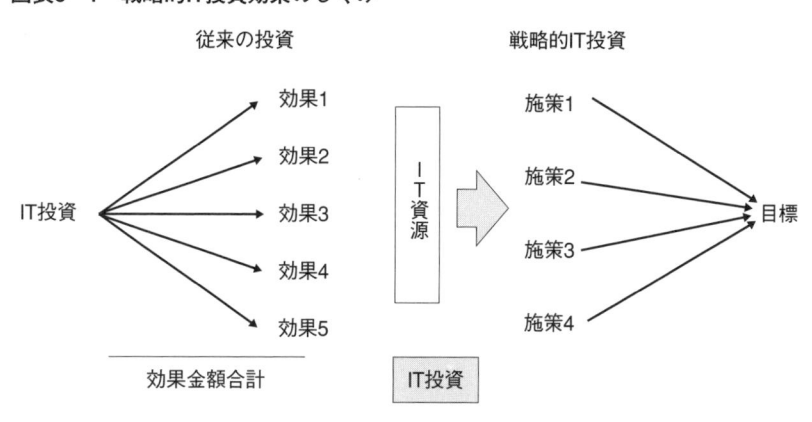

従来の投資　　　　　　　　　　戦略的IT投資

IT投資 → 効果1／効果2／効果3／効果4／効果5
効果金額合計

IT資源（IT投資） → 施策1／施策2／施策3／施策4 → 目標

　合意形成の対象となる利害関係者について議論しておきたい。意思決定者が自分一人で情報を収集し，投資を実施して，その結果を事後に自分で検証できるのであれば，一人が当該IT投資に納得すれば十分であるから，利害関係者との調整は不要であろう。しかし，「組織の意思決定に対するいくつかの実態調査によれば，組織の重要な意思決定のほとんどは，実際には，単独者ではなく複数の人間の関与によって行われる」（上田，1996）ため，ほとんどの案件の意思決定は多くの人々が関わることによって進められる。とりわけIT投資のような高度で先端的技術についての意思決定は，組織をまたがった多くの人たちの関与なしには行われない。

　経営者は，IT投資の検討に際して，情報システム部門に多くの情報収集を

委ねることが一般的である。しかも，事前に十分な一次的検討を済ませた上での提案書，計画書とすることが多い。それは多数の開発・運用要員と予算を抱え，定常的に情報システムや情報技術についての戦略や計画を担っている情報システム部門によって計画，立案が行われる。情報システム部門は，部門の中長期的計画と経営者の戦略や要求とを調整しながら提案書を作成することが多いため，情報システム部門と経営者とは独立した利害関係者として取り扱う。

意思決定プロセスでは，経営者によるIT投資へのコミットメント（確約）と，提案者による効果のコミットメントが取り交わされる。しかしIT投資，とりわけネットワーク技術，クライアント／サーバー・コンピューティングを活用した最新のIT投資においては，投資の提案者である情報システム部門によって業務上の改善効果がもたらされることはほとんどない。汎用コンピュータ時代のような集中的な開発と運用から，近年のクライアント／サーバー・コンピューティングへと変化することによって，情報システム部門に属さない利用者であるエンドユーザーの役割が非常に大きくなっている（佐藤他，1996）からである。

エンドユーザコンピューティングにおいては，利用部門がデータベースから任意に情報を加工したり，自部門の業務を自主開発したり，電子メールや電子掲示板などのグループウェアを運営する（木暮，1993）ことが通常の業務に組み込まれている。集中型情報システムにおいては，経理データを入力して自動的に月次報告書を入手するというように，決められたメニューと手順にしたがってコンピュータを操作すれば，期待された効果が生みだせたかもしれない。しかし，近年の分散的な情報システムにおいては，定常的なアプリケーション業務の割合は少なく，データの検索や他部門との迅速なコミュニケーションによって，業務を効率的に行うことが多くなっており，さらに，自部門の生産性向上や顧客への迅速な情報提供の仕組みを自ら構築するなど，業務を自己組織的に改善することが利用者に期待されている。

このような利用形態においては，情報システム部門が利用部門での効果を明確に把握することはきわめて困難である。使用方法を利用部門にガイドすることはできても，どのような業務に活用するかは利用部門に委ねられ，効果は利用部門の問題とならざるを得ない。さらに，目標的な数値，つまり効果目標を，業務目標との関係でどう設定するかが，IT投資評価に際して重要になっている。このように，投資の実施者としての情報システム部門と，効果の実践

者としての利用部門とを区別しておきたい。

　IT投資マネジメントにおける利害関係者として，意思決定者である経営者，提案者および投資の実行者である情報システム部門，効果の実践者および創出者である利用部門の3者を識別し，それぞれの関係がどのように調整されるかについてモデル化してみる。このモデルでは，経営者が情報システム部門に対して投資を行い，情報システム部門がIT投資によって資源を調達して利用部門に対してサービスを提供し，利用部門はこの情報サービスを活用して部門業績を改善し企業業績の向上に貢献する。この循環的な関係によって，IT投資は回収される。

**図表6−2　利害関係者の合意形成の枠組み (松島，1999)**

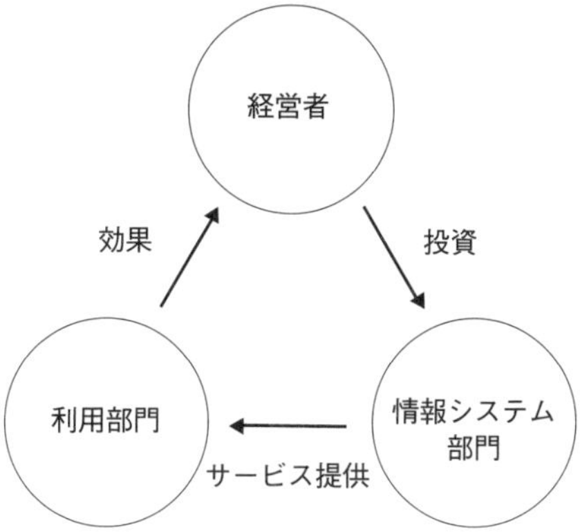

```
            経営者
          ↗        ↘
       効果          投資
       ↗              ↘
   利用部門 ← サービス提供 ← 情報システム部門
```

## 3 ■ 合意形成アプローチの要因

　投資と効果の客観的な因果関係づけが困難であることから，それに代わるアプローチとして経営者，情報システム部門，利用部門という3つの利害関係者による合意形成アプローチが提起された。ここでは，従来の客観的因果関係よりも，利害関係者のコミットメントを重視するIT投資マネジメントが展開される。コミットメントが過大になったり，過少になったりするふるまいが利害関係者間の利害相反によって調整されるという組織的なしかけが埋め込まれている。

　栗山他（2001）は，合意形成アプローチが有効な要因についてIT投資効果

の証明性の観点から実証研究を行った。システムの複雑度が高く効果発生のタイムラグが小さいものを自明領域，中間的なものを証明可能領域，そして，システムの複雑度が低く効果発生のタイムラグが大きいものを証明困難領域と識別し，この証明困難領域については合意形成アプローチが有効とした。そして，戦略的IT投資ほど，システムは複雑で効果発生のタイムラグが大きいため，合意形成アプローチが適すると結論づけた。

**図表6－3　合意形成アプローチの適用領域（栗山，2001）**

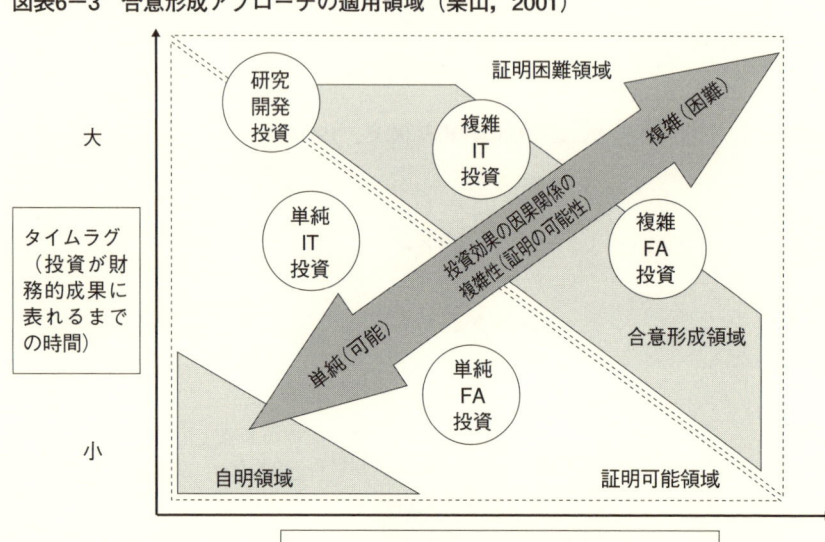

縦軸：タイムラグ（投資が財務的成果に表れるまでの時間）　大－小
横軸：有効性評価モデルの複雑度（その投資における戦略性の程度やモデルに含まれる変数と当事者の数）　低い－高い

領域：自明領域，証明困難領域，証明可能領域，合意形成領域
要素：研究開発投資，単純IT投資，複雑IT投資，単純FA投資，複雑FA投資
矢印：投資効果の因果関係の複雑性（証明の可能性）　単純（可能）－複雑（困難）

さらに井上（2004）は，近年のエンドユーザー志向の情報システムにおいては，利用部門主体のITプロジェクトが必要不可欠になってきており，合意形成の枠組みをベースとして，サービス提供者としての情報システム部門の役割がより求められていると指摘する。

従来，投資と効果の客観的な因果関係を過度に追及することによって，社内での調整に多くの時間と労力が費やされ，結果として採算性の高いIT投資プロジェクトがタイムリーに意思決定されず，経営者の政治的判断に依存することも少なくなかった。もはや精緻な因果関係のモデリングの役割は非常に限定

的であり，いかに効果的に合意を形成するかにフォーカスをあてたアプローチが，より現実味をもってきたといってよいだろう。

合意形成アプローチが有効であるのは，利害関係者によるコミットメントを介することによって，IT投資実施による業績が事後に確実に検証できるという前提が成立するからである。コミットメントを守らなくてもよいという風土の企業では，事前の効果指標の目標値を高く設定したとしても，責任をとることはないだろう。また，IT支出が当初予算を超えたとしても，情報システム部門が理由をつけて増額が簡単に認められる程度の管理レベルであれば，そこには合意形成アプローチはなじまない。

とりわけ，IT領域では，当初の予算を超えるプロジェクトが多いといわれる。環境変化，ユーザーニーズの変化への対応などが理由にあげられる。しかし，予算増額検討時に，採算性を見直すことはあまりない。プロジェクトの中止，縮小を検討すべきであるにもかかわらず，開始してしまったプロジェクトは，そのまま開発しつづけることが多い。

意思決定されたIT投資プロジェクトであっても，原価低減，効果増大を心がけることはきわめて重要である。ソフトウェア開発手法は米国から輸入されることが多かったが，米国がトヨタ生産方式（Toyota Production System: TPS）に学んだように，ソフトウェア開発においても，TPSの考えを取り入れるべきであると，黒岩（2006）は提起する。実際に，トヨタでは，ソフト開発にも，「見える化」を図り，ムダ取り（図表6－4）をすることによって，従来の1／3の期間短縮が実現されたと報告する。

**図表6－4　ムダ取り（黒岩，2006）**

| TPSにおける7つのムダ | ソフト開発におけるムダ |
| --- | --- |
| 1）造りすぎのムダ<br>2）手待ちのムダ<br>3）運搬のムダ<br>4）加工そのもののムダ<br>5）在庫のムダ<br>6）動作のムダ<br>7）不良品、手直しのムダ | 1）余分な機能のムダ<br>2）手待ちのムダ<br>3）タスクスイッチのムダ<br>4）文書作成のムダ<br>5）半完成の成果物のムダ<br>6）動作のムダ<br>7）欠陥（バグ）を作るムダ |

あるCIOは，計画段階での採算性があいまいであっても，結果として黒字に

するのがCIOやプロジェクトマネジャの仕事であり，プロジェクト開始後も原価低減を図ることが情報システム部門の重要な役割であると述べる。原価企画の手法を活用し，恒常的な原価改善を図るべきであろう。

## 4 ■ 利害関係者間の調整プロセス

　合意形成アプローチは，合意可能な因果関係を利害関係者間で合意し，利害関係者がコミットすることによってIT投資マネジメントを効果的に実施する手法である。実際に，各部門が意欲的に意思決定プロセスに参加し，業績改善に取り組むことが，IT投資による効果の最大化に役立つに違いない。また，経営スピードの観点からも，費用対効果算定に多くの時間と工数を費やすことは必ずしも効率的ではない。迅速な投資意思決定によって，早く実施し早く効果をあげる方が望ましいはずである。その際に，利害関係者がコミットし，そのコミットメントを責任もって遂行することが，IT投資マネジメントの推進に効果的であるに違いない。

　経営者はIT投資を意思決定し，その投資が正しく実行されるかについてガバナンス機能を発揮する。情報システム部門はサービスを提供し，利用部門はそのサービスを利用して経営者に業績として貢献する。このような関係として，合意形成アプローチはモデル化される。

### （１）経営者－情報システム部門

　意思決定を行う経営者と投資を実施する情報システム部門の間にはどのような調整がなされるのだろうか。経営者は当然，より少ない投資による業績改善への最大の貢献を期待する。情報システム部門も原則的には反対しないであろうが，個別局面においては利害関係が必ずしも一致しないこともあり，そこに部門最適のための思惑が混入しやすい。

　たとえば，企業内LAN（Local Area Network）を導入したいという動機は，必ずしも効果が明らかになってから生じるとは限らない。他社から遅れたくない，今，構築しておかないと将来の競争力に影響を及ぼすなど，情報システム部門が考えるIT戦略の実施が目的となって，効果があいまいなままに投資を提起する場合も少なくない。中長期的戦略からLANが情報インフラ構築上不可欠であると考えている場合，情報システム部門は提案が承認されやすくする

ように効果を過剰に見積ったり，投資金額を過小に見せかけたりするかもしれない。

経営者がその情報を十分検証することは，知識的にも経験的にも時間的にも困難である。情報システム部門がそれを悪用すれば，採算性を過大に見積ることは不可能ではない。しかも，売上げ増大効果のような，情報システム部門が責任を取れないような効果を提案すれば，事後に効果を追跡することもできない。ここにはまさしく互いの情報を入手することができないという情報の非対称が生じる。

経営者は，知識がないことを理由にガバナンス機能を回避するわけにはいかない。知らないことをいいことに，情報システム部門が不誠実な提案を続ければ，経営者から不信感を招き，成果をあげていない"金食い虫"だと見られ，以降の提案は信用されなくなるはずである。経営者も，このような行為を抑止するために，ガバナンス機能を発揮し，情報システム部門の行動を監視したり，定期的な報告を受けたりすることによって，信頼関係を確認しようとする。

現実に，当初のIT予算を過小に提案したため，システム構築が予定通りいかなくなったといって予算の増額を要求することもあるかもしれない。もちろん，その背景に，開発ベンダーが納期通りに進捗しなかったり，予想外の技術的な問題に直面したりする不確実性があることも多い。しかし，経営者は，何回説明を聞いても，理解することは困難な場合が多い。あるCIOは，クルマを買ったら，それが倍の価格になるなんてことはありえないのに，IT投資では日常茶飯事であると述懐し，それが，経営者がITを理解できない本当の理由[1]であると述べる。

情報システム部門は，直接的に効果をあげる役割をもっていないため，ITコストだけが注目されやすいといって嘆く。部門としての業績を何で測定されるべきかという観点も前もって明確にしておく必要があるだろう。その意味で，節減することは，あきらかに情報システム部門の業績であっておかしくない。内部統制の観点からも，情報システム部門がシステム開発プロジェクトを正しく行っていることを，常に表明できるようにしておくことが大事である。それによって，経営者は，情報システム部門の提案を信頼するようになるに違いない。

## （2）情報システム部門－利用部門

　情報システム部門は投資の実行者であって，効果の実践者ではない。情報システム部門が，投資に見合う効果を経営者に対してコミットし，それを実現することはできない。

　Sauer（1993）は，情報システムの失敗要因のひとつとして，「部門間の相互作用の失敗」をあげ，情報システム部門が機能的にいかに優れたシステムを開発したとしても，利用者が使わなければ効果は発揮されないし，利用者のニーズに合わない機能の豊富さは使いにくさを助長する，と述べた。したがって，情報システム部門が投資案件を提起する際には，利用部門との合意が不可欠である。しかし，一般に，両者は上下ではなく横の関係になるので，直接的に命令，指示できるわけではないため，利害調整が必要となる。

　汎用コンピュータ時代の業務系アプリケーションの場合，利用が義務づけられることが多いため，多少使いにくくても使わざるを得ないと利用者は考えるかもしれない。しかし，情報系アプリケーションでは，利用者のニーズに合わない，使いにくいシステムは活用されないため，利用部門と情報システム部門とのコミュニケーションが重要となる。情報システム部門と利用部門との責任分担範囲を明確にするのは当然であるが，それ以上に，情報システム部門は，提供すべき機能や性能を明確にし，利用部門は効果を実現するための機能は何かを明確にすることが不可欠である。このような調整によって，効果の数字が情報システム部門の独断によるものではなく，利用部門との合意に基づくものであることが確認できる。

　効果は必然的で客観的な数値ではなく，達成可能あるいは達成すべき目標という意味合いを持つ数値である場合も多い。たとえば，在庫管理システムにおいて，リアルタイムに在庫データを検索できるという情報支援機能は，在庫削減何％という数値を論理的に導き出すことはおそらく困難であって，企業の経営環境，経営戦略を考慮して，目標的な数値が設定されることが多い。さらにいえば人員削減などのように利用部門から見れば痛みを伴うような効果はできるだけ高くない方が心情的にも好まれるため，効果算定に際しても，客観的な数値を算出するというよりも，利害関係者間で合意形成可能な数値を設定し，そのことによって，費用対効果が最大化される方を好むであろう。

　利用部門は情報システム部門から多くの支援を獲得し，できれば低い目標で投資が実行できることが部門としての利益にかなう。それに対して多額のIT

投資が必要であれば，利用部門から高い効果目標の確約を取りつけなければならない。部門間で相反する利害を調整することが，計画段階での重要な作業である。TPSでの"ムダ取り"を両者で行うことによって，不必要な業務や情報をできるだけなくすことがIT投資プロジェクトの採算性を高める。

情報システム部門のコストと利用部門の効果目標に関する調整がなされ，合意された数値を付してIT投資プロジェクトが経営者に提案される。

## （3）利用部門－経営者

IT投資は，情報システム部門によるサービス提供を媒介して，利用部門による経営者への業績目標に対する成果として回収される。その業績目標は，利用部門が，事業部門，さらに企業レベルにコミットしたものであり，成果は情報サービスの支援を得て達成されたものである。もちろん，情報サービスだけで達成できるわけでなく，活用できるしくみづくりや，活用ノウハウなど情報資本，人的資本，組織資本のレディネスが不可欠である。

業績によって投資を回収するという考え方は，従来の費用対効果分析と大きく異なる側面をもっている。たとえば，インターネットの検索機能を活用することによって，情報入手のスピードは劇的に短縮する。また，作業の自動化によって担当者の作業負担が減少する。担当者には，仕事がしやすくなるという効果をもたらすかもしれないが，部門業績にどのように貢献できるかが明確ではない。利用部門の業績目標が達成されたかどうかが問題なのである。

経営者と利用部門の関係は，基本的には予算管理と業績管理に基づく関係として記述できる。目標は売上高の場合もあるし，品質改善指標の場合もある。それらは通常，事業計画と一体となって予算として決定され業績目標として追求される。投資提案の時だけの機会主義的な効果提示を回避するために，日常的な方針展開と予算管理，さらに戦略目標に方向づけされた投資であることが求められる。さらに，業績指標とリンクして投資の評価がなされ，事後の業績評価へとつながることによって，経営者は業績を介して投資を回収するというマネジメントサイクルを回すことができる。

## ■ おわりに

IT投資評価は，意思決定のための情報支援として行われてきたが，今，ま

さに，最終的に効果をいかにして最大化するか，企業の業績改善にいかに貢献するかに着目するようになってきた。効果とは，客観的に算定されるものではなく，計画段階において，情報システム部門が費用とサービスをコミットし，利用部門が効果をコミットし，それを業績として実現するための源泉である。

このような合意形成アプローチによって，経営者，情報システム部門，利用部門の役割が明確になるとともに，可視化されたIT投資マネジメントが効果的に実施されることにつながる。最近のITガバナンス体制においては，制度として情報システム部門と事業部門との調整が頻繁に行えるような場が設定され，CIOが，その基本的役割として割当てられている企業が多くなってきた。まさしく実務として合意形成アプローチが取り入れられている。


[注]
1）：日経BPサイト，「経営者がITを理解できない本当の理由」より
　　　http://itpro.nikkeibp.co.jp/a/biz/shinzui/shinzui0926/shinzui_03_1.shtml


【参考文献】
井上実「IT投資評価のフレームワーク」『経営情報学会2004年春季全国研究発表大会予稿集』, 2004年, pp.184-187.
上田泰『集団的意思決定研究』文眞堂, 1996年.
栗山敏 他「情報システム機能の有効性評価手法に関する比較研究」『情報文化学会2001年全国大会予稿集』, 2001年.
黒岩恵「トヨタ生産方式のソフト開発への適用」DEE21講演資料, 2006年
合意形成研究会『カオスの時代の合意学』創文社, 1994年.
木暮仁『利用部門のための情報システム設計論』日科技連出版社, 1997年,
佐藤修 他『エンドユーザコンピューティング』日科技連出版社, 1996年.
松島桂樹『戦略的IT投資マネジメント-情報システム投資の経済性評価』白桃書房, 1999年.
Sauer, C., *Why Information Systems Fail: A Case Study approach*, Alfred Waller, 1993（澤田他訳『情報システムはなぜ失敗するか』日科技連出版社, 1995年）．

# 7章 バランスト・スコアカード手法

■ はじめに

　前章において，費用対効果アプローチの諸課題を解決するための手法として合意形成アプローチを提案した。すなわち，戦略的IT投資においては，IT投資による効果の合算よりも，IT投資による戦略目標実現の支援を重視するという考え方の転換が必要であることを示唆し，コミットメントをベースにした利害関係者間での合意形成を重要な柱とするアプローチを取り入れた。このアプローチでは，戦略目標の実現プロセスは合意された指標によって示されるので，各指標が最終的に企業戦略と合致するのかどうかという検証がきわめて重要になる。すなわち，IT投資が組織の戦略に合致し，最終的に業績改善に結びつく因果関係を明示することが求められる。

　このような課題を検討するために，バランスト・スコアカード（Balanced Scorecard: BSC）の活用に着目する。BSCにおける4つの視点と指標間の因果関係モデルは，指標化のみならず，利害関係者間で目標を共有するためのツールとして活用できる。投資に対するアカウンタビリティが強く求められる現在，あいまいな指標や，あいまいな費用対効果の因果関係は，もはや経営者のニーズに適合しないからである。

　これまでの「業務の効率化」，「業務量削減」などの社内志向の評価指標のみ

ならず,経営戦略と合致した価値創造に結びつくような成果の指標化,そしてそれらの指標間の関係を確認することが急務となっている。

本章では,IT投資と戦略実行によって達成されるべき成果との因果関係を可視化し,効果的な測定を可能にするBSCの有効性について,ケーススタディを交えて考察する。

# 1 BSCの発展

1980年代後半,『レレバンス・ロスト』(Johnson & Kaplan, 1988)は,これまでの短期的な財務尺度への偏重に対する反省と非財務指標の重要性を指摘した。月次利益や四半期利益の測定よりも,企業の戦略に沿った製造,マーケティング,および研究開発部門などの目標の設定とその達成が不可欠であると論じた。すなわち,革新的で高性能な製品の生産において競争優位を獲得しようとする組織は,製造リードタイムの短縮や製品品質の向上など,従来の管理会計の業績評価では把握できない指標を測定したいと考えている。さらに,財務指標のみを直接改善しようとすることは,むしろ悪影響を及ぼすとも指摘(Johnson, 1992)する。

BSCは,財務尺度を重視した従来の管理手法の限界を克服すべく,Kaplan & Norton(1992)によって,新しい業績管理のための新しいフレームワークとして提案され,その後10年を経て,業績管理から戦略実行のための手法へと進化していった。

## (1) 業績管理システムとしてのBSC

IT化が進展するにつれて,IT投資の目的は会計情報を中心とした事務処理の自動化・効率化から,組織全体の業務改善の支援へと移行し,さらには経営戦略実行への支援が重視されるようになってきた。また,効果を測定する期間は短期から長期へ,効果測定対象もシステム導入部門のみならず,他部門,顧客,取引先など,バリュー・チェーンにつながるさまざまな組織を視野に入れる必要が生じている。しかし,業務効率化による工数削減,コスト削減などの従来型の指標だけでは効果的な測定が困難である。

これまで重視されていた財務指標中心の短期的業績管理ではなく,より長期的かつ戦略的視点を重視したアプローチが必要になってきた。「財務指標は結

果であって原因ではない」という理念のもと，非財務指標（先行指標）と財務指標（遅行指標）の因果関係の連鎖をモデル化した。BSCは，組織のミッションや戦略を業績評価指標へと落とし込み，目標間の因果連鎖を明確することによって，財務的な評価指標と非財務的な評価指標の両方を活用した「バランスのとれた」業績管理システムとして登場した。

BSCでは，次の4つの視点で業績指標を分類する。

①財務の視点：組織の長期的な目標や評価尺度（ROE, ROI, EVAなど）を明確にする。さらに，成果目標を実現するための重要な変数（収益の増大，原価低減，資産の有効活用などに関する指標）を設定する。

②顧客の視点：顧客と市場セグメントを明確にし，顧客へ提供する価値を明らかにする。そして，顧客に関する主要な業績評価指標（顧客満足度，顧客ロイヤリティ，顧客定着率，新規顧客獲得率，顧客収益への貢献度）を設定する。

③内部ビジネス・プロセスの視点：戦略目標を達成するのに最も重要な組織内のプロセスを明確にする。その際，既存のプロセスを所与とするのではなく，顧客への価値提案のための重要なプロセスの改革と，これに対応する業績評価指標を設定する。

④学習と成長の視点：組織が目標を達成するために構築しなければならない

**図表7−1　バランスト・スコアカードの4つの視点（Kaplan & Norton, 1996）**

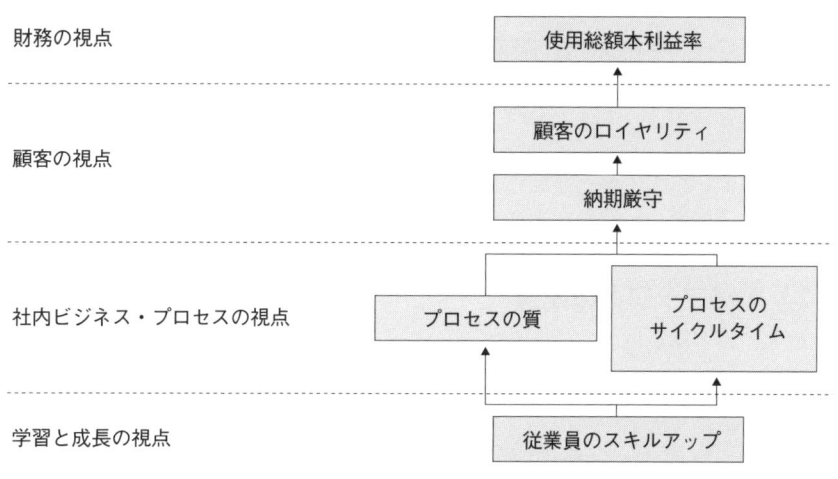

| 財務の視点 | 使用総額本利益率 |
| --- | --- |
| 顧客の視点 | 顧客のロイヤリティ<br>納期厳守 |
| 社内ビジネス・プロセスの視点 | プロセスの質　　プロセスのサイクルタイム |
| 学習と成長の視点 | 従業員のスキルアップ |

組織基盤を明確にする。特に，現在保有するケイパビリティと，他の3つの視点における目標から必要になるケイパビリティのギャップを明確にし，それを埋めるために必要なインタンジブルズを効果的に開発するプログラムを明らかにするための指標を設定する。

## （2）戦略実行のためのBSC

　財務指標偏重への反省から，非財務指標を取り込んで両指標を融合する試みがBSC手法によって具体化された。短期戦略と中長期戦略，および財務指標と非財務指標といった，相反する要素のバランスをとろうとする。

　櫻井（2003）は，従来はむずかしいと考えられていた戦略の測定を可能にし，戦略実行上の問題点を可視化することができる，と述べ，戦略実行への貢献を重視した。BSCによって表記された指標は，業績を管理するだけではなく，戦略実行を支援するための目標の落とし込みとしても活用できる。たとえば，競争力強化のためのサプライチェーン構築という戦略に対して，「顧客需要予測のタイムリーな入手」，「より平準化された日程計画策定とサプライヤーへの適切な発注・納入指示」，「緊急納入と販売機会損失の減少」，「顧客の満足度向上，信頼関係の改善」，「潜在的なビジネス機会の増大」，そして，最終的には，「財務指標の改善」，というように戦略実行にかかわる業績目標を志向した因果関係として表現できる。

　全社の経営戦略は，組織上の階層を反映して事業部単位の戦略や営業・製造・技術などの機能単位の戦略へとブレークダウンされる。この過程で，上位組織の「目標」を達成する「手段」が下位組織に伝達され，下位組織ではこの上位組織の「手段」が自組織の「目標」と位置づけられ，連鎖的に末端へと繰り返される。その後，PDCA（Plan-Do-Check-Action）サイクルを回してこれらをモニタリングすることによって，組織内の業務プロセスの改善や個人のスキルアップを促し，変革が推進される。

## （3）戦略マップとの連携

　近年，顧客満足度の向上，サプライヤーとのシームレスな連携，従業員の能力開発，プロセスマネジメント，技術蓄積，イノベーションへの投資が積極的に行われ，アイデアやノウハウ，コア・コンピタンス，アライアンスのようなインタンジブルズは，戦略実行における重要な原動力であると考えられるよう

になってきた。そのようなインタンジブルズをいかにして開発し，蓄積するか，さらに，現在何が蓄積され，今後何を蓄積していったらよいかについて，経営戦略に沿って把握することが重要である。そのために，Kaplan & Norton (2000) は戦略マップを提唱した。

戦略マップでは，最終的な目標である財務成果を実現するために，対象とする顧客層に提供する価値，その価値を生み出すための内部プロセスの視点，学習と成長の視点を一枚の紙の上に表現し，BSCにおける尺度を組み込み，ミッションや戦略を一貫性のある具体的な目標や業績評価指標に落とし込む。この記述によって，経営戦略を具体的な指標の連鎖の結果として明示し，戦略目標達成のための組織横断的なプロセスや必要なインタンジブルズを明らかにできる。その結果，戦略策定と実行のミッシング・リンクが接合され，戦略目標と尺度を設定し管理することが可能になる。このようにして，戦略と戦略的活動項目とを関連づけることができる。

戦略マップでは，学習と成長の視点にインタンジブルズとして，情報資本，人的資本，組織資本の3つを識別している。これらは，戦略に方向づけられるように管理されていなければならない。IT投資に際しても，戦略的ITポートフォリオと連携して情報資本を戦略テーマへと方向づけ，人的資本を補完するためのインフラ整備を行い，情報資本アプリケーションを利用できるようすることが求められる。まさしく，戦略マップには，3つの資本が相互に連携し，企業に付加価値をもたらすレディネスの創造を生むプロセスが記述されている。

レディネスは，戦略マップにおいて重要な役割を持つ概念である。戦略の実行のためには，必要となる情報資本，人的資本，組織資本のレディネスを高めておく必要がある。高めたレディネスは戦略実行を支援する。さらに，ビジネスチャンスなど絶好の機会が到来した時に，確実に業績に結びつけたり，絶体絶命のピンチの時に，被害を最小限に食い止めたりするのを支援する。経営のスピードアップが求められる現代において，出来る限り「持たない」経営を実践しながら急激な環境の変化に迅速に対応できる用意として，レディネスの向上は企業の重要な命題である。しかしながら，全方向に向けてレディネスを整えるのは不可能であり，合理的ではない。戦略マップを描くことで，企業の戦略に方向づけられたインタンジブルズのレディネスの現状と，あるべき姿が明らかにされる。

**図表7−2 戦略マップ（Kaplan & Norton, 2004）**

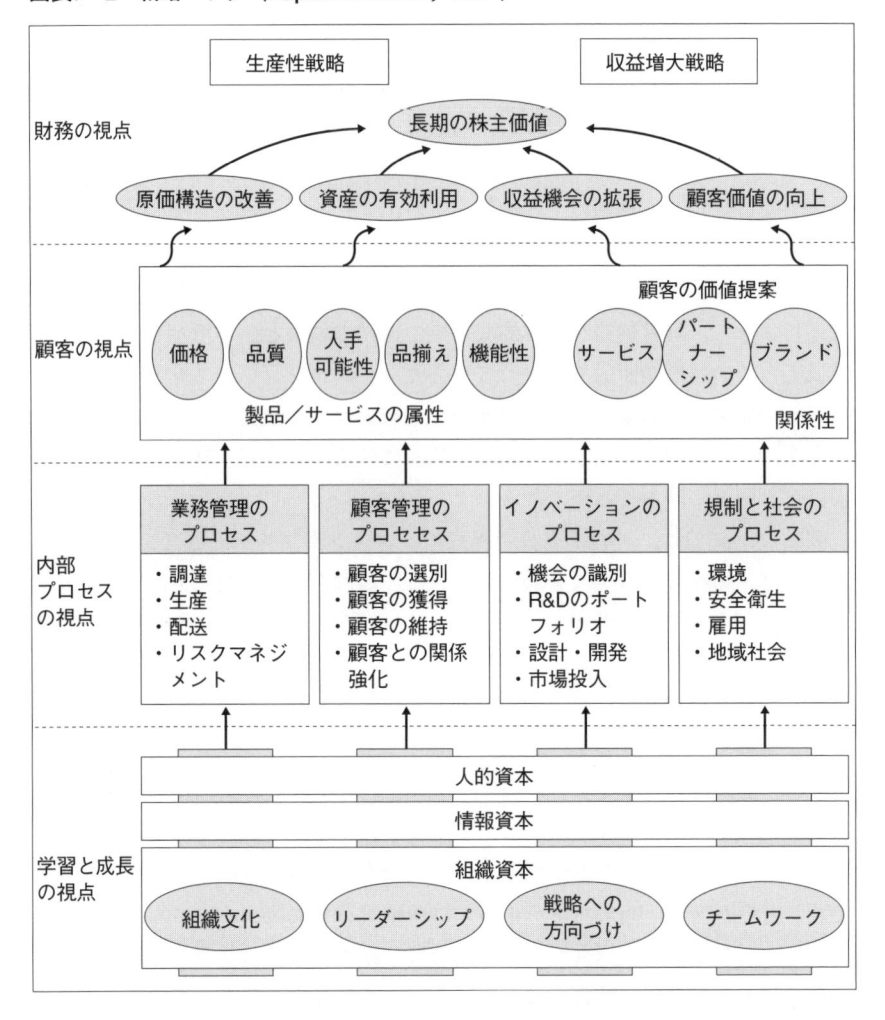

```
                        生産性戦略              収益増大戦略

財務の視点            ┌─────→ 長期の株主価値 ←─────┐
                ┌─────┴─┐  ┌────────┐  ┌────────┐  ┌────────┐
                │原価構造│  │資産の有効│  │収益機会の│  │顧客価値の│
                │の改善  │  │利用    │  │拡張    │  │向上    │
                └────────┘  └────────┘  └────────┘  └────────┘

                                          顧客の価値提案
顧客の視点    ┌──────────────────────────────────────────┐
              │ 価格  品質  入手  品揃え 機能性  サービス パート  ブランド│
              │            可能性                      ナー        │
              │                                        シップ      │
              └──────────────────────────────────────────┘
                   製品／サービスの属性              関係性

              ┌────────┐  ┌────────┐  ┌────────┐  ┌────────┐
              │業務管理の│  │顧客管理の│  │イノベー  │  │規制と社会│
              │プロセス │  │プロセス │  │ションの  │  │のプロセス│
内部          │        │  │        │  │プロセス  │  │        │
プロセス      │・調達  │  │・顧客の選別│・機会の識別│・環境    │
の視点        │・生産  │  │・顧客の獲得│・R&Dのポート│・安全衛生│
              │・配送  │  │・顧客の維持│ フォリオ  │・雇用    │
              │・リスクマネジ│・顧客との関係│・設計・開発│・地域社会│
              │ メント │  │ 強化    │  │・市場投入 │  │        │
              └────────┘  └────────┘  └────────┘  └────────┘

              ┌──────────────────────────────────────────┐
              │                   人的資本                │
              ├──────────────────────────────────────────┤
              │                   情報資本                │
              ├──────────────────────────────────────────┤
学習と成長    │                   組織資本                │
の視点        │ 組織文化   リーダーシップ  戦略への    チームワーク │
              │                           方向づけ               │
              └──────────────────────────────────────────┘
```

## 2 ■ BSCを活用したIT投資マネジメントの特徴

　GAO（1997）は，BSCによるIT投資マネジメントについて，次の5つのステップで説明している。
　①IT投資の目標設定
　　すべての業績指標は目標の達成にリンクしなければならない。組織のミ

ッションや経営戦略に適合したIT投資の目標を設定することが重要である。
②BSCによる評価フレームの設計

　目標を設定した後に，現行の業績評価指標を検証し，新しい尺度が必要かどうかを検討する。評価フレームは4つの視点から構成され，それぞれに業績評価指標が組み込まれる。

③異なる意思決定層に応じた評価尺度の設定

　スコアカードに記入された業績評価指標は，組織の各階層（経営層，部門層，業務遂行層）へとブレークダウンされる。

④データの収集・分析能力の構築

　多様な分析ツールを活用して適切な目標値が設定される。

⑤情報技術に関するビジネス・プロセスの改善

　IT投資によって期待される成果を最大にするために，ビジネス・プロセスを改善する。

　ここでは，戦略に基づく目標の設定，階層別の評価指標の設定，目標値の設定，プロセス改善というステップが示されている。すなわち，これまでの投資評価手法が費用対効果，言い換えると，IT支出に対して見合う効果は何かについての検討が大きな課題であったのに対して，ここでは，戦略に基づいた目標の設定とその実現という方法論を示し，IT投資評価へのBSC活用の意義を明確に提示している。加えて，IT投資の重要な目標のひとつが業務プロセスの改善や改革にあることを明らかにしている。まさしく，IT投資の実施によって，どれだけ目標となる業績評価指標が達成されたかどうかを検証できることこそが，BSCの重要な役割である。

　BSCは，IT投資マネジメントの構築に次のような貢献を示している。

## (1) 経営戦略とIT投資の関係性の明確化

　従来の費用対効果分析では，採算性の高いIT投資プロジェクトが採択されるべきであるとの考えが強かった。しかし，採算性が高いと評価された個別ITプロジェクトに投資することのみが合理的な意思決定手法であるとはいえない。IT投資による効果が直接的に財務的なキャッシュインフローにつながるものでなく，間接的，あるいは戦略を情報面で支援するものであるかぎり，その支援が企業の戦略にどのように貢献するのか，というシナリオが明らかにな

っていなければ，どんな効果が期待されようとも，企業にとって大きな価値を生じるものではないといえる。

　たとえば，在庫情報が迅速に把握できるという能力は，仕掛り在庫を減少させることにつながる他の活動項目と連動して方向づけがなされるべきである。また，従来，手作業であった設計作業をCADに置き換えることによって設計者の生産性向上がはかられるとしても，その目的が単なる人員削減なのか，新製品開発期間の短縮による競争力向上なのかによって，この投資の評価尺度や創出価値は大きく異なるはずである。しかし，調査報告（総務省，2003）によれば，「顧客満足度の向上」や「顧客ニーズの把握」といった顧客価値や製品・サービスの付加価値の向上につながるような，経営戦略に関わる活動項目について，特別に評価指標を設けている企業は少なく，効果の検証に関する実施率もきわめて低い。

　そうしたIT投資に対する評価尺度の不在や検証の未実施は，必要な投資を遠ざけたり，また，逆に無駄な投資を誘発したりしがちである。そこで，IT投資の実施による効果を確認するために，経営戦略や事業戦略に対して担うべきITの役割を戦略マップで鳥瞰し，BSCと連携させて改革・改善すべき指標を明確にすることが重要である。そうした取り組みは，情報システム導入後の定期的，総合的な事後検証を容易にし，経営戦略に合致したIT投資となり，さらにアカウンタビリティの改善に貢献する。

## （2）合意形成イネーブラとしてのBSC

　戦略の階層化に伴って，戦略実行についての評価尺度も階層化される。評価尺度も，全社レベルでは財務指標，部門レベルでは財務と非財務指標の混在，現場レベルでは非財務指標が用いられるのが普通である。非財務指標であっても定量化された数値が活用される。たとえば，顧客満足度などの指標は本来，定性的ではあるが，スコアカードを活用した指標化によって，評価尺度として改善のために用いることができる。

　BSCを活用することによって，合意形成に必要な情報サービス機能の有効性評価の妥当性向上，信頼に足る評価指標の整備が促進される。とりわけ，利用部門による積極的なコミットメントが期待される。このような合意形成の積み重ねの結果が，情報システム導入や改革プロジェクトによる効果の実感を高め，さらに次のプロジェクト提案の促進という好循環につながるはずである。

## (3) モニタリングや事後検証の容易性

　日本企業における意思決定や戦略伝達は，コーポレートガバナンスの観点からも不明確であるといわれることが多い。この原因として，「目的」を「手段」に変換する過程において，「戦略の可視化」の不在がしばしば指摘される。つまり戦略が，現場へと効果的に伝達されていないとされる。

　BSCは，このような目的－手段の連鎖を，組織の末端まで可能な限り正確に展開し，戦略が期待通りに実行されたかどうかを検証し，戦略の実効性を高めるのに役立つ。特に，4つの視点に張り巡らされた指標を用いて，プロジェクト進行中においても，投資効果の進捗状況をモニタリングしたり，事後に検証を行ったりすることで，その効果を数値または比率として確認することができる。BSCは，戦略が確実に実施されているかどうかについて，事中・事後の検証を行うための効果的な仕組みを提供する。

## (4) 戦略とインタンジブルズの関係の可視化

　従来のように，資金や設備の優位性といった物的な資源を確保するだけでは，競争優位を保つことは困難であり，「見えない資産」としてのインタンジブルズ（貴重なノウハウや技術の蓄積，ケイパビリティの向上，ブランド力など）を確保し，ものつくりやサービスの質を高めることが競争力向上のためにきわめて重要となることが明らかになってきた。

**図表7-3　インタンジブルズの分類**

| インタンジブルズの分類 | 内容 |
| --- | --- |
| 人的資本 | 戦略的プロセスを実行するために必要となる人材（その人材が持つスキルやナレッジ） |
| 情報資本 | 戦略を実行するためのデータベースや情報システムなどのITインフラやアプリケーション |
| 組織資本 | 組織文化やリーダーシップ、チームワークなど |

出典：Kaplan and Norton(2004)

　伊丹（2004）は，「見えざる資産のみが，競争上の優位性の真の源泉であり，事業環境の変化に対する対応力の源泉である」と主張し，その根拠として，次の3つをあげている。

①カネを出しても容易には買えず，自分で作るしかない
②作るのに時間がかかる
③いったん作ると，同時多重利用が可能になる

　インタンジブルズを蓄積するルートとして戦略的なルートと業務付随的なルートの2つを考えてみよう。戦略ルートは戦略を実施しようと意図的に行動することによって，情報の流れのダイナミズムが形成され，インタンジブルズを蓄積する。ブランドを構築するための広告宣伝，新技術開発のためのプロジェクト，製品やサービスの質を高めるための研修などがあげられる（図表7－4：①）。業務付随ルートは，日常の業務を遂行するためのビジネス・プロセスを通じて，日々，個人や当該組織に蓄積されるルートであり，組織が円滑に日常業務を行うために欠かせない「知恵」や「工夫」などが含まれる（図表7－4：①'）。このルートは，個別的に大きな資金が投じられることも，大々的に披露されることも少ないために一見地味な存在であり，蓄積には時間がかかるけれども，組織の構成員に広く共有されることによって大きな効果を発揮する。トヨタのジャストインタイム生産システムなどはこのルートによるインタンジブルズ構築の代表的な成果といえる。

　このようなインタンジブルズを測定することは非常に困難であるが，出来る限り可視化し，戦略との有機的な関係を明示することによって，インタンジブルズを神秘のベールのなかに置き去りにすることを回避したい。具体的には，戦略や日常業務から情報の流れのダイナミズムを経て，インタンジブルズを形成するアプローチ，インタンジブルズから当該組織の強みを抽出し，戦略を決定するアプローチが考えられる（図表7－4：②）。戦略を実施することで見えない資産を蓄積し，また，すでに蓄積されたインタンジブルズから戦略を抽出し，将来の戦略の潜在性を認識するという有機的な関係性がそこに見られる。

　このように，BSCと戦略マップの活用は，戦略目標におけるインタンジブルズの役割を明確にするのに有効であるとともに，効果があいまいになりがちな戦略的IT投資の検討に際して，効果的な評価手法を提供する。そして，戦略の実行に必要なインタンジブルズの蓄積を促進し，蓄積されたインタンジブルズを必要な部門で共有しやすくするためのIT投資の必要性を認識させてくれる。

**図表7－4　戦略とインタンジブルズの関係**

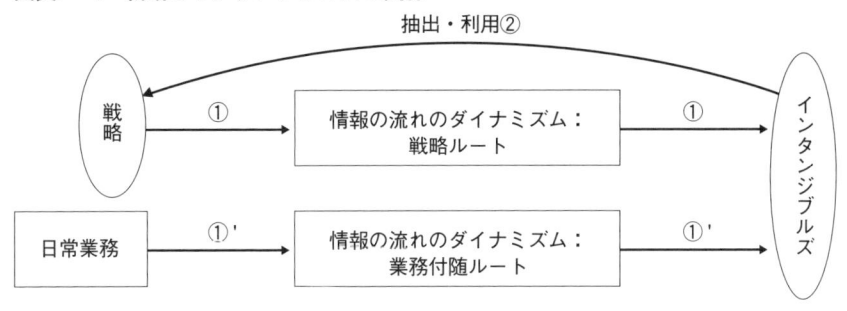

```
                    抽出・利用②
         ┌─────────────────────────────────────┐
         ↓                                     │
      ┌─────┐      ┌──────────────────┐      ┌─────┐
      │戦略 │ ①→ │情報の流れのダイナミズム：│ ① → │イ   │
      │     │      │   戦略ルート      │      │ン   │
      └─────┘      └──────────────────┘      │タ   │
                                              │ン   │
      ┌─────┐      ┌──────────────────┐      │ジ   │
      │日常 │ ①'→│情報の流れのダイナミズム：│ ①'→│ブ   │
      │業務 │      │  業務付随ルート   │      │ル   │
      └─────┘      └──────────────────┘      │ズ   │
                                              └─────┘
```

## （5）情報資本レディネスの向上を支援

　戦略に方向づけされたIT投資を実行するということは，戦略の実行段階でのみIT投資が議論されればよいということではない。戦略実行のためのIT投資を評価するにあたって，最近では，情報資本を形成するための「情報資本レディネス」が，戦略をタイムリーに実行することを支援し，この成否が企業価値の形成に重要な役割を果たすことが明らかになってきた。必要なときに必要な情報を適宜加工するために，様々な情報を準備しておくことは，経営上の重大な意思決定のみならず，日々の業務を効率的に遂行するに際しても大きな影響を与える。

　では，戦略遂行のためにどんな情報資本（what is）を蓄積し，どのようにしてレディネスを高めるべき（how to）であろうか。急速に変化する経営環境において，ユーザー部門の情報要求に即座に応じられる体制を事前に構築しておくことは，今や情報部門の主要なミッションとなっている。さらに，企業における中長期的ビジョンを把握して，必要となる情報資本を整備しておくということも並行して行われなければならない。

　さらに，インタンジブルズを最大限活用するために，ケイパビリティを高めておく必要がある。たとえば，POS（Point of Sales：販売時点情報管理）は，今やスーパーマーケットやコンビニなどのほとんどの小売業で導入されているが，それらを有効活用できるかどうかは，ケイパビリティに関わっている。ケイパビリティが不足していれば，せっかく収集されたデータも有効に活用されないままで宝の持ち腐れに終わってしまう。すなわち，在庫管理や発注の効率化といった業務プロセスの効率化を行うだけではなく，販売された品目と数量，販売時間，顧客層などに関するデータの動向から最適価格の決定や効率的

な人員配置，店舗の効果的な棚管理，さらに効果的なSCM（Supply Chain Management）構築のための能力が不可欠である。情報資本形成のためのIT投資評価に際して，情報資本レディネスを高めるためにもケイパビリティの向上を図る必要がある（図表7－5）。

BSCは，戦略の実行に必要な情報資本を明らかにし，そのレディネスを高めるための活動項目を示すことを通じて，情報資本レディネスの向上を支援する。

**図表7－5　情報資本レディネスを組み込んだ投資評価プロセス**

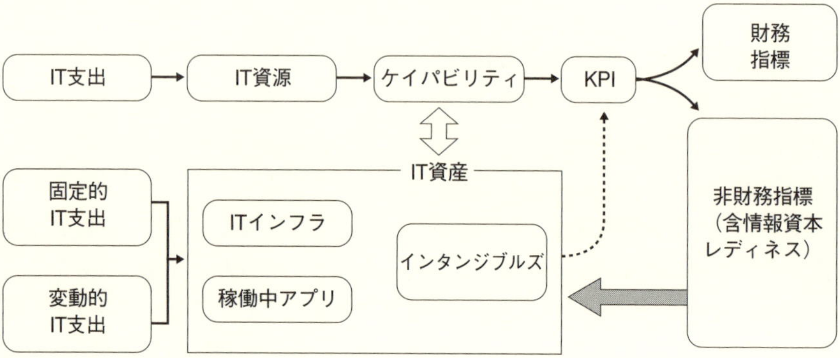

```
IT支出 → IT資源 → ケイパビリティ → KPI → 財務指標
                      ⇕                    ↘
固定的IT支出 ┐    ┌IT資産──────┐         非財務指標
           ├──→│ ITインフラ      │         （含情報資本
変動的IT支出 ┘    │ インタンジブルズ │ ←──    レディネス）
                │ 稼働中アプリ    │
                └──────────────┘
```

出典：（松島，2005）を加筆修正

## 3 ■ BSCをIT投資評価に活用する際の考慮点

これまで，IT投資マネジメントにおけるBSCや戦略マップの利用可能性について検討してきた。しかしながら，BSCは万能ではない。次に，BSCを活用する際の課題と考慮点について述べる。

### （1）KPI設定における恣意性

IT導入の目的が最終的に財務指標の改善であっても，それを達成するための活動の成果は直接的な金額換算が難しい。そのため，BSCを活用することによって，ITが経営に貢献する度合いを業績指標として表現した。ここでは，最終的な経営目標と十分関連していることを説明できる指標が設定されるが，さらに具体的な指標へとブレークダウンする過程で，KPIが何段階にも階層的な構造になることが多い。その場合，各段階におけるKPIは複数の要因から影

響を受けるため，その寄与度合いを客観的な数値として決めることは非常に難しい。特に，成果連動型の業績評価の指標として用いられる場合は，達成しやすいよう恣意的な指標や目標値が設定されてしまう恐れがある。

## （2）バランスを欠いた評価指標

　BSCを活用することの最大の利点は，4つの視点から多面的にバランスをとって評価できることにある。しかしながら，森沢・黒崎（2003）は，BSCを業績評価として活用している企業へのインタビュー調査を通じて，業績評価指標全体に占める財務の視点のウエートが平均して60～70％に達している企業が多いと指摘している。財務の視点を突出して評価すると，非財務関連の指標の改善は低く評価されるために改善への動機づけが弱くなる。その結果，BSCの真の狙いが形骸化してしまう。

　また，顧客満足度の向上を重視し，財務の視点を軽視しすぎたりとするケースにおいても同じことがいえる。BSCを運用する組織の価値観によって視点間のバランスを無視してしまうことで，BSCの効果が薄れ，中・長期的な意味での潜在的成長力を阻害してしまう危険がある。

## （3）指標の網羅性と有効性のパラドックス

　BSCを導入する際に，4つの視点に沿って包括的に幅広く指標を配置しようとすれば，その関係性を明記するスコアカードや指標は非常に膨大なものになってしまう。逆に，スコアカードをなるべく簡便にし，実行や検証に有効と判断される指標に絞ってしまうと，本当に重要な情報がこぼれ落ちてしまうことがある。戦略目標の設定は，網羅性と有効性とのパラドックスのなかで適正な量と質を決めなければならない。

## （4）指標間の因果関係の定量化困難性

　BSCによって示される4つの視点において適切な指標を設定したとしても，その指標間の関係は矢印で示されるのみである。学習と成長の視点で従業員の満足度を指標化した場合，それがメカニズムとして内部プロセスの効率化にどう結びつくのか，どのくらいのタイムラグで，どの程度効果的であるのかは表記が難しく，論証も困難である。その困難性を克服するために，BI（Business Intelligent）ソフトウェアツールを用いた数値化が試みられている（成田，

2002) が，まだ緒についたところである。

## 4 ■ ケーススタディ： 新潟県十日町市

上述した困難性を内包しながらも，IT投資評価にBSCを活用することによって，単なる費用対効果の因果関係づけだけに着目するのではなく，IT投資が組織業績に貢献し得る要因の検討が容易になった。ここでは，BSCを用いて，自治体のIT投資事例を検証してみる。

### (1) 公共部門のIT投資

地方を含む日本全体の長期債務残高総額が1千兆円を超える中で，企業より無駄が多いとされる自治体に厳しい視線が注がれるようになり，公共部門にも「経営」という視点が導入されつつある。その視点をもとに，英国が1980年代に取り入れたのが，一般に「市場化テスト」と呼ばれる強制競争入札制度（Compulsory Competitive Tendering）であり，日本でも近年，実施が進められている（大住，2002）。すなわち，最終利益で評価されることのない自治体でも，顧客（市民），利害関係者，従業員（職員）からの多様なニーズを，より少ない予算で実施する要請が強まっている。その結果，民間企業と同様にIT投資マネジメントへの関心が高くなってきた。

しかしながら，自治体などの公的機関では，地域住民の快適で安全な生活の確保など，民間企業とは異なるミッションを持っており，IT投資を民間企業と同じように評価することはできない。そのために，地域の戦略を考慮して戦略マップを作成し，戦略的プロセスを記述してみることにした。ケースとして取り上げるのは，新潟県十日町市の情報化推進プロジェクトである。

### (2) 十日町市情報化基本プランの策定と戦略マップ

十日町市は，新潟県の南部に位置し，近年の市町村合併の影響で東西32km，南北43kmに広がる広大な地域から構成されている。豪雪地域でもあり，毎年2mを越す積雪に加えて根雪期間が1年の3分の1以上を占め，その大半が山間地域である。2006年8月現在，人口は約6万3千人，65歳以上を占める老齢人口は約30％にのぼる。

2004年には，新潟県中越地震の大きな被害を受けた。魚沼こしひかりや織物

の産地として名高いが，新産業を興したり域外企業を誘致したりするには厳しい環境である。そこで，次の3点を目指して情報化プランの策定を行った。

①ITを活用した住みよく安心して暮らせる地域づくり
②すべての住民が情報化の恩恵を享受できること
③情報化社会に対応し，個々の能力を最大限発揮できる人材の育成

基本プランの策定に際して，戦略マップを作成（図表7－6）し，全体像の共通認識を図ることにした。自治体としてのミッションの第一は，住民満足度の最大化であり，住みよい「まちづくり」である。現在の住民だけでなく，転入の可能性のある他市の住民も対象としている。自然環境に恵まれ，「大地の芸術祭」を主催するなど芸術振興でも有名な土地柄で移住希望者の問い合わせは多いが，情報化の遅れが足かせとなっている。実際，十日町市では4割以上の世帯がテレビの電波が届かないため，共同受信アンテナに頼っている。また，市の中心市街地以外は，民間のインターネット網の敷設も見込めない状況

**図表7－6　十日町市の戦略マップ**

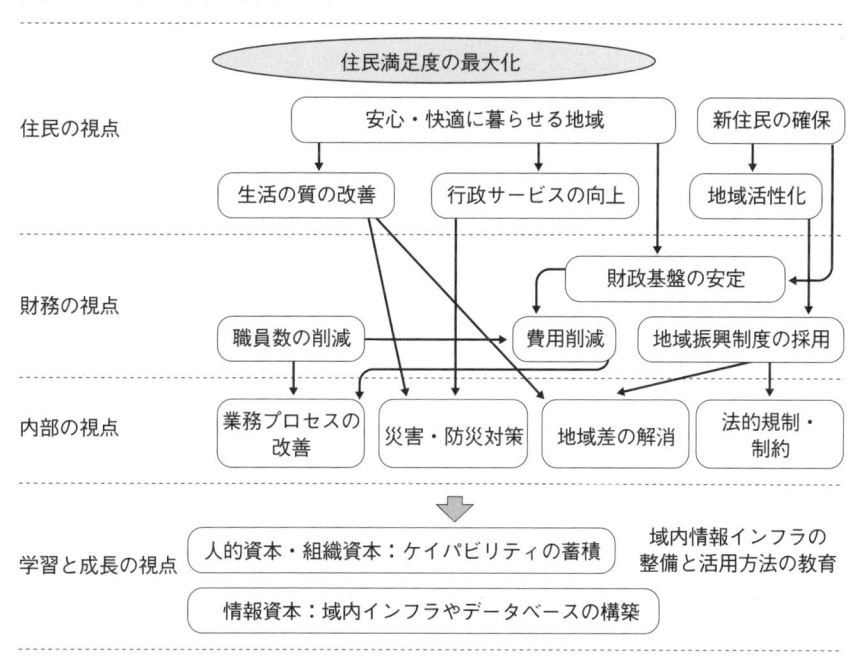

```
                      ┌──────────────────────┐
                      │   住民満足度の最大化   │
                      └──────────────────────┘
住民の視点     ┌──────────────────┐   ┌──────────────┐
               │ 安心・快適に暮らせる地域 │   │  新住民の確保  │
               └──────────────────┘   └──────────────┘
          ┌──────────┐ ┌──────────┐ ┌──────────┐
          │ 生活の質の改善 │ │ 行政サービスの向上 │ │  地域活性化  │
          └──────────┘ └──────────┘ └──────────┘

財務の視点                        ┌──────────────┐
                                  │  財政基盤の安定  │
                                  └──────────────┘
          ┌──────────┐ ┌──────────┐ ┌──────────────┐
          │  職員数の削減  │ │   費用削減   │ │ 地域振興制度の採用 │
          └──────────┘ └──────────┘ └──────────────┘

内部の視点
     ┌──────────┐ ┌──────────┐ ┌──────────┐ ┌──────────┐
     │ 業務プロセスの │ │ 災害・防災対策 │ │  地域差の解消  │ │  法的規制・  │
     │    改善    │ │          │ │          │ │    制約    │
     └──────────┘ └──────────┘ └──────────┘ └──────────┘

学習と成長の視点
     ┌──────────────────────────────┐    域内情報インフラの
     │ 人的資本・組織資本：ケイパビリティの蓄積 │    整備と活用方法の教育
     └──────────────────────────────┘
     ┌──────────────────────────────┐
     │  情報資本：域内インフラやデータベースの構築  │
     └──────────────────────────────┘
```

にある。今後，大量退職が始まる団塊の世代のIターン，Uターン需要を喚起するためにも，情報化の推進は市にとって最重要課題となっている（十日町地域高速通信体系推進会議，2004）。

## （3）具体的な実現のプロセスとその成果

　十日町市は，まず2004年度に地域公共ネットワーク基盤整備事業を行い，地域内に光ファイバの基幹線を張り巡らせた。そしてその翌年，地域イントラネット基盤施設整備事業によって，市内の支所，公民館，診療所，すべての小中学校，保育園，消防施設など，98施設を光ファイバで結んだ。公的機関でのネットワーク化が完了し，地域情報化のインフラとなる公共情報ネットワークが誕生した。この結果，遠隔地にある支所との情報流が確保されて業務プロセスが改善されたほか，教育の現場でのインターネット活用や遠隔医療サービスの提供が可能になった。

　さらに，災害時の対応をより迅速に行うために，NTTの地域内データ（住民の電話番号と電話利用者の名簿）を消防署で利用できるようにした。そして，これらの情報と消防署の地理情報システム（Geographic Information System：GIS）とを連携させて，円滑な救助体制を構築した。市民からの119番による緊急電話がかかるとNTTの地域内データからその電話番号の登録利用者名，住所のデータが抽出される。そのデータをもとに，消防署のGISが発信元周辺の道路，地名，地形といった情報を生成し，消防署の通信司令室の画面で正確に把握できるようになった。その結果，短時間で救助に駆けつけることが可能になったのである。[1]

　こうした情報資本の構築は，2004年10月に起こった中越地震の際にも大いに役に立った。震度6以上の大震災という緊急事態にあって，消防署には救助要請が相次いだ。さらに，地理に不案内な他県からの救助隊を災害現場に確実に誘導する必要も生じた。災害時の救援は一刻を争い，救助をする人や救援物資を運ぶ人の安全確保も要求される。情報は各方面から集められ，また必要とされるので，一元管理し，一覧開示できるように体制を整えておくことは非常に重要である。

　十日町市消防本部では，地滑り箇所や道路の被害状況の情報を刻一刻と把握し，GISを活用して可能な限り管理・提供することができた。日ごろから情報資本を整備しておいたこと，情報資本を扱う消防署員のケイパビリティを高め

ておいたことが，緊急時において，他の機関も含めた総合的な人的資本の活動能力を大幅に高め，大きな成果につながった。さらに，ITや情報を最大限活用しようという地域の風土などの組織資本が効果的に構築されていたことも成果に結びついている。それらの資本の整備が，住民の安全・安心の向上という戦略的プロセスの実施を支援し，その価値を大きく向上させたといえる。

今後は，さらに住民の満足度を高めるために，告知端末の導入による地域コミュニティ活動の充実を図ったり，CATV放送によって地域の魅力やイベント情報を他の地域にアピールしたりするなど，敷設した情報インフラ網をより一層活用する手法が検討されている。

## （4）BSC実施の評価

当プロジェクトにおいてBSCを活用したことで，以下の成果が得られた。
① 利害関係者間での意見の相違，了解事項が可視化された。特に，政治家や業者の利権がからみやすい状況において，利害関係者が目的を失うことなく，議論できた効果は大きい。
② 公共的な事業における定量化の可能性への認識が高まった。従来，公共事業評価は収益を求めるものではなく，数値化になじまない領域であるとされていた。つまり，「金銭で評価できるものではない」，「地域活性化のためにはやらなければならない」，といった大きな声の発言がまかり通っていた。その際に，「どのくらい地域活性化に有効なのか」，「どの部分の地域活性化に貢献するのか」という議論が省かれていることが多かった。今回のBSC活用によって，目標数値と，目標実現のプロセスを明記し，その実現に必要なIT投資と，その効果を可視化することによって，ビジョンを達成するための投資と効果の関連性が明確になったことは大きな成果である。
③ 戦略マップを用いて安心・快適に暮らせる街づくりの視点からブレークダウンしていくことで，敷設したインフラ網の活用と住民満足度の向上を結びつけるプロセスが可視化されたため，厳しい財政環境下のなかでもIT投資を実施することに対する住民の納得度が高まった。その結果，自治体でも想定していなかったような様々な活用方法が，利用者側からも活発に提案されるようになった。
④ 情報資本を効果的に利用した消防署員のケイパビリティの高さが，業績指

標を高めるのに大いに役立った。また，緊急時における総合的な人的資本の整備，IT活用の風土などの組織資本が効果的に構築されていたなど，インタンジブルズの役割が可視化された。

## ■ おわりに

　IT投資が，間接的に改善を促したとしても，また，改善を促したということを多かれ少なかれ感じていたとしても，それを明確な財務数値の改善として追跡することは非常に困難である。特に，業務改善に直接結びつきにくい戦略的なIT投資の場合には，その困難さは増大する。

　BSCをIT投資マネジメントに活用することによって，経営戦略とIT投資の方向づけの課題が，財務指標と非財務指標を用いてモデル化できる。測定できないものは管理できない。測るものさしがあってこそ，測定も可能になり管理することができることが，十日町市のケーススタディを通じてよく理解できる。

　経営戦略に基づいて，4つの視点内で位置づけられたKPIの改善を目指したIT投資の効果は，KPIの改善量として測定される。結果として，IT投資がKPIにどのように作用し，最終目標である経営戦略に貢献するかが明確になる。直接，財務指標に結びつかなくても，間接的な効果がKPIを通じて計量される。さらに，戦略マップを作成することで，組織の価値創造プロセスが記述できる。インタンジブルズの役割を可視化し，それらを戦略に沿ってより一層強化，活用させるための活動項目が示されることで，戦略的IT投資の役割が可視化され評価も容易になる。

　もちろんBSCだけで効果的なIT投資マネジメントが実現できるわけではない。むしろ，BSCは，前提となるさまざまな準備的作業であるといえる。実際に効果を生み出すためには業務プロセスの改善やKPIの適切な設定の随時見直しなど，運用過程での努力も必要である。しかし，このような課題を抱えながらも，IT投資マネジメントに大きな役割を発揮することが十分確認できた。今後，IT投資マネジメントにおいてインタンジブルズの戦略的役割が一段と求められる中，BSCの一層の浸透が期待される。

[注]
1）：消防署員へのインタビューによる

【参考文献】
伊丹敬之・軽部大編著『見えざる資産の戦略と論理』日本経済新聞社, 2004年.
大住荘四郎『ニューパブリックマネジメント-理念・ビジョン・戦略-』日本評論社, 2002年.
小酒井正和「IT投資マネジメントにおける戦略マップを用いた情報資本の方向づけと統合」『経営情報学会予稿集』2006年6月, pp.460-463.
櫻井通晴『バランスト・スコアカード：理論とケース・スタディ』同文舘出版, 2003年.
総務省「企業経営におけるIT活用調査」2003年3月.
十日町地域高速通信体系推進会議『十日町地域情報化基本プラン』十日町地域広域事業組合, 2004年9月.
成田徹郎「戦略的マネージメント・システムのためのバランス・スコアーカードの導入と効果」『IBM Forum2002資料』日本IBM, 2002年.
松島桂樹「IT投資マネジメントの最新動向 - 価値はいかに創出されるか - 」『実用期を迎えたIT投資マネジメント』ERP研究推進フォーラムにおける配布資料, 2005年7月.
森沢徹, 黒崎浩「バランス・スコアカードを活用した経営管理システム改革」『知的資産創造』2003年10月号, pp.24-39.
GAO, *Executive Guide: Measuring Performance and Demonstrating Results of Information Technology Investments*, GAO/AIMD-97-163, 1997.
Johnson, H. T. & R. S. Kaplan, *Relevance Lost: The Rise and Fall of Management Accounting*, Harvard Business School Press, 1988（鳥居宏史訳『レレバンス・ロスト-管理会計の盛衰-』白桃書房, 1992年）.
Johnson, H. T., *Relevance Regained*, The Free Press, a division of Macmillan, Inc. （辻・河田訳 (1994)『米国製造業の復活』中央経済社）.
Kaplan, R. S. & D. P. Norton, "The Balanced Scorecard- Measures That Drive Performance", *Harvard Business Review*, Jun.-Feb, 1992, pp.71-79 （「新しい経営指標"バランスドカード"」『DIAMONDハーバードビジネス』1994年 Apr.-May, pp.81-90.）.
Kaplan, R. S. & D. P. Norton, *The Balanced scorecard: Translating Strategy into Action*, Harvard Business School Press, 1996（吉川武男訳『バランススコアカード～新しい経営指標による企業変革～』生産性出版, 1997年）.
Kaplan, R. S. & D. P. Norton, "Having Trouble with Your Strategy? Then Map It", *Harvard Business Review*, Vol. 78, No. 5, Sept.-Oct. 2000, pp. 167-176 （「バランスト・スコアカードの実践ツール：スチラテジー・マップ」『DIAMONDハーバードビジネス』2001年 Feb, pp.28-41.）.
Kaplan, R. S. & D. P. Norton, *Strategy Maps: Converting Intangible Assets into Tangible Outcomes*, Harvard Business School Press, 2004 （櫻井通晴, 伊藤和憲, 長谷川惠一監訳『戦略マップ』ランダムハウス講談社, 2005年）.

# 8章 インタンジブルズの管理

■ はじめに

　IT投資マネジメントにバランスト・スコアカード（Balanced Scorecard: BSC）手法を活用するアプローチは，理論的にも検討され，実務的にも多くの企業で採用されるようになってきた。個別のIT投資プロジェクトに対して多面的指標を用いた評価を行うケースもあり，Kaplan & Norton（2000）によって提案された戦略マップを活用して戦略的な価値が高いIT投資を選び出すアプローチも見られるようになってきた。

　さらに，戦略マップを用いた戦略的マネジメントのなかで，IT投資プロジェクトを，戦略の策定と実行に密接に関連づけることによって，企業での戦略的な役割を明確にし，IT投資マネジメントを促進するというアプローチも提案されるようになった（櫻井他, 2006）。戦略マップは，IT投資マネジメントに対して新しい視野を提供したといえるであろう。

　また，戦略マップを用いた戦略的マネジメントにおいて，インタンジブルズは，「持続的な価値創造の究極的な源泉」と位置づけられ，きわめて重視されている。とりわけ，学習と成長の視点における戦略目標には，ITを含めたインタンジブルズの役割が含まれており，内部プロセスの視点，顧客の視点，財務の視点における戦略目標を達成するために重要な意義を持っている。では，

IT投資マネジメントを実施するうえで，インタンジブルズをどのように位置づけ，どうマネジメントすべきであろうか。

本章では，戦略マップの概念をベースに，IT投資マネジメントにおけるインタンジブルズの管理，とりわけ役割と価値について検討する。

## 1 ■ インタンジブルズの意義

IT投資マネジメントにおけるインタンジブルズの意義について検討するにあたって，まず，IT投資マネジメントに関する先行研究で，インタンジブルズをどのように捉えているかについて考察する。

### (1) IT投資の効果をもたらすインタンジブルズ

1990年代までIT投資の効果は見えにくいものの，投資を実施すれば効果が得られるという前提のもとで論じられていた。しかし，1980年代の終わり頃より，IT投資を行っても必ずしも効果が得られないのではないかという疑問が浮上してきた。

Strassmann (1990) は，IT投資の成果が，ITに関する管理者の能力や組織能力に大きく影響されるため，管理者の能力や組織能力がなければ，いくら投資しても効果は得られない，すなわち，IT投資と効果との直接的な因果関係はないと主張した。また，Brynjolfsson (1993) も，IT投資が業務改革への投資といった組織投資とうまく組み合わされなければ，効果が出ないと報告した。さらに，Brynjolfsson et al. (2002) は，IT投資とその効果との間には，さまざまな因果関係と補完関係が介在し，複合的な結果としてIT投資の効果が実現することを明らかにした。さらに，ITそのものよりもインタンジブルズの管理が重要であることを検証した。

このように，現在のIT投資マネジメントでは，インタンジブルズを含めた具体的なマネジメント手法が求められている。IT投資の効果は，IT投資の内容そのものよりも，むしろケイパビリティなどのインタンジブルズから得られる部分が多くなってきたからである。わが国でも，ようやくインタンジブルズを具体的に管理しようとする考え方が現れてきた[1]。今後，ITによる組織能力の向上にも目が向けられるであろう。

## (2) 戦略マップと3つのインタンジブルズ

　1990年代はじめより，インタンジブルズを考慮すべきであると認識されてきたものの，近年まで，インタンジブルズを考慮した具体的なマネジメント方法は提案されてこなかった。2000年代になってから，Kaplan & Norton (2000) によって，戦略マップを用いたインタンジブルズの管理方法が提案されるようになった。

　提案を整理してみよう。戦略マップの学習と成長の視点は，インタンジブルズにきわめて深く関連している。そこでは，インタンジブルズが，財務業績の達成，さらに，企業価値創造の源泉であるとして位置づけられ，人的資本，情報資本，組織資本の3つに分類した。従業員のスキル，才能，知識などの人的資源は，戦略が必要とする活動を実行するために用いられ，戦略の実行を支援する。データベース，情報システム，ネットワーク，ITインフラなどの情報資本は，戦略の実行を支援できる情報システムやインフラとして構築される。組織資本は組織文化，リーダーシップ，従業員の個人目標やインセンティブの戦略への方向づけ，チームワーク，ナレッジマネジメントなどから構成され，策定された戦略へ組織を方向づけるために役立つ。まさしく，インタンジブルズの価値は戦略実行の支援にある。

　Kaplan & Norton (2004) は，インタンジブルズによる企業価値創造に関して，有形資産や金融資産との相違点を4つあげている。第1に，企業価値創造は間接的であって，インタンジブルズへの投資から経済的効果が直接生み出されるわけではない。第2に，企業価値の創造は戦略に依存し，インタンジブルズの価値はその戦略へ方向づけられること (strategic alignment) から生まれるため，戦略へ方向づけられていなければ，効果のあがらない的外れな投資となってしまう。第3に，企業価値創造は潜在的なものであるため，インタンジブルズの投資価値を評価することは簡単ではない。製造や物流などの内部プロセスが適切に実行され，財務業績を向上させるように機能しなければ，企業価値増大には結びつかない。第4に，他の資産との統合 (integration) が必要で，他の有形資産やインタンジブルズと統合されなければ価値が生まれない。たとえば，情報資本の蓄積と同時に，それを活用できる人材の育成と，情報活用しやすい組織文化を醸成しなければならない。

## 2 ■ インタンジブルズ管理の要因

　インタンジブルズが戦略へ方向づけられると同時に，インタンジブルズ同士が統合される必要がある[2]。戦略マップにおいて，どのようにインタンジブルズを戦略へ方向づけて統合させるか，インタジブルズをいかにして整備するかが，インタンジブルズ管理の中心的なテーマとなっている。

### （1）インタンジブルズの方向づけと統合

　インタンジブルズは，戦略へ方向づけられ，さらにインタンジブル同士が統合されなければならない。戦略マップにおいて示された企業戦略の実現に大きく貢献する戦略的プロセスに対して，インタンジブルズを効果的に関連づけることによって，戦略への方向づけと統合を実現しなければならない。それぞれのインタンジブルズは，戦略的プロセスを通じて戦略マップへと方向づけられ，戦略マップとの関連性を保ちながら統合される。

　戦略的プロセスへインタンジブルズを方向づけるために，人的資本には戦略的職務グループ（strategic job families），情報資本には情報資本ポートフォリオ（information capital portfolio），組織資本には組織変革の方針（organization change agenda）が橋渡しの役割を果たす。戦略的職務グループは，内部プロセスの視点における重要な業績指標の向上に最大の影響力を与える，専門スキルを持つ従業員などを意味する。情報資本ポートフォリオは，戦略的プロセスの実行のために必要となる情報資本の組み合わせである。そして，組織変革の方針とは，戦略の実行のために求められる新たな行動要綱を意味する。

　インタンジブルズは，人的資本，情報資本，組織資本の順に戦略に方向づけることが多い。最初に，戦略的プロセスを実行するキーパーソンとして戦略的職務グループを特定し，次に，この戦略的職務グループに求められるコンピテンシー・プロファイル，すなわち専門スキルの内容を決める。そして，戦略的職務グループによる戦略実行を支援する情報資本を特定し，最後に，戦略的職務グループの専門スキルを確保し，情報資本をうまく活用できるようにするための組織文化やリーダーシップなどの組織資本を特定する。

　コンシューマ・バンクの事例にもとづき，戦略マップへインタンジブルズを関連づけることによって，どのようにインタンジブルズを戦略へ方向づけて，他の資産と統合させるかについて考察する（図表8-1）。

**図表8−1　戦略マップにおけるインタンジブルズの方向づけと統合**

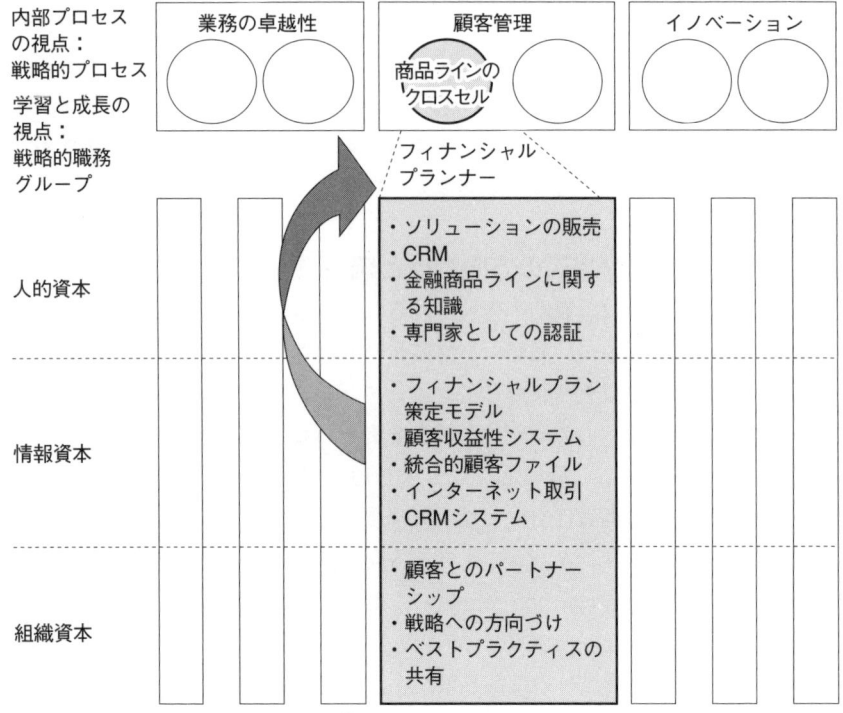

| 内部プロセスの視点：戦略的プロセス | 業務の卓越性 | 顧客管理 商品ラインのクロスセル | イノベーション |
|---|---|---|---|
| 学習と成長の視点：戦略的職務グループ | | フィナンシャルプランナー | |
| 人的資本 | | ・ソリューションの販売<br>・CRM<br>・金融商品ラインに関する知識<br>・専門家としての認証 | |
| 情報資本 | | ・フィナンシャルプラン策定モデル<br>・顧客収益性システム<br>・統合的顧客ファイル<br>・インターネット取引<br>・CRMシステム | |
| 組織資本 | | ・顧客とのパートナーシップ<br>・戦略への方向づけ<br>・ベストプラクティスの共有 | |

出典：Kaplan & Norton（2004, p.208）を加筆訂正

　他商品組み合わせ販売（クロスセリング）というマーケティング活動に関する戦略的プロセスに大きな影響を与える戦略的職務グループはフィナンシャル・プランナーである。このプロセスの実行を支援するために必要となる専門スキルとして，ソリューション販売スキル，CRM（Customer Relationship Management），金融商品ラインに関する知識，専門家としての認証（資格）の4つが特定された。また，情報資本ポートフォリオとして，フィナンシャルプラン策定モデル，顧客収益性システム，統合的顧客ファイル，インターネット取引，CRMシステムが必要とされた。さらに，顧客とのパートナーシップにもとづく文化，従業員の個人目標を戦略へ方向づけること，ベストプラクティスの共有を促進するためのチームワークの改善などの組織能力を定めた。

　3つのインタンジブルズは，戦略的プロセスに関連づけられ，戦略マップへ方向づけられている。これによって，戦略的プロセスの実行に必要なインタン

ジブルズの組み合わせが明確になり，具体的にインタンジブルズが統合される。戦略マップを中心にして，インタンジブルズ同士，あるいはインタンジブルズと有形の資産が統合されて，有効なIT投資マネジメントの基盤ができたことが理解できる。

## （2）レディネス尺度による評価

　インタンジブルズを効果的に管理するために，BSCの尺度に加え，レディネス尺度を取り入れて評価を行う。BSCの尺度は，通常，戦略目標がどれだけ達成できたかを評価するための尺度であるが，これに対して，レディネス尺度は，インタンジブルズの準備がどれだけ進んでいるかを評価するための尺度となる。

　戦略的プロセスを実行できる状態にするためには，戦略的プロセスに対して関連づけられたインタンジブルズを準備万端整えなければならない。計画が立案できても，すべてのインタンジブルズが整備されなければ，戦略的プロセスは実行できる状態になっていない。企業価値創造のための準備がどれだけできているかを評価するためにレディネスの尺度を用いることによって，どのイン

**図表8-2　レディネス評価と戦略マップとの関係**

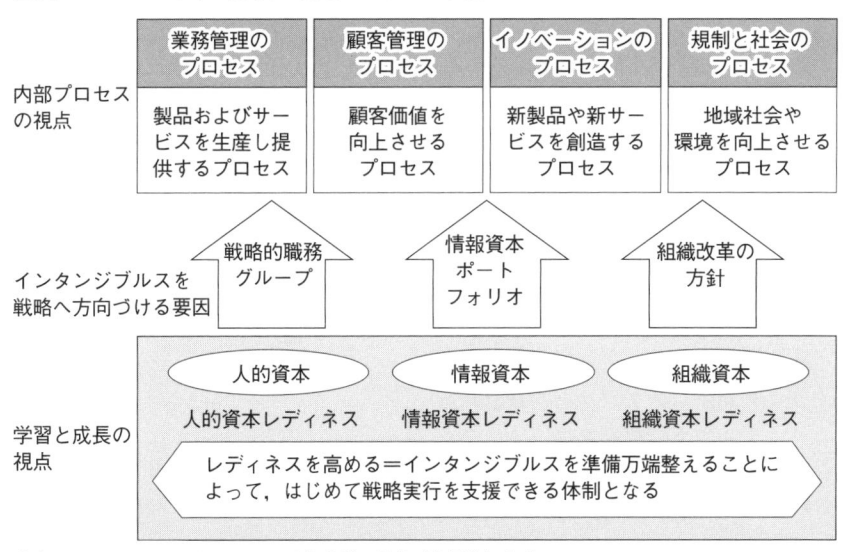

| 内部プロセスの視点 | 業務管理のプロセス<br>製品およびサービスを生産し提供するプロセス | 顧客管理のプロセス<br>顧客価値を向上させるプロセス | イノベーションのプロセス<br>新製品や新サービスを創造するプロセス | 規制と社会のプロセス<br>地域社会や環境を向上させるプロセス |
|---|---|---|---|---|
| インタンジブルズを戦略へ方向づける要因 | 戦略的職務グループ | | 情報資本ポートフォリオ | 組織改革の方針 |
| 学習と成長の視点 | 人的資本<br>人的資本レディネス | 情報資本<br>情報資本レディネス | 組織資本<br>組織資本レディネス | |

レディネスを高める＝インタンジブルズを準備万端整えることによって，はじめて戦略実行を支援できる体制となる

出典：Kaplan & Norton(2004, p.200)を参考に筆者（小酒井）作成

タンジブルズを，どの程度準備しなければいけないかが明示され，IT支出管理を行う基準とすることができる。

3つのインタンジブルズに関するレディネスの尺度を，人的資本レディネス，情報資本レディネス，組織資本レディネスとした（図表8－2）。レディネス尺度は，戦略に方向づけられ特定されたインタンジブルズがどれだけ準備万端整っているかを示す指標である。戦略マップによって，達成すべき様々な戦略目標に関する因果関係が可視化され，それらの戦略目標が達成できれば，戦略の実行が適切に遂行されたことを意味する。そのためには，戦略的プロセスごとに特定され，戦略の実施を支援するインタンジブルズが準備万端整っていなければならない。

人的資本レディネスは，戦略的職務グループごとの専門スキルがどれだけ確保されているかを測定する尺度である。戦略的職務グループごとに，現在のケイパビリティとコンピテンシーが段階的尺度やパーセンテージによって評価される。人的資本レディネスが低ければ，戦略実行で必要なレベルとなるようにギャップを埋めるべく，人的資本育成プログラムを実施しなければならない。

情報資本レディネスは，情報資本ポートフォリオのなかで示された情報資本がどれだけ適切に構築されているかを示す尺度であり，個々の情報資本についての準備度合いを評価する。全く新規の企業であれば，すべての情報資本を準備しなければならないが，多くの企業はすでになんらかのIT導入がなされているので，既存のITと新たに必要なITとのギャップ分析を行う必要がある。既存ITを利用できればレディネスは高いが，できない場合は，レディネスは低く，多くの情報資本を開発しなければならない。このような場合，情報資本レディネスの尺度として，次のような6段階の尺度が用いられる。

6：システムで対応可能
5：現状システムの改修で対応可能
4：開発中（スケジュールどおり）
3：開発中（スケジュール遅れ）
2：大規模な改修が必要（未着手）
1：新規開発（未着手）

組織資本レディネスは組織文化，リーダーシップ，従業員の戦略への方向づ

け，チームワークがどれだけ意図したとおりに整っているかを測定する尺度である。たとえば，組織文化，ビジョン・ミッションの浸透度，顧客に対する理解度などがレディネス尺度として評価されるであろう。

このように，戦略実行のためには，必要となるインタンジブルズが良好に準備されていることが前提となる。したがって，戦略へ方向づけられ統合された状態でインタンジブルズがどの程度準備が整っているかを測定するのに，レディネス尺度を用いる。レディネスが高まっていなければ，新しい戦略は効果的に実行できないため，IT投資は，情報資本レディネスを高めて戦略実行を支援する前提条件となる。新しいIT投資マネジメントでは，「正しいKPIを用いて正確な評価をすること」よりも，「戦略の実行のためにはまずレディネスを高めること」が重視される。まさしく，レディネスの確保こそが，戦略的IT投資の真の狙いとなっている。

## 3 ■ 情報資本の役割

3つの資本のうち，情報資本はIT投資に深く関わっている。データベースの蓄積や整備は，それ自体で効果を実現するものではなく，活用されてはじめて戦略を支援できる。したがって，情報資本への投資評価は，インフラ投資と同様の困難性を持っている。情報資本のレディネスが高くなければ，多くの戦略は実現困難であるか，あるいは，多くの時間を要しタイミングを失してしまう可能性が高い。情報資本の役割と評価方法を検討するために，情報資本の分類と，多様な情報資本の組みわせとしての情報資本ポートフォリオについて取り上げる。

### （1）情報資本のカテゴリー

情報資本は，ITインフラと情報資本アプリケーションに分けられる。ITインフラは情報資本アプリケーションによって用いられる基盤であり，ネットワークなどの物理的なインフラのほかに，SLA（Service Level Agreement）などの契約方法や管理技法などが含まれる。

情報資本アプリケーションは，トランザクション処理アプリケーション，分析アプリケーション，変革アプリケーションから構成される。トランザクション処理アプリケーションは，ERPを代表とし，企業の基本的な定型業務を自動

化するシステムであり，分析アプリケーションと変革アプリケーションで用いる基本的なデータを統合的に蓄積し，提供する。分析アプリケーションは，分析，解釈，情報と知識の共有を促進するシステムであり，データマイニング・ツールやナレッジマネジメントのシステムを用いて，蓄積されたデータを分析する。変革アプリケーションは，企業の現行のビジネス・モデルを大きく変えるシステムであり，新しい戦略を実現するために設定された戦略マップの戦略的プロセスを実現するのに大きな役割と影響力を持つシステムである。たとえば，荷物追跡システムなどは，これまでとは大きく異なるビジネス・モデルを実現するのに必要とされる情報資本であるため，戦略実行支援のインタンジブルズの管理において，重要な意味を持っている。

## （２）情報資本ポートフォリオ

情報資本の戦略への方向づけは，情報資本ポートフォリオを用いて行われる。情報資本ポートフォリオには，内部プロセスの視点における戦略的プロセスに対して特定される情報資本に加えて，学習と成長の視点における他の有形・無形の資産へ貢献する情報資本も含まれる。

情報資本ポートフォリオは，まず，企業の価値創造に，どの情報資本がどのように貢献できるかの道筋を明らかにする（図表8－3）。業務効率化を支援する内部プロセスの視点には，イノベーション，顧客管理，業務管理に関するプロセスが特定され，その中で，顧客管理を支援する情報資本ポートフォリオとして，CRMシステム，顧客分析，顧客管理ナレッジマネジメントシステム（KMS），顧客別収益性分析，コールセンター販売支援などが例示されている。

戦略実行を支援する支援部門も情報資本を必要としている。たとえば，財務管理では，株主価値マネジメント，財務分析，連結会計，ABC（活動基準原価計算），財務管理（ERP）などである。情報資本ポートフォリオを用いて，戦略実行に必要となる情報資本を明らかにすることによって，戦略へ方向づけ，他の有形・無形の資産との円滑な統合が促進する。

図表8-3 情報資本ポートフォリオの構造

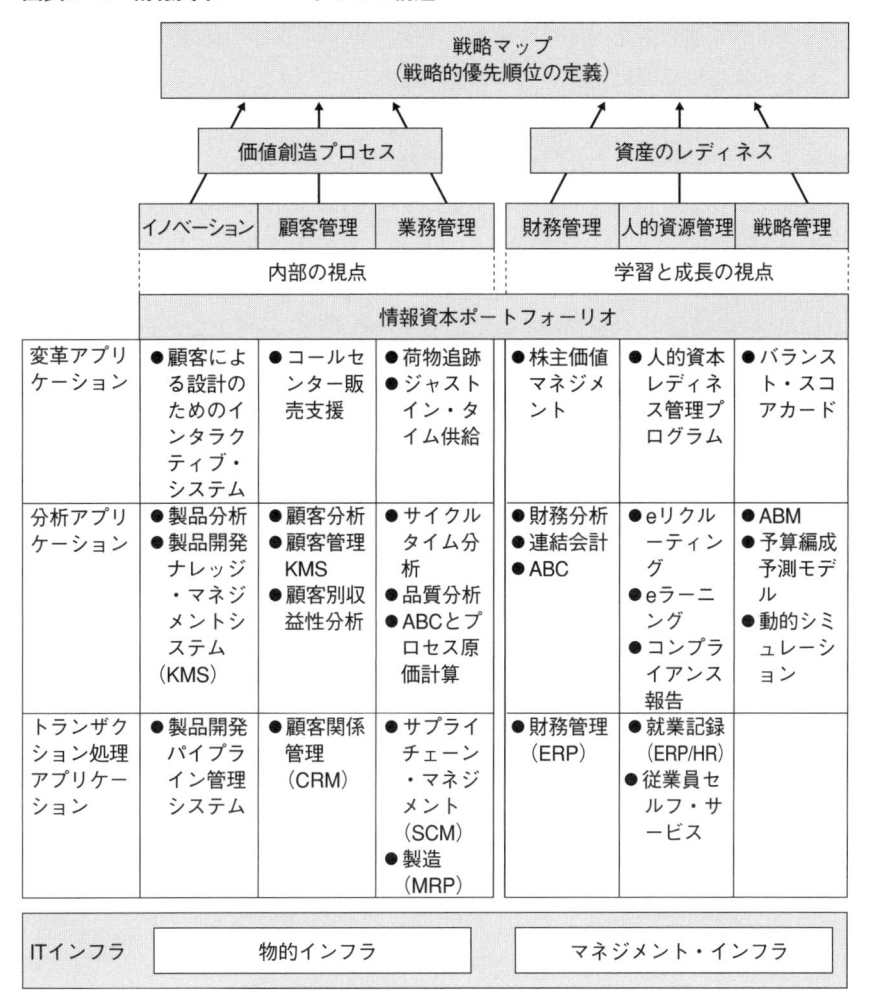

|  | 価値創造プロセス ||| 資産のレディネス |||
|---|---|---|---|---|---|---|
|  | \<内部の視点\> ||| \<学習と成長の視点\> |||
|  | イノベーション | 顧客管理 | 業務管理 | 財務管理 | 人的資源管理 | 戦略管理 |
| 変革アプリケーション | ●顧客による設計のためのインタラクティブ・システム | ●コールセンター販売支援 | ●荷物追跡<br>●ジャスト・イン・タイム供給 | ●株主価値マネジメント | ●人的資本レディネス管理プログラム | ●バランスト・スコアカード |
| 分析アプリケーション | ●製品分析<br>●製品開発ナレッジ・マネジメントシステム（KMS） | ●顧客分析<br>●顧客管理KMS<br>●顧客別収益性分析 | ●サイクルタイム分析<br>●品質分析<br>●ABCとプロセス原価計算 | ●財務分析<br>●連結会計<br>●ABC | ●eリクルーティング<br>●eラーニング<br>●コンプライアンス報告 | ●ABM<br>●予算編成予測モデル<br>●動的シミュレーション |
| トランザクション処理アプリケーション | ●製品開発パイプライン管理システム | ●顧客関係管理（CRM） | ●サプライチェーン・マネジメント（SCM）<br>●製造（MRP） | ●財務管理（ERP） | ●就業記録（ERP/HR）<br>●従業員セルフ・サービス |  |

※上部には「戦略マップ（戦略的優先順位の定義）」があり、「価値創造プロセス」「資産のレディネス」へと繋がる。

| ITインフラ | 物的インフラ | マネジメント・インフラ |
|---|---|---|

出典：Kaplan & Norton（2004, p.253）を加筆訂正

## 4 ■ インタンジブルズ重視のIT投資マネジメント

　Kaplan & Norton（2004）の議論にもとづき，インタンジブルズ重視のIT投資マネジメントについて，合意形成アプローチを踏まえて考察する。

　まず，3つのインタンジブルズに関して，どの組織がどのように管理するかについて検討する。1つのSBU（Strategic Business Unit）を想定し，利害関

係者間の合意形成モデル（松島, 1999）に，利害関係者ごとに関連するインタンジブルズを明示した（図表8－4）。

第1の利害関係者は情報システム部門である。情報システム部門は，戦略的プロセスを実行するのに必要な情報資本を特定し，情報資本ポートフォリオの構築を主体的に担っている（小酒井・伊藤, 2006）。そのため，情報資本ポートフォリオを用いて情報資本を管理する。その際に，まず情報資本をSBUの事業戦略へ方向づけ，次に，情報資本の準備度としての情報資本レディネスを測定・評価する。

情報資本レディネスを高めておくことが戦略実行に不可欠であるため，継続的に情報資本レディネスの状況をモニタリングし，整備を図らなければならない。IT投資を事前評価するだけではなく，むしろ継続的にレディネス改善を行うことが情報システム部門の重要な責務となってきた。

**図表8－4　合意形成モデルにおける利害関係者の関係**

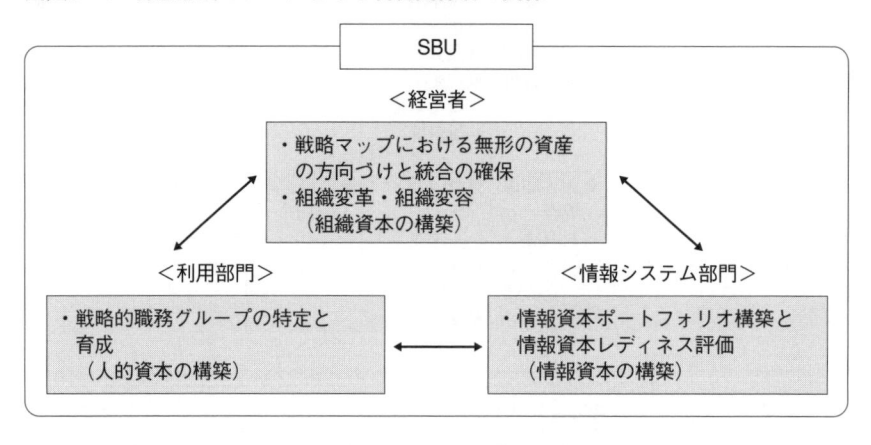

```
                        ┌──────┐
                        │ SBU  │
                        └──────┘
    ┌─────────────────────────────────────────────────┐
    │                  ＜経営者＞                       │
    │          ┌──────────────────────┐                │
    │          │・戦略マップにおける無形の資産│          │
    │       ↔ │  の方向づけと統合の確保   │ ↔         │
    │          │・組織変革・組織変容       │            │
    │          │  （組織資本の構築）       │            │
    │          └──────────────────────┘                │
    │                                                 │
    │  ＜利用部門＞              ＜情報システム部門＞    │
    │ ┌────────────────┐      ┌────────────────┐     │
    │ │・戦略的職務グループの特定と│ ↔ │・情報資本ポートフォリオ構築と│ │
    │ │  育成              │      │  情報資本レディネス評価  │ │
    │ │  （人的資本の構築） │      │  （情報資本の構築）      │ │
    │ └────────────────┘      └────────────────┘     │
    └─────────────────────────────────────────────────┘
```

第2の利害関係者は利用部門である。人的資本の構築は利用部門に大きく依存する。戦略的プロセスを実行するうえでキーパーソンとなる戦略的職務グループは利用部門に属している。また，利用部門は，情報資本ポートフォリオを立案するうえで，基本的な情報を保有する重要な利害関係者であり，また，戦略へ方向づけられた情報資本に対して，利用部門における戦略的職務グループの活用を促す管理主体となる。

他方，利用部門には，財務部，人事部門，経営企画室などの支援部門が含ま

れる。とりわけ，人事部門は，戦略実行を支援するのに必要となる人的資本の育成プログラムを担当する重要な組織である。情報システム部門は，情報資本ポートフォリオの作成に際して，支援部門に有用な情報資本についても，他の有形・無形の資産との統合を図って構築しなければならない。

第3の利害関係者は経営者である。経営者は意思決定者として，IT投資に関する多くの情報の収集を，情報システム部門に委ねている。したがって，従来どおりのIT投資マネジメントであれば，情報システム部門が作成した提案について判断する役割が中心であった。

しかしながら，インタンジブルズを考慮する場合には，組織の枠組みの変革が必要となるため，組織資本の構築についての責任を負い，経営者自らが主導することが非常に重要である。たとえば，組織文化を変えるには，組織全体に戦略を浸透させて意識を向けさせたり，従業員を戦略へ方向づけるために，BSCと連携させた業績給の制度を確立させたりすることが効果的かもしれない。このような活動こそ，経営者がコミットしなければならないものである。

さらに，経営者は，戦略マップにおける戦略目標の達成にも責任が課せられる。インタンジブルズを重視したIT投資マネジメントにおいて，経営者は企業価値を創造するために，その源泉である3つのインタンジブルズの適切な戦略への方向づけを主体的に担っている。とりわけ，組織変革がなされたかどうかについて，データだけではなく自ら現場に足を運び，成果を確認するのが経営者の重要な役割である。

このように，インタンジブルズを重視したIT投資マネジメントでは，経営者，情報システム部門，利用部門の各利害関係者は，インタンジブルズの戦略への方向づけと統合において密接な関わりを持っている。IT投資の効果を最大化するためには，IT投資の効果測定を行う以上に，企業価値を創造するために，いかにインタンジブルズのレディネスを高めるかに注意を払わなければならない。

## ■ おわりに

本章では，Kaplan & Norton（2004）の戦略マップをベースに，IT投資マネジメントにおけるインタンジブルズの管理について考察してきた。インタンジブルズは，IT投資において，考慮しなければならない重要な要因であること

は認知されつつあるが，それを具体的にどのように整備し，管理するかが重要な課題になっている。

　IT投資効果の多くは，インタンジブルズに依存しており，その関連づけは戦略マップによって管理可能になる。また，情報資本は，情報資本ポートフォリオを通じて，戦略へ方向づけられ，他の有形・無形の資産と統合される。さらに，利害関係者として，情報システム部門は，情報資本ポートフォリオによる情報資本の構築を担当する。利用部門は戦略的職務グループを戦略的プロセスに対して投入するとともに，人材育成を通じて人的資本の構築を担当する。経営者は，戦略マップを活用して戦略を組織へ浸透させ，さらに，組織変革を促し，組織資本の構築を主導する。このようにして，インタンジブルズの管理の機能を各利害関係者に割り当てることによって，合意形成アプローチを発展させることができた。

　インタンジブルズのレディネスを高めなければ効果的な戦略の実行，企業価値の創造は支援できないことが明らかになった。まさしく，インタンジブルズのレディネス向上こそがIT投資マネジメントにとっての最も重要なテーマとなってきた。

1）：平野（2005）はStrassmann（1990）やBrynjolfsson（1993）の研究にもとづき，IT投資と組織的特性との関係を日本においてあらためて取り上げた。IT投資効果を高める要因としてMendelson and Ziegler（1999）の組織IQの枠組みを適用し，実証研究を行った。そのなかで，組織IQが低いときには，無謀なIT投資は考えるべきではないとし，IT投資よりも組織IQを先行させて確立すべきであると主張した。
2）：櫻井（2006, p.475）は，IT投資によるインプットからアウトプットへの変換プロセスについて論じている。IT投資におけるインプットとしてヒト，モノ，カネを投入しても，インタンジブルズとしてうまく統合されなければ，アウトプットとしてIT投資の効果は得られないということをモデル化している。

【参考文献】
小酒井正和, 伊藤和憲「無形の資産を創造するITマネジメントのあり方―BSCフレームワークにもとづく情報資本の構築―」『原価計算研究』Vol.30, No.2, 2006年, pp.42-52.
櫻井通晴『ソフトウェア管理会計第2版―IT戦略マネジメントの構築―』白桃書房, 2006年.
櫻井通晴他『IT投資マネジメントのフレームワークに関する調査報告書』, （財）日本情報処理開発協会, 2006年.

平野雅章「情報投資と経営成果」『早稲田ビジネススクール・レビュー』Vol.3, 2005年, pp.84-85.

松島桂樹『戦略的IT投資マネジメント-情報システム投資の経済性評価』白桃書房, 1999年.

Brynjolfsson, E., "The Productivity Paradox of Information Technology", *Communication of The ACM*, Vol.36, No.12, 1993, pp.67-77.

Brynjolfsson, E., L. M. Hitt & S. Yang, "Intangible Asset: Computers and Organizational Capital", *Brookings Papers on Economic Activity*, 2002, pp.137-199.

Kaplan, R. S. & D. P. Norton, "Having Trouble with Your Strategy? Then Map It", *Harvard Business Review*, Vol. 78, No. 5, Sept.-Oct. 2000, pp.167-176 (「バランスト・スコアカードの実践ツール：スチラテジー・マップ」『DIAMONDハーバードビジネス』2001年 Feb, pp.28-41.).

Kaplan, R. S. & D. P. Norton, *Strategy Maps: Converting Intangible Assets into Tangible Outcomes*, Harvard Business School Press, 2004 (櫻井通晴, 伊藤和憲, 長谷川惠一監訳『戦略マップ』ランダムハウス講談社, 2005年).

Mendelson, H. & J. Ziegler, *Survival of the Smartest: Managing Information for Rapid Action and World-Class Performance*, John Wiley & Sons, 1999 (校条浩訳『スマート・カンパニー――eビジネス時代の覇者の条件』ダイヤモンド社, 2000年).

Strassmann, P. A., *The Business Value of Computer*, Information Economics Press, 1990 (末松千尋訳『コンピュータの経営価値』日経BP社, 1994年).

# 9章 SCMにおけるIT投資マネジメント

## ■ はじめに

　1990年代初めより，素材から顧客までの一連の業務プロセスの一貫化を目指して，SCM（Supply Chain Management）の導入が進められた。Handfield & Nichols, jr.（1998）によれば，サプライチェーンとは，原材料の段階から最終顧客にいたるモノの流れおよびこれに付随する情報の流れに関わるあらゆる活動を含み，サプライチェーン・マネジメントとは，持続的競争優位を確保するため，サプライチェーンの連携関係の改善を通じて川上から川下にかけての一連の活動の統合を意味する。

　SCMの構築にはITの活用が不可欠であるため，投資に対する採算性評価の議論を避けて通るわけにはいかない。しかし，SCMの投資効果には，在庫削減効果とリードタイム短縮という非財務指標の取り扱いに関する困難な課題が存在する。

　本章では，IT投資マネジメントを具体的なソリューション検討の局面でどう活用するかについて，業務系ソリューションの典型としてSCMをとりあげ考察する。

# 1 ■ SCMにおけるITの役割

　素材から最終顧客までの企業間を横断する業務プロセスの一貫化，顧客ニーズへの迅速な対応を達成するために，SCMが多くの企業で導入されている。SCMの個々の概念は決して新しいものではなく，内外製意思決定（Make or Buy Decision），アウトソーシング，JIT，TOC，CRM，CALS/EDIなどの技法や概念を受け継いでいる。また，リエンジニアリングの影響を強く受けている。

　SCMには，次のような特徴を見出すことができる。第1に顧客ニーズの迅速な実現，第2に素材から顧客への納入までのプロセスの全体最適化，第3に複数企業の参加，第4にIT，とりわけネットワーク技術の活用，さらに第5にBPR（Business Process Re-engineering）の必要性，第6にWin-Win Strategy，すなわち参加企業すべてに利益をもたらす，などである（松島，2000）。

　SCMは，企業間の受発注業務の連結だけを意味するわけではない。企業内の生産システムを企業間に拡張したものでもある。SCMの源を1980年代の日本的経営システムの研究に求めることは可能である。トヨタや日産のような日本企業における系列の役割を参照し，外部企業の活用こそ日本的生産システムの成功要因のひとつであることを強調することは容易である。

　従来の大量生産，大量販売は規模の経済性を追求するものであった。そして，商品の複雑化，多様化，ライフサイクルの短縮化によって，1社でビジネスプロセスの全てをカバーすることは困難になり，連結の経済性（宮澤，1988）を求めて，企業間での協調的生産活動，すなわち連携の価値を追求するようになっていった。

　事業活動に必要な資源を企業内部で調達するか，外部から調達するかは，従来から，内外製意思決定の問題として議論されてきた。すなわち，外部からの調達では，競争入札などの競争原理が働き，より安価な調達が可能となるかもしれないが，品質面，納期面における不確実性や，検討や契約に多くの時間や工数がかかり，固定設備の遊休化によるコスト押上げが生じるなどのデメリットも少なくない。さらに，その都度限りの取引では，次回も同じ取引条件で入手できる保証もない。

　このような取引に伴う諸要因をコストとして捉えるアプローチは，取引費用理論として知られる。企業の本質は，価格メカニズムにとって代わり，市場を

利用する際の費用を節減することにある（Coase, 1937）として，企業の調整メカニズムの役割が強調された。

取引費用理論では，全体コスト＝生産コスト＋取引コスト（調整費用，リスクなど）と定式化され，たとえ，外部調達の方が，生産コストが低くても，取引に関わる諸費用がかかるため，社内調達の全体コストが低い場合もありうる。海外からの輸入製品がいかに安価であっても，品質や調整の費用，リスクを考慮して，なお有利かは昨今の大きな問題でもある。

ITの活用によって，取引に関わる調整コストが大幅に下がる可能性がある（Clemons, Reddi & Row, 1993）。たとえば，インターネットの活用によって，求める部品を供給できる企業の探索や交渉の費用を大幅に削減できるかもしれない。ある部品を調達したければ，まず検索エンジンを使って検索し，電子メールによって個別的な仕様要求を伝え，必要ならば図面データを交換し，要望を述べることができる。その相手が，もし海外であったなら，従来の方法に比べて，調整のための時間と費用の節約は莫大なものになるであろう。そして，何より，従来は，そのような部品メーカーを見つけ出すこと自体が困難であったかもしれない。

このようにして，ITの発展によって外部資源の活用が経済的であるようなシフトが起こった。さらに企業同志の結合によって，単一企業では実現できなかったような新たな価値を生み出す潜在的可能性が生じてきた。遠隔地であっても，電子メールを使えばサプライヤーとの迅速なコミュニケーションが可能となり，ホームページによって，見知らぬ買い手と売り手とを結びつけるビジネスマッチングも容易になっている。このように情報ネットワーク技術の活用は，企業間の結びつきをますます強くさせた。

## 2 ■ SCMにおける情報共有の価値

経営環境や需要構造の変化に俊敏に対応し，同時にサプライチェーン内部の効率化を図ることはSCMの大きな目標である。そのために，顧客ニーズへの迅速な対応とサプライヤーからの安定した納入の両者を調整するための需給調整がきわめて重要である。そこでは，顧客やサプライヤー間でのネットワークによる情報共有が大きな役割を果たしている。たとえば，需要予測データの月単位や週単位での更新による情報公開，また，製品設計段階における製品デー

タの情報共有にも取組んでいる。自動車業界や電機業界でのサプライヤーネットワークでは，電子カンバンシステムや調達ネットワークシステムが導入され，双方の生産性向上と，オープンな企業間関係を支援している。

**図表9−1　SCMにおける需給調整（松島，2004）**

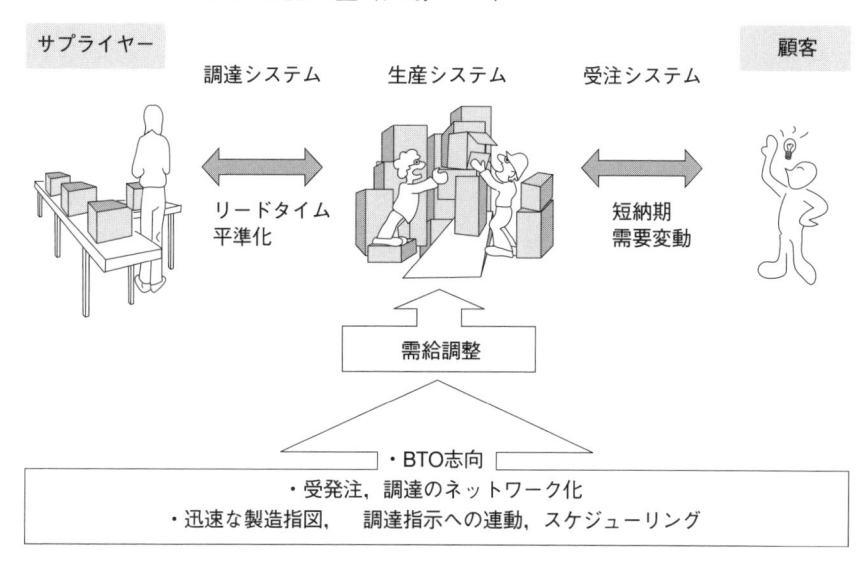

```
サプライヤー                                              顧客
        調達システム    生産システム    受注システム
            ⇔              ⇔
         リードタイム               短納期
         平準化                    需要変動
                    ↑
                 需給調整
            ・BTO志向
         ・受発注，調達のネットワーク化
       ・迅速な製造指図，調達指示への連動，スケジューリング
```

　サプライチェーンを構成する企業間では，需要予測，組立計画，納入指示，工程進捗情報，さらにいえば原価情報などの生産に関わるさまざまな情報を共有している。しかし，単に情報共有すれば，全ての参加企業が利益を得られるわけではない。社内情報を発注企業やサプライヤーに公開することは，その企業にとっての交渉力を低下させることにつながりかねないからである。原価情報を発注者に公開すれば，発注者は原価引き下げを要求しやすくなる。それらの不利益のリスクを上回る利益がサプライチェーン参加にある時にのみ，情報公開が促進される。つまり，SCMには，サプライチェーン全体としての最適化の追求と，参加企業個別の利益追求という2つの側面があり，そのどちらが欠けても効果的なSCMは成立しない。

　また，生産分野では，生産改革としてSCMが展開され，「プロセス重視」，「ジャストインタイム」，「同期化」（今岡，1998：福島，1998）の思想が取り入れられるようになってきた。たとえば，個別的な製造部門の観点からは，設備

稼働率を高く維持し製造原価を下げることが部門利益に合致するため，大ロットで生産する方が，段取り替えによる停止時間を最小にし，単位製品あたりの固定費を下げ，高い業績につなげることができる。しかし，需要が不確実な時代には，この方法では大量の在庫が発生し，無駄な資金が使われてしまう危険が大きい。部門最適化は全体の利益を阻害する。

SCMにおける企業間の協調的なプラクティスとして，VMI（Vendor-Managed Inventory）は情報共有を効果的に活用した手法である。VMIは，上流のサプライヤーが責任をもって在庫を管理する方式（Lee, 1998）である。後工程である製品の製造企業が，製品毎に適正な部品在庫量と適切な方針を決定し，前工程のサプライヤーが，この部品在庫レベルを管理して，必要な時，必要な量を補充して安全在庫を維持する（張, 2004）。

サプライヤーが部品の在庫責任をもち，生産予定情報に基づいて工場のそばに置かれた共通部品倉庫に部品在庫を維持する。もし，欠品になればペナルティとなる。いつ納入し，いくつ在庫を保有するかはサプライヤーに任されている。

VMIは，情報共有のしくみをより積極的に取り入れている。部品を倉庫に入庫した段階ではなく，実際に工程で使った時が納入となるため，一見，部品業者に在庫の負担を押しつけているようにもみえるが，生産予定情報をサプライヤーに示すことによって，サプライヤーがそれに間に合うように部品を納入ればよい。そして，在庫をどう維持するか，いつ部品を在庫するか，いつ部品を作るかは，サプライヤーの裁量に任される。サプライヤーは，ボトルネック工程の稼働率を高め，スループットが向上するよう生産計画を立案できる。まさしく，発注者，サプライヤー双方にメリットをもたらすために情報共有を進めている。このようにして，上流段階の製造速度を，下流段階の在庫レベルによって調整する同期的な生産システムが導入され，情報共有がSCMにおける需給調整機能に大きな役割を果たしている。

SCMにおける情報共有は，次のように進められる（梅田, 2000）。

①リアルタイムデータの収集と企業間データの転送
②販売時点情報を活用して，プル（Pull）システムの導入とJITの実現
③各企業間でビジネスシステムを再構築し，システム資源と情報を共有する企業統合の実現
④各企業がシステム資源と情報を共有する仮想企業体の形成と，部品の標準化，ビジネスプロセスの標準化

タイムリーに更新された参加企業の在庫情報とリアルタイムな在庫照会アプリケーションは，重要な情報資本として位置づけられる。しかし，企業間連携を実現するためには，情報共有，さらに技術，知識，ノウハウの共有を可能とする企業間のネットワークアプリケーションがより重要な情報資本となるであろう。情報資本のレディネスなしにSCMの目的は達成されない。そして，これらの情報資本を有効に活用できる人的資本の育成も不可欠である。

さらに，従来の大量生産システムでは，機能別縦割りの組織が普通であったため，企業間，部門間の固い壁が存在し，市場変化への迅速な対応が困難になっていた。これらの壁を取り払い，信頼関係に基づく組織資本の構築が必要となる。

## 3 ■ SCMの経済性評価

SCMへの投資は，企業間のネットワーク化や受発注業務の改革に向けたさまざまな投資が含まれ，高額になることが多い。したがって，当然，投資評価が大きな問題となってくる。さらに企業間における情報共有など参加する企業全体に関わる投資となり，参加企業間での合意が不可欠となる。効果の中心となるのは，業務効率化によるサプライチェーン全体での在庫削減および素材から顧客納入までのリードタイム短縮にある。この評価がIT投資マネジメントの基本的な課題である。

### (1) ROAによる評価アプローチ

SCMは，素材から顧客までの企業間をまたがる業務プロセスを一貫化し，全体の効率化，とりわけ顧客ニーズへの迅速な対応，リードタイム短縮を目指している。しかしその効果は，定量的ではあるが財務指標ではない。したがって，従来のように，採算性を評価するためには，金額換算しなければならない。

在庫削減効果として，一般に在庫管理費用の削減，資金コスト，すなわち金利の削減をあげることが多い。しかし，金利の上下と在庫を結びつけ，金利が低い時に在庫を多く持ち，金利が高い時に減らそうと行動する経営者はほとんどいない。在庫削減はたしかに資金コスト，つまり企業のキャッシュフローに影響を与えるものではあるが，そのために行っているわけではない。

門田（2006）は，トヨタ生産システム方式を例にとって，まさしく作りすぎのムダが最大のムダであって，その結果，中間に過剰な在庫のムダがたまり，これらはコストを増大される重要な原因になっていると述べる。つまり，生産工程での非効率な作業の悪さ加減が結果として在庫に現れ，在庫があることは工程にムダがあることを示している。したがって，在庫削減の改善努力は，在庫のみを考えるのではなく，生産工程全体を見直さなければならないことを意味している。

また，生産工程を見直すことによって，需要変動に，より即応した生産を実現するためのしくみ作りを目指すことが在庫削減の意義である。そして，それは最終的に売上高の増大として現れてくるはずである。しかしこのような効果を財務的に評価することは非常に困難である。

在庫は，製品開発プロセスにも大きな影響を与える。新製品を市場に投入しようとしても，流通段階に製品在庫が多く残っていれば，製品発表を躊躇する。販売店からの大量の返品や売れ残り製品の保障を求められるからである。したがって，流通段階の在庫を適切に把握し，減少させておくことは製品開発の重要な戦略でもある。

在庫の削減は，貸借対照表には棚卸資産の減少として表記できるが，損益計算書には直接，明示されることはない。

さて，総資産200億円，利益10億円の企業が，1億円のIT投資によって30億円の在庫削減が図れたとしよう。費用削減効果として資金コスト（金利5％として）の削減をあげるならば，効果は，

$$30億 \times 5\% = 1.5億円$$

と算定される。それに対して貸借対照表が改善されるとみれば，その適切な財務指標のひとつはROA（総資産利益率）である。現行のROAは，

$$10億円 / 200億円 = 5.0\%$$

となるが，投資後のROAは，

$$(利益 = 10億円 - 1億円) / (資産 = 200億円 - 30億円) = 5.3\%$$

となる。つまり，ROAが0.3ポイント改善されたことになる。そして，フリーキャッシュフローとして，

$$30億円 - 1億 = 29億円$$

を手にすることになる。おそらく，これが実態にあった評価指標といえるであろう。

　しかしながら，ここにはいくつか問題が生じる。SCMの対象事業範囲によって，この評価が変わりうるからである。事業の範囲を狭くとれば，資産減少効果によるROAの改善はかなり大きく，目立ったものになるが，全社でみれば，大きな改善とはみなされないかもしれない。たとえば，全社がこの事業部の10倍の資産，利益，在庫であったとすれば，

$$（利益 = 100億円 - 1億円）／（資産 = 2000億円 - 30億円）= 5.025\%$$

となり，0.025ポイントの改善でしかない。また，当然ながら事業部の資産表が整備されていなければ，基本的な数字が入手できないため算定困難であることになる。それよりも，いくらコストが下がるのかといった指標の方がわかりやすいという側面もあるだろう。

## (2) TOCによる評価アプローチ

　ROA評価アプローチが，在庫削減効果について，少ない棚卸資産で利益を実現するという企業経営の健全性に着目した捉え方をしているとすれば，企業の最終目的であるメイクマネー，つまり売上増によるキャッシュフローの増大という積極的な役割を強調したのが，TOC（Theory of Constraints：制約理論）のアプローチである。

　Goldratt（1990）が提唱したTOCは，①スループット会計，②スケジューリング技法，③問題解決技法，の3要素から構成され，SCMの実施に理論的基礎と有効な方法論を提起した。在庫があるということは，その後工程に問題があるということを意味する。それをボトルネック工程と呼び，サプライチェーン上の制約となる工程，すなわちボトルネックを見つけ，それをうまく制御することで全体最適を実現しようとする。

TOCにおける重要業績指標（Key Performance Indicator：KPI）は，スループット，在庫，業務費用である。つまり，材料を仕入れ，業務費用をかけて加工し，売上すなわちキャッシュを実現する。キャッシュが実現せずに工程に残るのが在庫である。したがって業務費用の削減と在庫削減がスループット増大の源泉となる。ボトルネック工程の改善は，リードタイム短縮，在庫削減をもたらし，スループット向上に貢献すると理解される。スループット会計では，

$$スループット＝売上高－材料費$$

と考える。

**図表9－2　TOCの基本概念**

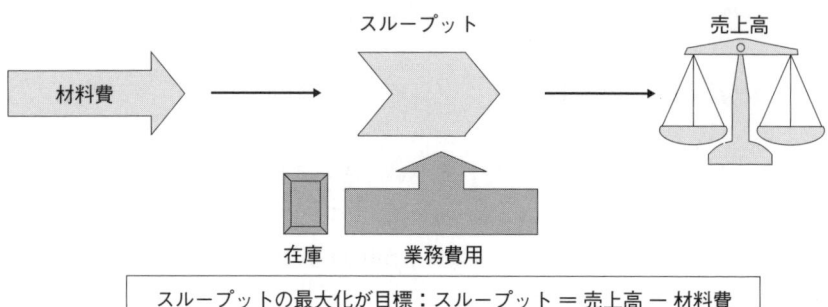

スループットの最大化が目標：スループット ＝ 売上高 － 材料費

　今岡（1998）によれば，スループットは金を生むスピードであり，サプライチェーンを通過する滞留時間が少ないほど増大するという。つまり，ボトルネック工程の稼働率や処理能力を高めれば在庫は確実に減り，在庫が減ればスループットが向上する。しかし，ボトルネック工程以外の稼働率を高めても，次工程の能力が不足していれば，その前に在庫が積みあがってしまうため，何らスループットの増大に寄与しない。このように，Goldrattは，個別的な改善の積み上げが全体の能率向上につながるというこれまでの常識を批判し，全体最適を志向した。

　在庫削減効果は，TOCアプローチにおいて，スループットの向上として評価することができる。つまり，ボトルネック工程を改善することによって，リードタイムが短縮し，在庫が削減されスループットが向上するという因果関係が示される。

たとえば，月間売上高が4億円，変動費が3億円としよう。スループットは

$$4億円 - 3億円 = 1億円$$

となる。制約資源があるとして，そこでの利用可能時間が100時間／月とすると，1時間あたりのスループットは

$$1億円／100時間 = 100万円$$

となる。ボトルネック工程の能力を高めることで稼働率がアップする。リードタイム短縮による20時間の利用時間拡大をスループット増大に換算すると，

$$100万円 × 20時間 = 2000万円／月$$

の効果とみなせる。このように，SCMのシステム全体の姿を反映する業績評価方法として，スループットを活用できる。従来の資金コストの削減はコストの世界で評価しようとしているのであり，本来のメイクマネー，つまりスループットの世界で評価すべきであるとTOCは説明する。

## (3) バランスト・スコアカード手法による評価アプローチ

　ROAアプローチ，TOCアプローチ，いずれも基本的には財務指標をベースとし，非財務指標の関与を考慮していない。Kaplan & Norton (1992) が提唱したバランスト・スコアカード (Balanced Scorecard : BSC) 手法の活用は，非財務指標を加味し効果の因果関係に着目したプロセス志向の評価アプローチといえる。志村 (2002) は，「パフォーマンス指標を整理し体系化するのにBSCが寄与しうる」と述べ，SCMにおける合意を形成するための手段としてのBSCの有効性を評価している。

　BSCを用いたSCMの評価を検討してみよう。BSCは財務の視点，顧客の視点，内部ビジネスプロセスの視点，学習と成長の視点，という4つの視点を重視し，各視点において業績評価の指標を設定する。それらは独立に存在するのではなく，最終的には財務指標の改善へとつながるという因果関係づけがなされる (櫻井, 2003)。

SCMは，全体最適化へ向けた統合的な業務プロセスであるため，個別的な指標を追求するのではなく，4つの視点からなる総合的な評価メカニズムが適合しているかもしれない。SCMの主な目的はリードタイムの短縮と在庫の削減にある。生産リードタイムの短縮は，工程間の仕掛在庫を減らす効果をもたらし，内部業務プロセスの改善につながる。さらに，顧客への納期短縮や納期遵守率の向上によって，顧客における過剰な在庫保有の必要性を低下させ，在庫の削減をもたらす。それは，顧客満足度の向上に大きく貢献し，次の注文につながりやすいため，売上高増大につながる可能性が高い。また，財務の観点から，仕掛在庫の削減はROAの改善につながる。

**図表9－3　BSCによるSCMの効果関連図**

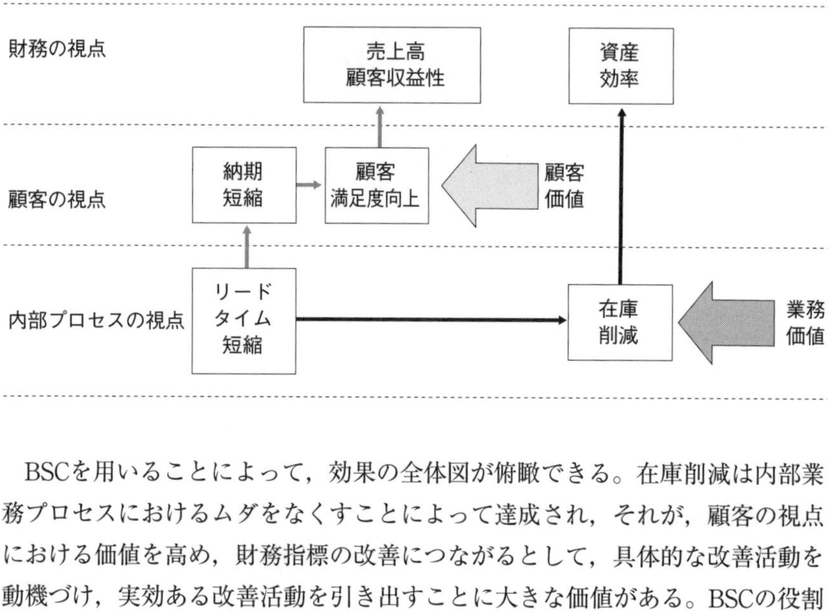

| 財務の視点 | 売上高 顧客収益性 | 資産 効率 |
| 顧客の視点 | 納期短縮 → 顧客満足度向上 ← | 顧客価値 |
| 内部プロセスの視点 | リードタイム短縮 → 在庫削減 ← | 業務価値 |

　BSCを用いることによって，効果の全体図が俯瞰できる。在庫削減は内部業務プロセスにおけるムダをなくすことによって達成され，それが，顧客の視点における価値を高め，財務指標の改善につながるとして，具体的な改善活動を動機づけ，実効ある改善活動を引き出すことに大きな価値がある。BSCの役割は，このようなPDCAをまわすことができるという意味で，SCMにおけるIT投資マネジメントに大きく貢献する。

## 4 ■ 価値創出プロセス

　SCMの構築による企業業績への影響について，価値創出のプロセスを辿っ

て記述してみよう。

## (1) IT資源調達のプロセス

　世界から自社に役立つものを，求める品質で，より安い価格で購入するのが資源調達プロセスの基本的な役割である。SCMの構築にあたっても，このプロセスでサーバー，PC，ソフトウェア開発などがIT資源として調達される。

　SCM構築のためのソフトウエア・パッケージも数多く提供されており，生産管理，スケジューリング，企業間ネットワークソフトなどがIT資源となる。これらは，決して，コモディティ化されたIT商品ではない。求める機能や品質を確認する能力がかなり必要であり，ERPやミドルウェアとの相性を検証しなければならない。さらに，今後のネットワーク技術やEDI (Electronic Data Interchange) 標準化の動向を踏まえて検討しなければ，将来，投資がムダになる可能性もある。さらに購入にあたっては，開発に関わる企業との打ち合わせ，仕様決定が重要な作業となる。その際に，文書化がきちんとなされていなかったなどの問題が表面化する場合もある。文書化もインタンジブルズに含まれる。

　当然ながら，自社のニーズに適合した製品，ソフトウェア開発を行わなければならないため，これまでの経験，ノウハウを生かして適切な機能と費用で調達することが，成功につながるのはいうまでもない。

## (2) ケイパビリティ向上のプロセス

　IT調達のプロセスで取得した資源を組み合わせ，情報システムとして構築する。そして，活用できる状態に整備する。情報システムは情報支援をするだけであって，データ分析，加工のノウハウや経験が不可欠である。在庫の最新情報を閲覧し，それをどうアクションに結びつけられるかは重要な管理能力である。このような管理能力は，会社の社員教育やOJT (on the job training)，自己研鑽によってもたらされるかもしれない。このように，システム化による業績を議論する前に，現場が有効活用できるようにするため研修などを通じた人的資本が育成されていなければならない。

　SCMにおけるケイパビリティは，「グローバルな生産能力が迅速に把握できる」，「他工場の在庫がリアルタイムに把握できる」，「流通段階の在庫がリアルタイムに把握できる」，「納期遅れの原因が短時間で分析できる」，「精度の高い

需要予測ができる」，などである。しかし，これらのケイパビリティは，競争の重要な要因であるけれども，そこからすぐに財務的な利益を確保できるわけではない。

また，グローバルな生産体制とSCMを構築し，世界各地の工場の生産状況，受注進捗状況と動向を即時に把握できるといった能力は，単純に指標化できるとはいえない。さらに，サプライヤーの部品在庫がリアルタイムに把握できるといったケイパビリティの水準は，現時点の情報か，顧客の注文番号毎に把握できるか，小日程計画レベルまで追跡可能かなど，情報の粒度によってその価値は大きく異なる。

## (3) IT資産形成・活用のプロセス

SCMを効果的に機能させるためには，社内外の通信網の整備が不可欠である。顧客企業やサプライヤーとのEDIが構築されていなければ，SCMは実現できない。また，社内ネットワークシステムが整備されていなければ部門間の情報共有は不可能である。当然，それを一定水準に維持するためには，ハードウェア，ソフトウェアのみならず，障害時対応などの管理システム，ノウハウ，スキルが重要である。

効果的なSCM構築に際して，生産管理システム，POP（Point Of Production：生産時点情報管理）などの実績収集システム，工程スケジューリングのシステム化と連動する必要があり，それらが稼動していれば，SCMの立ち上げは迅速で，費用的にも負担が少ない。つまり採算性が向上する。

また，IT資産は，既存のインフラ資産や稼動中のアプリケーションばかりではない。蓄積されたデータは重要な情報資本である。外部から購入した情報はもちろんであるが，それ以上に，長い期間をかけて蓄積した生産実績情報，工程情報，品質の不具合情報はインタンジブルズとして価値が高く，他社が簡単には真似できないもので，移転が困難であるため，企業競争力の源泉となる。在庫データなどの情報資本が整備されていなければ，いかに優れた分析ツールを使用しても在庫分析やデータマイニングによる原因の効果的探索，さらに，企業間連携は全く進まない。

## (4) KPI管理のプロセス

高められたケイパビリティが実務において活用され，成果に結びつける機会

が生じた時，KPIが改善される。内部効率化指標としての在庫削減，生産性向上，品質改善，リードタイム短縮，そして，顧客指標としての顧客満足度向上，納期短縮，対応力向上などである。たとえ，リアルタイムに世界の工場の在庫が把握できたからといって，分析が短時間にできたからといって，すぐに在庫が削減できるわけではない。どの工程で，どの部品や製品が不要な在庫を抱えているか，長く滞留している品目は何かを明らかにし，改善措置によって適正な水準へと低下させなければ業績改善につながらない。

　また，仕掛品在庫が増加していることに早く気づけば，工程の不具合，作業進捗のトラブル，品質不良の発生などの原因を早期に発見し除去することができる。すなわちリアルタイムに在庫把握できるというケイパビリティがKPIとして定量化され，事後に検証できる。

　KPIは進捗時点でも活用できる。多くの場合，活用ノウハウなどの情報資本や組織資本，人的資本が徐々に整備されるにしたがって，効果を発揮するようなことが多く，効果の進捗度合いもKPIによって確認できる。

## (5) 財務業績のプロセス

　ケイパビリティによって改善されるKPIは多くの場合，非財務指標であって，金額に換算される財務指標ではない。SCMによる在庫削減，リードタイム短縮などのKPI改善を財務業績として確保するためには，販売力や製品の競争力，景気動向，需給動向も関係するであろう。在庫削減という指標は内部プロセスの視点であって，顧客の視点に連鎖する指標を改善させなければ，財務の視点に展開できない。他社よりも魅力的で顧客ニーズに適合した商品を提供し続けることが不可欠であることはいうまでもない。

　財務業績は，損益計算書における売上高と売上原価だけではない。貸借対照表における資産の状況，さらに，キャッシュフローも財務業績の一部である。これらの情報を駆使し，できるだけ金額換算し，経営管理者，各層の管理者との効果的なコミュニケーションを図ることは，合意形成にきわめて重要である。IT成功企業とは，企業業績においても成功企業とならねばならない。

**図表9-4　SCMにおける価値創出プロセス全体図**

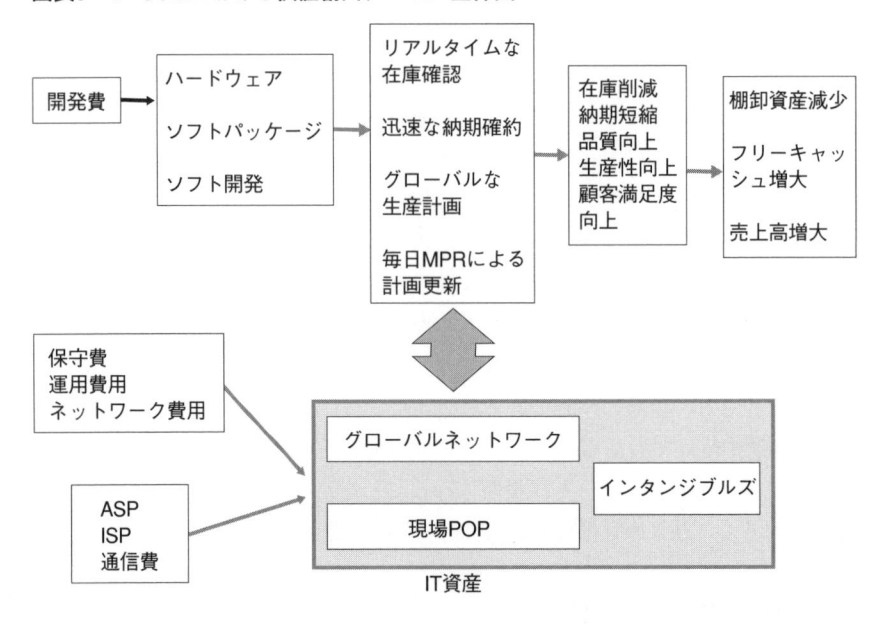

```
[開発費] → [ハードウェア／ソフトパッケージ／ソフト開発] → [リアルタイムな在庫確認／迅速な納期確約／グローバルな生産計画／毎日MPRによる計画更新] → [在庫削減／納期短縮／品質向上／生産性向上／顧客満足度向上] → [棚卸資産減少／フリーキャッシュ増大／売上高増大]

[保守費／運用費用／ネットワーク費用] ┐
                                   ├→ IT資産：[グローバルネットワーク／現場POP／インタンジブルズ]
[ASP／ISP／通信費] ─────────────────┘
```

## ■ おわりに

　SCMは企業間でのリエンジニアリングでもある。したがって，企業をまたがる業務プロセスの大幅な改革を必要とする。そのため，戦略的な取り組みとなり，企業同士の力関係に伴う強制力によって投資が意思決定され，採算性評価があいまいなまま実行に移される場合も少なくない。しかし，改革や改善の本質が議論されていなければ，つまり在庫削減という目標だけが追求され，その裏にある生産工程や流通段階でのムダが明らかにされなければ，業務改善がなされず，結果として企業間のwin-win効果が実現できない。

　IT投資マネジメントは，投資意思決定のためだけに行なわれるのではなく，効果の最大化，業績改善の最大化を目指して，進行中や事後にも，その情報が活用される。つまり，参加企業内での業務最適化だけではなく，サプライチェーン全体の競争力向上を支援することに大きな役割がある。

## 【参考文献】

今岡善次郎『企業収益を上げる仕掛け サプライチェーン・マネジメント』工業調査会, 1998年.

梅田茂樹「サプライチェーン構築支援システム」『武蔵大学論集』No. 47, Vol.3-4, 2000年, pp. 395-420.

櫻井通晴『バランスト・スコアカード:理論とケース・スタディ』同文舘出版, 2003年.

志村正「SCMへのバランスト・スコアカードの適用」, 櫻井通晴編『企業価値創造のためのABCとバランスト・スコアカード』同文舘出版, 2002年, pp. 257-270.

張芳「サプライチェーンの管理」『生産現場情報化ハンドブック』工業調査会, 2004年, pp. 146-153.

福島美明『サプライチェーン経営革命』日本経済新聞社, 1998年.

松島桂樹「サプライチェーン・マネジメントにおける企業間調整の課題」『化学装置』, 2000年. 1月号.

松島桂樹『情報ネットワークを活用したモノづくり経営』中央経済社, 2004年.

門田安弘『トヨタプロダクションシステム-その理論と体系』ダイヤモンド社, 2006年.

宮澤健一『制度と情報の経済学』有斐閣, 1988年.

Clemons, E. K., S. P. Reddi & M. C. Row, "The Impact of Information Technology on the Economic Activity", *Journal of Management Information System*, Fall, 1993, pp. 9 -35.

Coase, R. H., The Nature of the Firm, 1937 (宮澤, 後藤, 藤垣訳『企業・市場・法』東洋経済新報社, 1992年, pp. 39-61).

Goldratt, E. M., *Theory of Constraints*, North River Press Publishing Corporation, 1990.

Handfield R. B. & E. Z. Nichols, jr., *Introduction to Supply Chain Management*, Prentice Hall College Div., 1998 (新日本製鉄(株) EI事業部訳『サプライチェーン・マネジメント概論』プレンティスホール出版, 1999).

Kaplan, R. S. & D. P. Norton, "The Balanced Scorecard- Measures That Drive Performance", *Harvard Business Review*, Jun.-Feb, 1992, pp.71-79 (「新しい経営指標 "バランスドカード"」『DIAMONDハーバードビジネス』1994年 Apr.-May, pp.81-90.).

Lee H. S. W., "Information Sharing in a Supply Chain", *Research Paper*, No.1549, 1998.

# 第3部

# 実践編

# 10章 先進企業に見る日本の ITマネジメント・プラクティスとCIOの役割

## ■ はじめに

　日本のIT化は遅れている。それは常套句のように言われる。たしかに，いまだに米国の後塵を拝し，投資規模は一桁以上も少ないと言われる。先進的概念やアプリケーションも米国から輸入されるものがほとんどであるような印象をもつ。そして，ITマネジメント・プラクティスに関しても米国が先進的で，それをキャッチアップすることがベストプラクティスであるように啓蒙されてきた。

　しかしながら，日本独自の情報システムや，米国に比して進んでいる利用方法も少なくない。さらに筆者ら（松島，礒部）の実務的経験に照らして言えば，日本企業の方が，少ない費用で高い成果をあげているケースがかなりあったような感触をもっている。投資効果の最大化がITマネジメントの主眼目であるとするならば，日本企業のITマネジメントには，意識しているかどうかは別として，質的にも比肩しうる何かが見出せるように思えてならない。

　Bensaou & Earl（1998）は欧米型のITマネジメントとわが国におけるITマネジメントを比較し図表10-1のような違いを示している。

図表10−1　欧米とわが国とのITマネジメントの比較（Bensou & Earl, 1998）

| 課題 | 欧米の考え方 | 日本の考え方 |
|---|---|---|
| いかにしてビジネス・ニーズに応える情報システムを決定するか | 戦略的整合性<br>IT戦略を事業戦略に合わせて立案する | 戦略的直感<br>自社の事業を根幹，特に業務目的が情報化投資を推し進める |
| いかにして情報化投資を価値を測るか | 貨幣価値の追求<br>情報化投資を管理・評価する手法として費用対効果を算出している | 業務効率の向上<br>業務の改善度合いをもとに，情報化投資を判断する |
| いかにして自社のビジネス・プロセスを改善しうるテクノロジーを見つけるか | テクノロジー・ソリューション<br>最新のテクノロジーが最もふさわしく安上がりの効率改善を提供するものと考える | 適切なテクノロジー<br>まず効率化の目標を設定し，実際に業務を遂行している立場のやり方で，その目標を達成できる技術を採用する |
| いかにして情報システム部門とユーザー部門の垣根を取り払うか | 情報システム・ユーザーからの働きかけ<br>ユーザー部門がシステム部門に対して事業目標を設定し，技術的にも経営的にも優れた専門知識を身につけたCIOを育てる | 組織全体の結合<br>管理者層を情報システム部門へローテーションさせ，ユーザー側とシステム側の人間を同部署に配置し，他部門を所轄する経営幹部にIT面の視点を持たせるなど，組織全体として統合を図る |
| いかにして組織全体の効率を向上させるシステムを設計するか | システム・デザイン<br>技術的に可能な限り最もエレガントなシステムを設計したうえで，ユーザー側がそれを受け入れる | ヒューマン・デザイン<br>すでに従業員が体得している暗黙知や形式を活用できるようにシステムを設計する |

　本章では，日本を代表する企業のCIOへのインタビュー調査にもとづき，日本企業のITマネジメント・プラクティスの取り組み実態と今後の課題について実証的に検証する。

　米国のみならず，日本企業においても，CIO職を設けるようになってから久しい。当初はCIOの役割や組織内での位置づけに苦慮していたが，近年では各企業がそれぞれの企業文化や経営戦略などを反映した独自のCIO像を作りだそうと試みており，顕著な成果をあげている例も見受けられる。

　この調査研究は，経済産業省および（財）日本情報処理開発協会が平成16年度に実施した「CIOの機能と実践に関するベストプラクティス懇談会」（経済

産業省, 2005) での報告企業18社の報告内容に加えて，筆者らによる補足的なインタビューをもとに行われた。調査企業は上場企業13社，非上場5社。業種は製造業9社，商業およびサービス5社，金融4社であり，広範な業種が対象となっている。さらに，図表10－2の調査企業の資本金と従業員数の分布が示すように，調査企業は比較的大企業が多いとはいえ，企業規模の点でも広範囲に分布している。したがって，今日の日本企業におけるITマネジメント・プラクティスとCIOの実態についてかなり把握することができたと考えられる。なお，本章で登場する各CIOの発言，インタビュー内容は，調査時点の役職に基づいている。

**図表10－2　調査対象企業の規模**

| | 従業員数（人） | ～1,000人未満 | 1,000～10,000 | 10,000～50,000 | 50,000～100,000 | 100,000～ |
|---|---|---|---|---|---|---|
| 純資産総額(10億円) | サンプル数 | 0 | 7 | 6 | 2 | 1 |
| ～108¥未満 | 1 | | * | | | |
| 10～100 | 4 | | **** | | | |
| 100～200 | 1 | | * | | | |
| 200～300 | 1 | | | * | | |
| 300～400 | 0 | | | | | |
| 400～500 | 2 | | * | * | | |
| 500～600 | 0 | | | | | |
| 600～700 | 0 | | | | | |
| 700～800 | 3 | | | ** | * | |
| 800～900 | 0 | | | | | |
| 900～1,000 | 1 | | | * | | |
| 1,000～ | 5 | | | * | * | *** |

　この調査研究によって，IT活用で先進的な成果を収めている企業においては，「現場感覚」や「組織内での広範なコミュニケーション能力」がCIOの重要な成功要因であることが分かった。また，CIOが十分に力量を発揮するために，CIO直属の有能な支援組織の存在が大きいことも分かった。これまで明ら

かにされなかった重要な知見が得られたといえるだろう。これが日本独自のITマネジメントと呼べるかどうかは今後の議論に待たねばならないが，海外とは異なるITマネジメントとして興味深い。

## 1 ITマネジメントの状況

まず，ガバナンスを発揮させるための職制や権限委譲，その他全般的な統治方法，ガバナンスを発揮させるためのIT組織の構成，そして，IT投資マネジメントについて各社の実態を検討する。

### (1) ITガバナンス

ITガバナンスについて，各社の状況を調査した。

①KDDI
KDDIでは情報システム本部の「ミッションステートメント」として下記のように明文化している。
 (ⅰ) 情報システムとは，人が人とコミュニケーションを行うための仕組みである。当社における情報システム本部の役割は，全ステークホルダー（顧客，株主，取引先，地域社会，行政機関，経営者，従業員など）間のコミュニケーションが円滑に行われるような仕組みを構築し，維持することである。
 (ⅱ) 我々は，しっかりとした構造（アーキテクチャ）が良い情報システムの基本原則であることを理解し，勇気と信念を持ってその実現に取り組む。
 (ⅲ) 我々は，情報セキュリティの重要性を深く認識し，責任部署としての自覚を持って積極的に行動する。
 (ⅳ) 我々は，情報システムの目的が顧客満足と費用対効果にあることを理解し，「人に学び人を助ける」精神でその向上を目指し続ける。

このミッションステートメントの（ⅰ）に色濃く表現されているように，情報システム部門が間接部門としてサービスを提供することに徹している点が特徴的である。CIOは，流通チャネルを引き合いにし「メーカーと顧客をつなぐ販売代理店のようなものだ」と表現し，情報システム部門は，ベンダーが提供

するIT要素とエンドユーザーのニーズを整合させる役割を担っていると述べる。

また，（ⅱ）で述べる構造化重視のポリシーをシステム構築における大原則として実務に取り入れ，大きな成果をあげてきた。つまり，KDDIでは情報システム構造を「実世界の構造」，「データ構造」，「アプリケーションソフトウェア構造」，「プラットフォーム構造」，「アプリケーション・プログラム」の5階層で定義し，さらにデータ構造について，外部，概念，内部の3層スキーマによるデータモデル化を先進的に進め，全体最適化に大きな効果をあげている。アプリケーションソフトウェア構造を「フロント系」，「基幹系」，「情報系」，の3階層に細分化し，基幹系は基幹データベース系とバックエンド系からなり，それぞれにテンプレートが定義されるなど徹底した構造化を進めている。

以上のように，KDDIにおけるITガバナンスは，サービス提供者としての役割の明確化，およびマインド面の統制，構造化原則を活用し情報システム構築面での統制を推進している点に大きな特徴が見出せる。

②大成建設

これまで，情報システム部門は，「事業部に頼まれたことをやる」というような，事業部従属的であったため，各部門が個別にIT化を進めてきた。しかし，情報企画部門が社長室の下におかれて以降，全社を展望しながら，経営ニーズに合ったシステム化を目指すようになった。

現在の情報システム部門は，ITガバナンスの重要な業務として，開発標準の作成，コード体系の標準化に取り組んできた。その結果，横断的な調整がしやすくなり，人事，総務，経理などの縦割的管理系部門の業務処理において連携が促進されるなど，顕著な変化があらわれてきた。今では，システム改善を検討する際に，情報システム部門，管理部門，建築部門，土木部門などからメンバーを集め，協議会を組織することが普通である，そして協議会の取りまとめや横串的なコーディネートが，情報システム部門の大きな役割になっている。

大成建設におけるITガバナンスの大きな特徴は，社内の各部門を連携させる機能にある。

③新日本製鐵

新日本製鐵は，社内組織がきわめて大きく，各拠点の独自性も非常に強い。

そのため，
　（ⅰ）全社共有のセキュリティポリシー
　（ⅱ）標準的システム開発ガイドライン
　（ⅲ）一定以上の予算支出
に関しては本社の情報システム部門の管掌であるが，この3点以外は，拠点毎の責任でIT化を進めている。

　しかし，ITガバナンスの基本は中央集権的に発揮している。たとえば，システム開発は情報関連子会社を通して外注先に発注されるが，情報システム部門が，その調達状況をきちんと把握し契約の内容に至るまでチェックする。

　CIOは，同社のITガバナンスの型について，連邦型に近いと述べる。CIOが予算や権限を握るのではなく，各拠点に自由度を与えながら，全社で，課題に向かって行くようにナビゲートしている。新日本製鐵のITガバナンスは，連邦型を基本としながら基本的な部分について中央集権で維持するという使い分けを行っていることが大きな特徴といえる。

④損保ジャパン

　損保ジャパンでは，経営会議の下部委員会である情報システム委員会がITガバナンスに大きな影響力をもち，CIOが委員長，IT企画部門が事務局，社内各部門の担当役員，ユーザー部門の部長，監査役がメンバーとなり，原則月1回開催されている。情報システムに関する経営資源の配分や投入，情報システム化の優先順位づけおよびスケジュール，そして個別案件が協議される。リスクマネジメント，セキュリティに関する権限はCIOがもっており全社統一基準を徹底している。

　損保ジャパンのITガバナンスの中心は情報システム委員会にあり，この委員会がCIOへの牽制機能，CIOの施策を全社に広める場として，アクセルとブレーキ両面の役割を果たしている。

⑤コクヨ

　コクヨでは，これまでは本社機能がITガバナンスの全てを掌握してきた。しかし，現在，事業毎の事業会社設立による分社化を進めており，それにあわせてITガバナンスについても権限委譲を進めつつある。分社化によって，事業会社の規模や性格によって，グループで統一したIT施策が実施できないな

ど，複雑化への懸念が考えられるが，CIOは「事業会社の規模に応じた投資の議論が出てくることについてはむしろ歓迎している」と述べ，それらの議論の中から新たなITガバナンスの形を模索して行く姿勢を示している。

コクヨのITガバナンスは，破壊と創造を意識的に志向し，社内外の変化に応じて，あるべき仕組みを継続的に模索しようとしている。

⑥リコー

リコーは，IT活用と業務改革を推進する全社的プロジェクトを5ヶ年以上にわたり実施し，顕著な成果を上げてきた。社内各階層にプロジェクト推進委員会（図表10-3）を設け，CIOの意思を確実に浸透させていったことが大きな成果につながっている。IT部門は各階層のプロジェクト推進委員会を支援するサポータとして位置づけられ，全社的な視点でプロジェクトを推進する責務を負っている。最下層にある部門単位のプロジェクト推進委員会は，自部門にプロジェクトの成果を定着させる役割を担っており，500人を越える専任者で構成されている。

**図表10－3　リコーにおけるプロジェクト推進委員会の階層構造**

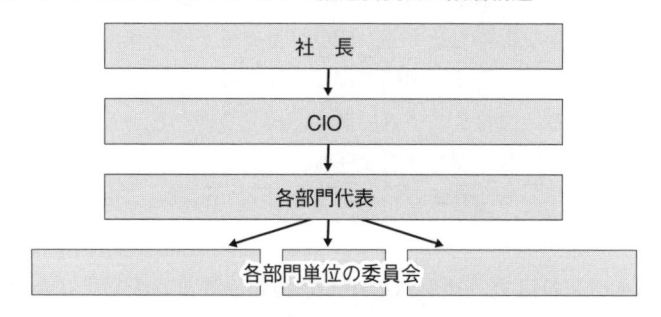

```
社　長
  ↓
 CIO
  ↓
各部門代表
 ↓↓↓
各部門単位の委員会
```

一方，セキュリティ面では，CIOがCISO（セキュリティ担当役員：Chief Information Security Officer）を兼務し，海外拠点も含む全社を統一したセキュリティポリシーを策定している。また，各部門にISMS（情報セキュリティ管理：Information Security Management System）担当者を指名し，ポリシーの徹底を図っている。

リコーは，CIOを頂点とする集中型のガバナンス構造を取っている。しかし，CIOは，「現場の人たちと話す時間とトップマネジメントの人たちと話す

時間を，半々ぐらいにして，改善活動の推進とその戦略的な活用を考えている」と述べるなど，この仕組みが上意下達のみに用いられていないことを強調する。ITガバナンスが硬直的にならないようCIOが柔軟に行動している点が特徴的である。

⑦東京海上日動火災保険
　東京海上日動では1961年に事務機械化総合計画要綱（9原則）を制定し，現在でもIT化の原点となっている。それらは先見性に溢れ，今日なお陳腐化していない。
　現在のCIOも，ITガバナンスの基礎として尊重している。
　第1条　当社のIT化は経営管理の高度化に資することを主たる目的とする
　第2条　長期のIT化計画に基づいて総合的に実施する
　第3条　IT化の効果は短期的な採算を見るにとどまらず長期的採算も十分考慮する
　第4条　IT化に適する業務はすべてIT化する
　第5条　IT化にあたっては，実験費ないし研究開発費的支出を認める
　第6条　部門毎にIT化担当スタッフを明確にする
　第7条　IT化の効果を高めるためには，業務面の組織や手続を根本的に改める
　第8条　ITによる処理能力を増強する
　第9条　IT化に関連した人事管理を充実させる

　また，アプリケーションオーナー制度を採用し，全てのアプリケーションに主管部門をおいている。アプリケーションオーナーは，システム化要件の確定などの開発業務に積極的に参加し，稼動後の利用促進や効果測定に責任を持っている。これは各部門とIT部門が共同で情報システムを開発するという同社のITに関する文化を醸成している。
　一方，全社的な見地からITを最大限に活用した業務運営を図るため，情報化委員会を設置している。情報化委員会は経営会議の付託を受け，CIOが委員長，主要部門の部門長がメンバーとなり，経営企画部門とIT企画部門が共同で事務局を担当している。原則，四半期毎に開催され，情報システムの企画，開発，運営および，それらに関するリスク管理などについて協議する。

情報化委員会がCIOの判断を強化，補完し牽制するという機能を果たしている。

　CIOは，「ITのことはCIOに任せるということでは，実効ある経営戦略の策定が出来ない時代になってきた。縦割りの判断に横串を入れた経営判断ができるように"取締役全員がCIO"という認識が大切だ」と述べている。東京海上日動のITガバナンスは，一見，CIOに権限が集中しているように見えるが，CIOの行動と施策が社内から監視，牽制されている点にも特徴がある。

⑧松下電器産業

　松下電器産業ではEA（Enterprise Architecture）をベースとしたITガバナンスの仕組みを構築している。日本を代表する大企業でありながら，いわば「中小企業の群の集まり」とCIOが評するように，事業部制を中心として発展してきたため，組織横断的な共通化の必要性を理解させることに非常に苦労した。EAの導入によってそれを改革する意図も十分に感じられる。

　だからこそ，EA導入はかなり難航したと語っている。ひとつには「まさに組織の文化あるいはDNAの破壊にも匹敵するようなインパクトがあり，また，短期での成果が出にくいため経営者から導入メリットが見えにくい」ことが大きな原因であった。そこで，EA導入に際して，短期的に取り組むべき部分と，中期的にしっかりと下地を作りながら推進していく部分とを明確に分け，経営トップとの議論を深めながら課題に取り組んだことがEAの成功につながっている。

　現在，様々な分野でEAに取り組んでいる。オフィス機器の購買業務では，全社集中購買システム化によって，調達コストの削減やソフトウェアのライセンス管理の効率化が図られ，セキュリティ管理およびPCのライフサイクル管理が容易になった。

　まさしく，EAを自社目的にアレンジし，ITガバナンス面で大きな成果を上げている。

⑨アクサ・ジャパン

　アクサ・ジャパン（以下，アクサと表記）では全社戦略とITガバナンスとが密接な連携をとっている。図表10-4に示すように，全社戦略を受けIT戦略が策定され，IT戦略をモニタリングするガバナンス指標としてIT-KPIが設

定され，全社レベルで設定される全社KPIの一部に組み込まれている。たとえば，"ビジネスにおける価値の創出"という全社戦略では，商品開発が最終的な成果となり，"ビジネス・イネーブラの獲得"という全社戦略では，ITインフラの構築が最終成果となる。

アクサにおける思考プロセスは，図表の左から右に順次進むのではなく，まず全社戦略と成果が決定され，IT戦略は，その両者を結びつける解決案の中から最適なものが選ばれている。

上記の目標は経営会議や各種レポートまたはITダッシュボードによりモニタリングされている。

**図表10－4　アクサ・ジャパンにおける戦略インプリメント**

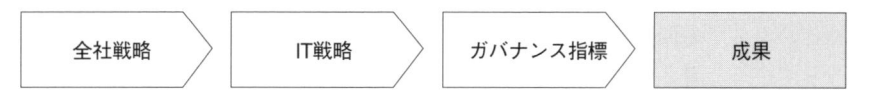

全社戦略 → IT戦略 → ガバナンス指標 → 成果

## （2）IT関連組織の形態

各社のIT関連組織について検討する。

①大成建設

大成建設では，CIOは社長室に所属している（図表10－5）。また，部門内に情報関連組織が設置されている部門もある。情報企画部と情報システム子会社ではIT企画とシステム開発の役割を担っている。社長室の直下に情報企画部がおかれ，特定部門の利益代表に陥らないよう配慮し，会社全体を横串に掌握している。

大成建設のIT関連組織は，肥大化した情報システム部門を企画と開発に分

**図表10－5　大成建設のIT関連組織**

社長 ─ 社長室 ─ 経営企画部 ┄ 情シ子会社
　　　　　　　　情報企画部
　　　　　　　　監査部
　　　　　各部門

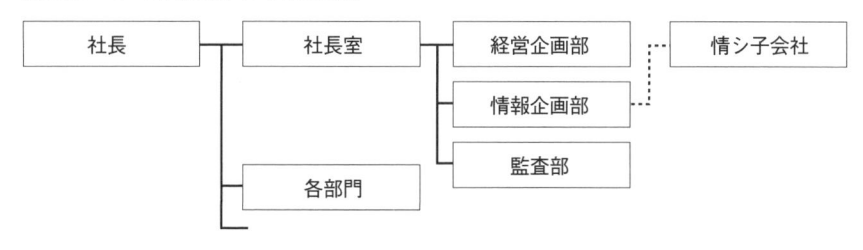

け，開発部隊を分社化している。そして，社内に残したIT企画部門を社長室に配置した。社内でIT企画を担当し，社外に分社化した情報システム子会社が開発などの技術面を担当する。また，このインタビュー後に，社外の情報システム子会社から企画を担当する人材を社内に戻すことが報じられた。

　このような機能分化は，今回の調査企業のなかでも多く見られる。セコムは，CIOの下にIT戦略室やIT推進プロジェクトなどの本部機能においてIT戦略の立案や企画を行い，技術的要素の強いシステム設計やプログラミングなどは情報システム子会社が担当している。東日本旅客鉄道においても，システムの設計や運用は15年ほど前に分社化した情報システム子会社が行っている。しかし，情報システム子会社が基本的なシステム設計を行い，大半のシステム開発作業はベンダーに任せている会社が多い。システム企画機能，システム設計機能，システム開発機能の3段階の分化が，現在のIT関連組織の基本的構造になっていると考えられる。

②損保ジャパン

　損保ジャパンにはIT企画部門とシステム開発部門があり，さらに，社外に分社化したシステム開発子会社とシステム運用子会社がある（図表10-6）。IT企画部門はこれら全体のガバナンス機能を担っており，システム開発部門は，社外のシステム開発子会社と連携して開発を担当している。共同でインフラ構築機能，アプリケーション開発と保守機能，ユーザー支援機能などを担当し，相互に緊密に連携している。また，これを2部門，2分社体制と呼んでいたが，インタビュー時点では，社内の情報システム部門をシステム開発子会社に統合し，システム運用子会社の作業をアウトソーシング化することで，本社1部門，分社1社の体制を検討していた。この変更によって，経営とシステム戦略との連動，開発力と技術力の向上を図り，システム運用コストの圧縮を目指している。

　さらに，同社CIOは「従来にない概念の商品を開発するためには，商品開発の初期段階から事務処理，システム開発を含めてどうインキュベーションしていくかが重要である。IT組織面でも対応できるよう改革に取り組み始めている」と述べ，新商品開発におけるITの，変革への機動的な役割を重視している。

**図表10−6　損保ジャパンのIT関連組織**

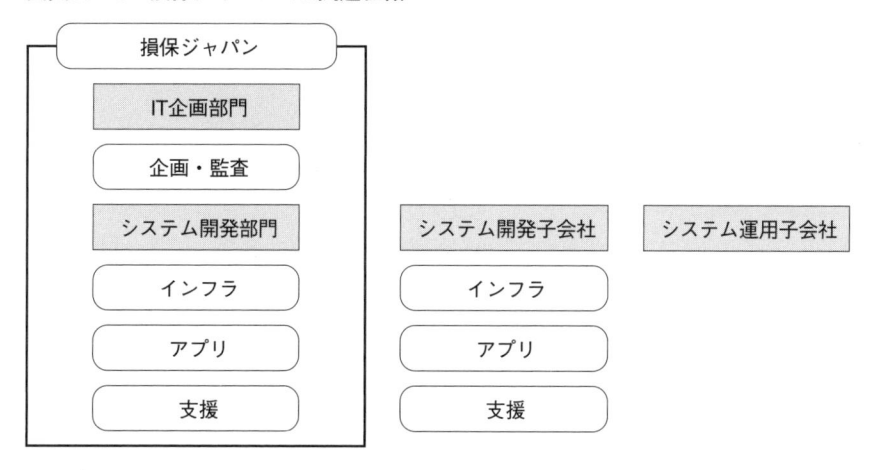

```
損保ジャパン
├ IT企画部門
├ 企画・監査
├ システム開発部門
│  ├ インフラ
│  ├ アプリ
│  └ 支援

システム開発子会社
├ インフラ
├ アプリ
└ 支援

システム運用子会社
```

③コクヨ

コクヨのIT関連組織（図表10−7）では，CIOはコクヨ本体の取締役であるが，情報システムの企画，構築，運用，そしてコクヨ社内の関連部門との連携は情報システム子会社が担当する。また，「小さい本社」を目指し，必要最小限の機能のみを残し，ほとんどを分社化している。これはIT組織でも例外ではない。

**図表10−7　コクヨのIT関連組織**

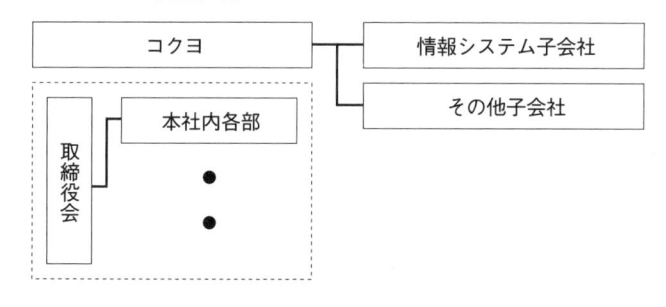

```
コクヨ ─┬─ 情報システム子会社
        └─ その他子会社
取締役会 ─ 本社内各部
            ●
            ●
```

④住友商事

住友商事のIT関連組織（図表10−8）では，管理部門であるコーポレート部門の人材・情報グループの中にIT企画推進部が設置され，開発組織として

社外に3社の子会社を持っている。特徴的なのは，全社的横断事項の推進・調整機能を持つコーポレート・コーディネーションオフィスの存在である。一方，人材・情報グループのミッションは社内の重要資源である人材，情報というインタンジブルズに関するマネジメントと定義されている。

また，住友商事では円滑なIT化プロジェクトの推進のため，主に人に関わる施策を実施している。具体的には営業部門，ブロック，支社，支店に部門総括部，各部にITプロモーター，Key Userを設置した。また，経理，財務，リスク，営業，物流などの部門にIT部門から人材を投入し，さらにIT化プロジェクトに社内関連各部署から参画したメンバーでITプロジェクトチームを設立することで，各部署とのコラボレーションを促進させようとしている。

**図表10－8　住友商事のIT関連組織**

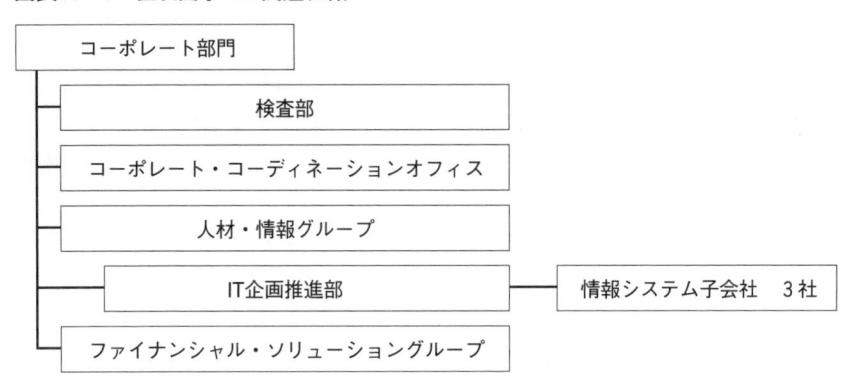

```
コーポレート部門
├── 検査部
├── コーポレート・コーディネーションオフィス
├── 人材・情報グループ
├── IT企画推進部 ─── 情報システム子会社　3社
└── ファイナンシャル・ソリューショングループ
```

⑤キリンビバレッジ

キリンビバレッジのIT関連組織の形態（図表10－9）は，経営とIT部門との呼応性を高めるために経営企画機能と開発，運用機能とを分離している。IT企画機能を担う情報システム部は社長直轄組織であり，経営企画部とは専門性が異なるため独立組織とした。一方，IT部門内では，社内システム機能の企画，評価，支援機能の強化を意図して，情報システム部が企画機能を，情報子会社は開発・運用機能という分担をしている。

さらに，CIOとは単なる情報システム部の担当役員を意味していない。経営とIT施策との中間者，言い換えれば通訳であるとし，むしろ，CEOのスタッフとして位置づけている。

**図表10−9　キリンビバレッジのIT関連組織**

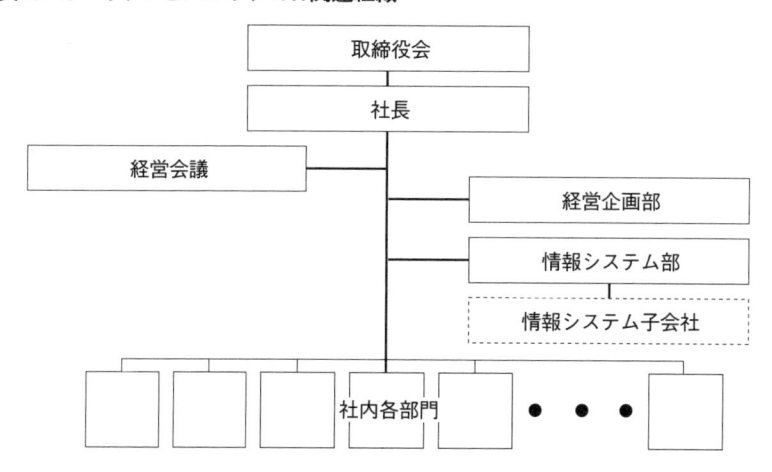

```
            取締役会
              │
             社長
              │
  ┌───────────┼───────────┐
経営会議              経営企画部
              │
              │    情報システム部
              │        │
              │    情報システム子会社
              │
  ┌───┬───┬──┴──┬───┬───┐
 □  □  □   社内各部門  ● ● ●  □
```

⑥東京海上日動火災保険

　東京海上日動のIT関連組織（図表10−10）では，IT企画部が新規開発，改修案件すべてについて，社内各部との窓口機能を果たしている。さらに，必要に応じて開発ベンダーや運用ベンダーとも，IT企画部が直接的なコミュミケーションを図っている。

**図表10−10　東京海上日動のIT関連組織**

```
   □ □ □ アプリケーション・オーナー ● ● ● □
   ↕ ↕ ↕ ↕ ↕ ↕ ↕
   ┌─────────────────────────┐
   │       IT企画部門              │
   └─────────────────────────┘
    ↕            ↕            ↕
 運用ベンダー   情報システム  開発ベンダー
 (アウトソーサー) ↔ 子会社 ↔
```

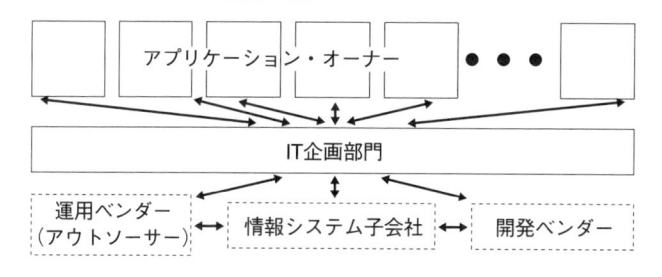

⑦松下電器産業

　松下電器産業では2000年4月からの事業部毎の部門体制のグループ横断組織への改編に伴って，IT関連の組織体制も大幅に変更した（図表10−11）。それは同社の目指す製販一体の戦略的事業運営を，ビジネスプロセスと情報システムの両面から実現することに主眼があった。

組織の階層に合わせIT組織を以下の3階層に再編した。

| | |
|---|---|
| 本社情報企画グループ | 全社の情報システム戦略立案および情報システム行政を担当 |
| ドメイン情報企画部門 | ドメインスタッフとして情報システム戦略立案と推進を担当し，事業部密着の情報化企画，現場支援を行う |
| コーポレート情報システム社 | シェアードITサービス機能としてQCDを追求 |

　本社情報企画グループとして情報企画部，ドメイン情報企画部門として事業部，社内分社，非上場分社の各情報システム部門が該当する。
　松下電器産業は組織が非常に大きいため，IT関連部門も階層化することで効果的なIT化施策を管理している。

**図表10-11　松下電器産業の組織変更**

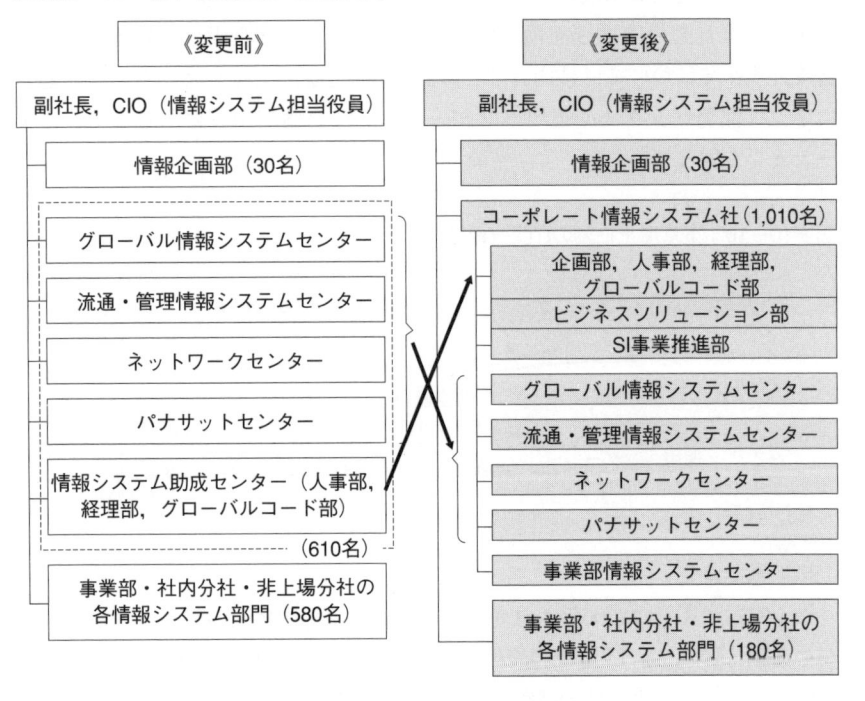

《変更前》
- 副社長，CIO（情報システム担当役員）
  - 情報企画部（30名）
  - グローバル情報システムセンター
  - 流通・管理情報システムセンター
  - ネットワークセンター
  - パナサットセンター
  - 情報システム助成センター（人事部，経理部，グローバルコード部）
  　（610名）
  - 事業部・社内分社・非上場分社の各情報システム部門（580名）

《変更後》
- 副社長，CIO（情報システム担当役員）
  - 情報企画部（30名）
  - コーポレート情報システム社（1,010名）
    - 企画部，人事部，経理部，グローバルコード部　ビジネスソリューション部　SI事業推進部
    - グローバル情報システムセンター
    - 流通・管理情報システムセンター
    - ネットワークセンター
    - パナサットセンター
    - 事業部情報システムセンター
  - 事業部・社内分社・非上場分社の各情報システム部門（180名）

⑧各社のベンダー管理補足

　各社の組織体制を検討してきたが，とりわけ，ベンダーの管理が企業によって大きく異なることが明らかになった。特徴的なベンダー管理について補足しておきたい。

1）KDDIでは，開発体制を構築する際の，ベンダーとの関係や，ベンダーの組み合わせを構造的に再配置しつつある。たとえば，ブレーンの役割を担う立場のベンダーを定め，その下にサブシステム毎に他のベンダー企業を割り当てて行くことにより，ベンダーをより有効にマネージできると考えている。

2）大成建設は，「当社と付き合うためには，いい加減な仕事はできない，という認識をもってもらうことが重要である」と述べている。つまり，全くITを分かっていない顧客，指摘をするがツボが外れている顧客，ITに通じているので，きちんと対応をしなければならない顧客，の3タイプがあるといわれるが，この3番目のタイプの顧客からは利益を上げることは難しいが，付き合うことで知識面，情報面でメリットがあり，ビジネスにも有効であるとベンダーに思わせることが重要と述べる。したがって，3番目のタイプの顧客になるべく，見識を磨き，ベンダーと対等な関係を構築することを心掛けている。

3）ソニー生命は，ベンダーをできるかぎり上流に引き込み，業務知識をつけてもらい，その人がキーマンになり開発全体をコントロールできるようにしたいと考えている。また，セコムはシステムのデザインや戦略策定は全部自社内で行っているので，むしろ，システム構築の補完機能をベンダーに期待している。いずれも単なる技術的支援を超えて，踏み込んだ役割を期待している

4）東日本旅客鉄道は，ベンダーに対して不安を感じている。同社の交通系システムは汎用性がなく非常に特殊なものであるため，昔から特定のベンダーと共同でシステム構築してきたため，重要なノウハウがベンダーの社内で伝承されてきた。これまで開発に携わってきたベンダーのキーマンがいなくなった場合，どうすべきかを懸念している。

## (3) IT投資マネジメント

　CIOの重要な機能は投資対効果を最大化することにある。では，各社はどのようなIT投資マネジメントを実施しているのだろうか。

①KDDI

　IT関連予算は3ヶ年計画で作成され，変化の激しい経営環境，技術動向に対応するため，毎年，ローリング方式で見直している。この3ヶ年計画に基づき，年間IT投資予算枠が設定される。この予算枠はIT部門の経費予算となる。IT投資案件はIT部門主導で企画立案されることが多く，主にトップとCIOによって意思決定される。

②大成建設

　IT部門がIT関連予算の主管部署となって，年間枠で管理している。そして，IT関連予算を，政策費用とインフラ費用の2種類に分けている。また，同社では新規投資と保守費用の比率を改善するため，既存の運用費などの低減に着手し，その低減分を新規開発に投資してきた。

　一方，開発費用は，原則的に受益者負担で，ユーザー部門が明確な場合はユーザー部門に，インフラのように明確でない場合には，全社に人頭税的に賦課される。開発済みのIT資産については，開発費が無形固定資産として計上される。従来，各部門で個別に利用されているITのコストは把握が困難であったため，全社的なIT資産に関わるコスト把握が，全体の3分の2程度しか管理できていなかった。また，システム子会社が外販も行っていたが，事業撤退を意思決定し，内部管理に注力するようになったため，IT資産の細目まで集中管理できるようになった。

　従来，管理本部にIT部門が置かれていたため，もっぱら事業部門からの依頼事項のみを検討するという，やや従属的な役割が中心だった。しかし，現在は社長室の下に置かれ，全体を見わたしながら経営ニーズに合った情報システムの企画，構築，運用を推進する機能となっている。そして，CIOがITの企画立案者であることが重要であると述べる。つまり，経営のビジョンをミッションへとブレークダウンし，そのミッションを実現する戦略をITで支援する能力が求められている。まさに，戦略をアクションプランに落とし込み，実行することがCIOの重要な役割であるとする。

既存システムの保守費用については，下記3点を留意しながら支出を判断している。
　1）投資のレビューをする。設計通りの運用がされているか，業務機能が向上しているか。
　2）現実的な投資予算枠を持つ。売上高比○○％なら支出可能か。
　3）積極的なコストダウンを図る。コストは開示する。

　これまで，新規開発案件に関する意思決定ルールが明確でなかったため，現在，基準づくりを進めている。ROIの厳格な適用よりは，ポートフォリオ管理が中心になっている。導入効果の事後評価は，完成直後ではなく，導入した情報システムが定着してから半年以上1年程度経過してから実施している。効果の検証には，現場の実務担当者も参加し，問題提起や要望を交換しながら進めている。
　実際には，情報システムを導入してから1年後に，支店を幾つか選んで回り，支店長を含めた支店の上層部，マネージャークラス，支店の実務担当者，建築現場，土木現場から意見を聞いている。得られた意見は本社に持ち帰り，経営企画部と監査部と協議し，現場毎の業務的な問題は監査部で，システムの問題は情報企画部というように振り分けて改善策検討に活用している。さらに，同社CIOはこれらの効果検証を1回だけではなく繰り返し行うことが望ましいとしている。効果検証によって期待した効果が得られていないことが判明すれば，責任を共有するため，ユーザー部門と必要な業務改善を検討する。

③新日本製鐵
　CIOは，3年分の新規開発予算枠を持ち，その予算配分について意思決定する。投資意思決定は，稼動時期の妥当性，失敗時のリスク予測，効果予測，業務要件定義能力の確保状況，業務部門の協力体制などの観点から総合的に判断される。保守費用は，運用費と保守生産性の単純比較ではなく，「実感される費用対効果の納得感」を重視している。
　IT投資案件は，業務プロセス改革推進部が企画し，社内業務プロセス改革委員会と連携しながら立案され，CIOの判断に供される。また，細部の要件は現場とすり合わせながら詰められる。このように，現場との緊密な連携によりIT化を進め，導入後の効果も「業務部門＋システム構築＋システム運用」の

三位一体で発揮されるものと考えている。具体的には非財務指標を用いた効果測定など，決められたフォーマットによる効果報告を義務づけている。

これらの効果検証に基づき，「作ったものにより業務の本質がどう変わっているのか」をフォローすることが，より重要であると述べる。すなわち，「IT投資効果の把握はユーザーからのヒアリングに尽きる。事業部門長などに対して"数年前に比べて何が変わったか？"と，ヒアリングを繰り返し，効果の実感を積み重ねている」と述べ，定量的評価は，どの程度の効果があったか，さらに効果金額の桁がどのくらいかを見る程度に留めている。さらに，「個別投資の効果よりも年度の投資全体としてどのように改善されたのかが重要」であるとし，投資案件毎のROIを重視する投資マネジメント・スタイルとは一線を画している。

④損保ジャパン

　IT予算を，運用費用と新規開発費用に分けて管理している。新規開発予算には年間総枠を設け，効果と緊急性で優先順位をつけ，採否を決めている。年間予算枠があることによって，事業費全体に占めるIT投資のウェイトの大小を考慮するとともに，事業戦略から見た投資規模という観点からも検討し，歯止めをかけることにつながる。

　新規開発案件の意思決定は，一定金額までCIO決裁，それ以上は社内の情報システム委員会（前出）の議論を経て社長決裁となる。いずれの場合も稟議はIT企画部長が発議する。このとき，投資判断のためにROIも計算するが定性的な効果も含めている。

　IT企画部長が稟申するため，IT投資案件の企画に，IT部門が主導的な役割を果たすことになる。しかし，近年，新商品開発段階から情報システムも含めて企画するようになり，部門横断的に進めていくことが必要とされてきた。したがって，IT企画部において，全社戦略とシステム化機能の妥当性評価，システム化実施の可否判断，システム化構想立案を担当し，IT企画部自身が商品開発の一翼を担うという意識を持つようになってきた。

　これまでは効果項目によって事後の効果検証を行い，財務指標によるExit基準，すなわち停止や終了基準を設けていたが，今後は戦略目標設定に対する指標を設定し，進捗のフォローやモニタリングを重視したいと述べている。

　CIOのリーダーシップのもと，IT部門とユーザー部門が緊密な連携を取りな

がらIT投資を進めている。

⑤コクヨ

　IT投資予算を年間で管理し、発生した費用について各部門に配賦している。現在、分社化を進めている最中で、社内事業部を徐々に事業会社化している。したがって、IT費用を各事業会社に実際に配賦することになる。グループ内で統一したIT化企画を立案しても、その企画に参加しない事業会社も出てくるであろう。今後の大きな課題である。

　企画の立案に際して、まず長期視点での計画的なIT基盤構築と、その上での業務アプリケーションの実装というアプローチを基本としている。このアプローチが維持できているのは、トップマネジメントがITに理解を示している点が大きい。

　分社化が進んでも、ネットワーク・インフラとセキュリティ、グループ全社として必須のIT投資や新技術へのチャレンジなどの案件については、本社が主導する。それ以外の各社独自のアプリケーション開発に関しては、直接便益を受ける主体である事業会社に企画段階から任せ、IT化の検討から関わらせることで、ユーザーへの便益が可視化されることを期待している。

　以前より、IT投資を評価するというよりも、その投資が関わるビジネス全体の業績を評価するという考え方が中心にあったため、経営計画の中に、ビジネスモデルの革新やIT化投資が重要な要素として織り込まれていた。事後の効果検証について、たとえば、物流情報ネットワーク構築の場合、その目的である流通在庫の極小化を定量的にモニターしている。一方、人員削減など流通部門と生産部門の双方の改善による効果については定量的な効果検証は難しいと考えている。

　コクヨではIT投資の裁量権を事業会社に大きく委譲しているが、それも、各ユーザー部門にIT投資案件の採否を委ねるというユーザー主導のIT投資マネジメント方法の一形態と見ることができる。また、IT投資効果を、ビジネス全体の成否で把握しようとする点も特徴的である。

⑥住友商事

　情報システムプロジェクトの基本目的を定性面と定量面の両面から定義し、それに適合するようIT投資を企画する。たとえば、全社業務改革プロジェク

トのIT化目的は，定性面では"グローバル連結経営をトータルサポートするインフラ整備"，"決算早期化"，"経営スピードアップ"，"情報共有"であり，定量面では"システムの共有化／スリム化による運用費削減"であった。

一方，完成後の効果を，定性面について，目標に対する達成度の自己評価，ユーザーに対する満足度評価，活用度のアンケートで検証し，定量面についても，当初のコスト削減目標の実現状況を継続して監視している。その結果を今後のIT施策に生かすようにしている。

⑦リコー

インフラ予算と業務アプリケーションの新規開発予算，それぞれで年間IT投資の総枠を設けている。IT企画の基本コンセプトは"白紙から業務設計する"，"当面対応から長期対応を念頭に置く"，"本社偏重からグローバル視点へ"，"個別最適を捨て全体最適を目指す"，"ハイリスク覚悟の効果拡大を狙う"の5点があげられている。とりわけ，"白紙から業務設計する"が重視されている。まず業務をゼロから見直して"その業務を止められないか？"，"プロセスの中抜きができないか？"，"今迄出来なかった仕組みの業務ができるようにならないか？"などさまざまな角度から検討される。

その過程でユーザー部門が大きな役割を果たしている。業務改革／IT化を推進する組織として，プロジェクト推進委員会があるが，各部門に専任のキーマンが任命され積極的に活動している。IT部門では，専任のキーマンに革新的業務プロセスを設計させるために，"業務革新の着眼点"，"目指す姿を描く事"，を期待して各種支援を実施している。さらに，業績管理や目標管理にバランスト・スコアカード（Balanced Scorecard: BSC）を，IT投資の検討に際して活用している。

効果の事後検証について，CEOに対して定期的に報告している。「数字で扱いにくい効果もあるが，何とかして評価するのが経営の可視化である」，とCIOは述べる。さらに，社内組織の複雑さなどによって効果が見えにくくなっている場合も多いので，現場や現状を緻密に調査することで，明らかにしていくことが非常に重要である。この作業によって，IT投資効果の阻害要因や現場での諸問題が発見でき，それらを解決することでIT投資を確実に効果に結びつけることが可能となる。そのような活動の中で，業務担当者から業務改善効果をコミットしてもらえることが重要であると考えている。

⑧ファイザー

　IT費用に関して，固定費部分と変動費部分に分け管理している。既存情報システムの保守費用が多額で，固定費が変動費に比べて非常に大きかったため，アウトソーシングを活用して，保守費や固定費の比率を大幅に改善してきた。その結果，固定費の低減分を新規プロジェクトに回せるようになった。さらに，IT費用の低減活動を継続している。また，IT関連費用を，管理しやすいようにユニットコストとして換算し，ITユニットコストの低減を数値目標としている。

　IT投資案件に対して，DCF（Discount Cash Flow）による定量的な効果予測値に基づいて意思決定している。この予測値は，投資効果を適切な財務指標で表現可能にするので，事後評価を定量的に実施し，ギャップ分析，要因分析，対策立案，歯止めが行えるなどの点から活用している。また，同社では定量的評価指標（標準ROI指標）を導入し，複数プロジェクトの比較，複数年にわたる投資評価，業務担当者との共通な議論などに用いている。

　このような定量的評価を導入する際に，標準指標としての3つの手法（NPV，IRR，回収期間法）を定め，さらに投資に関する3種類のリスクシナリオ（Most Risky Case, Best Case, Worst Case）によるリスクの分類や，投資回収期間を原則3年以内とする，などの工夫を凝らした様々な評価ルールを定めた。

　実際の評価実施にあたっては，IT部門の財務担当者が支援し，過去の事例をデータベース化し，ナレッジを生かしている。また，投資効果は，効果が明確な項目だけに限定している。また，他のプロジェクトと比較検討するためにも標準ROIが用いられ，縦軸に投資価値，横軸に回収期間をマトリックス上にマッピングし，投資案件の採否と優先順序を最終的に判定する。その際に，同じ優先順序に複数案件があった場合は，より経営戦略に適合している案件を採用する。

　事後効果の検証は，時間をあけて3回に分け，各時点での検証結果から投資効果のトレンドを分析する。第1回は1〜2ヶ月後，第2回は3〜4ヶ月後，第3回は12ヶ月後を目安にしている。完成時の一時点だけでなくトレンドで分析することによってより正確に効果が検証され，新しいサービスに対する，ギャップ分析，ギャップ要因分析，対策立案，対策実施が行われる。この評価を通じて，サービス内容自体の改善，サービスの中止などが検討される。

事後の効果検証における指標は，IT投資意思決定時に設定したものである。その際に，効果を実際に測定するけれども，IT化に関連するかどうかがあいまいな効果をIT投資効果に含めていない。また，投資効果の金額換算に際しても，インフラおよびアプリケーションの両方について，IT部門が確信を持って算出することができる効果に限定して金額算定を行っている。

　IT部門が社内に提供するサービスを評価するため，ITサービスの生産性，品質，サイクルタイム，受注残，工数の5つの指標をQuality Matrixとして定量的に測定している。

| | |
|---|---|
| 品質管理（顧客用指標） | 顧客の希望納期に間に合ったか？顧客の希望する品質を不具合なく提供できたか？ |
| 生産性管理（顧客用指標） | 付加価値のあるサービスをより多く，より効率良く，顧客に提供できたか？ |
| サイクルタイム管理（内部指標） | 効率良く仕事をこなせたか？（作業標準時間の設定が正しいか，納期達成率が高いのか低いのか） |
| 工数管理（内部指標） | 個々において仕事の時間配分がどうなされているか？（高付加価値の仕事に時間を割いているか） |
| 受注残管理（内部指標） | いつ顧客にサービスを届けることができるのか？（顧客から請け負ったプロセスを可視化する） |

　Quality Matrixは，「共通言語を使って顧客と合意できる」，「自らゴールを設定し，それに到達できたかどうかをセルフチェックできる」，「提供しているサービスがどのレベルなのかを知ることができる」など，部門間での共通言語として使用できることが大きな特徴である。これによって，高品質かつ高付加価値なサービスを"より早く"，"より正確で"，"より安価に"提供し続けることができるようになった。

　ファイザーにおけるIT投資マネジメントは，定量的評価に徹している点に大きな特徴がある。過度な精緻さを追求せず，明確に効果を説明できる範囲に限定することで円滑な適用，運用に成功している。

⑨キリンビバレッジ
　IT投資予算に関しては，全社の業績をベースに，経営戦略会議で年間の総

枠を設けている。各ユーザー部門からのIT化要望を評価しIT投資案件を採否する。しかし，採否基準が明確に定められているわけではない。業務効率化を目的とし，期待効果が定量化しやすい案件は採算性によって判断している。定量化が難しい案件については，定性的な期待効果を，多様な観点から収集し，加味する。

　3年前からBSCを導入し，全社戦略に対するIT戦略の整合性や定性的効果をチェックしている。さらに，EVAも投資判断の参考にしている。また，期待効果に定性的要素を取り入れる場合は，「人件費削減を目的としても実際には人員が減らない場合もある。そうなると定量的に計算した数字自体の意味を考え直す必要がある。むしろ，定量的計算に時間を割くよりもその現場の業務経験のある人が定性的な効果を評価した方が良いこともある」と，むしろ経営側に判断を委ねている。

⑩東京海上日動

　新規IT投資について，Entryルールを設け，採否を判断している。判断基準は，収益性とコストの観点からの「経済価値評価」と「その他評価」に分かれている。まず，「経済性評価」の投資効果を，楽観，中間，悲観の3通りのシナリオで予測し，「中間」，の評価結果が"NPV＞0"であれば原則として投資適格とする。さらに「その他評価」を加味し，当該案件のアプリケーションオーナーが判断する。しかし，新商品開発にともなうIT投資は，なかなか効果予測が難しく，最終的には「その商品がどれだけ売れるか」という点が判断のポイントになる。したがって，関連部門の意見に基づいて評価せざるをえない。

　一方，着手したIT投資の効果を高めていく努力はさらに重要である。情報システムの開発の進捗にしたがって，ユーザーの要求事項が膨らみ，プロジェクトが長期化し，費用対効果を低下させる危険が大きい。そこで，過剰な開発要望を抑えるために，精神論だけでなく，仕組みつくりが不可欠である。そのため，第三者によって審査，評価し，予算の制約を設け，理想的な要件よりも現実的な要件を徹底するなどの工夫をこらしている。さらに，Exitルールを設け，効果が実現できないプロジェクトは強制的に中断させている。

　また，開発コンセプトが曖昧な情報システムほど，投資効果が悪化しがちであるため，全取締役が担当分野のシステムの透明性を高めることを徹底してアピールし，コンセプトの明確化を図っている。

⑪セコム

　新規投資に関するIT投資の年度予算計画をもたず，必要に応じてトップマネジメントが予算を承認する方式を採用しているのが大きな特徴である。また，保守費など経常的な費用は売上原価部分と販管費部分とに分け，該当ビジネスに計上する。ITインフラや全社向け情報システムについても，事業部門との了解に基づき配賦する。

　IT部門のシステム化起案にあたっては，次のセコムグループのIT戦略ビジョンを尊重している。
1）セコムグループのIT基盤戦略である
2）セコムグループのビジネスモデルを支えている
3）IT戦略実現の過程からもニュービジネスモデルを実現する
4）分散と統合の緊張感のあるフレキシブルでダイナミックなグループビジネスシステムを創出し続ける
5）単なる情報処理部門戦略ではなくビジネス運用管理を統合的にIT化する戦略そのものである

　投資意思決定に際して，定量化効果にこだわりすぎると，安易な数字づくりに陥ってしまうので，まず，定性的効果としてきちんと記述させている。最終的にトップマネジメントが意思決定して採否が決まる。またIT投資の性格によって，既存ビジネスの維持，既存ビジネスの革新プロジェクト，新規ビジネス創出の3種類に分類し評価している。

　既存ビジネスの維持についてはビジネスモデルとしての原価/販管比率，およびIT戦略開発ロードマップの作成によって意思決定している。投資領域によって，投資効果の特性が異なるため，一律に論じるのを避けるためである。

　既存ビジネスの革新プロジェクトにおいては，サービス品質向上効果/コスト削減効果/グループシナジー効果/セキュリティ確保などによって総合的な判断を行っている。また，新規ビジネス創出においては，サービスとIT技術が一体化したビジネスモデルの追及，収益性に加え，セコムが実施することの意義などで判断している。

　セコムでは年度予算に縛られない機動的な投資姿勢や，定性的効果を意思決定に取り入れている点が特徴的である。

⑫松下電器産業

　IT投資案件は,「経営は分権,ITは集中管理」という社長方針の具現化に沿って企画される。その際に,EA (Enterprise Architecture) を参考にした松下流のITアーキテクチャを活用している。ITアーキテクチャは「プロセス」,「データ」,「アプリケーション」,「IT基盤」の4つの層で統制されている。

　さらに,IT革新を加速するためIT投資の特性を,縦軸を投資範囲（本社投資またはドメイン投資かで分類）,横軸を投資テーマ（全社テーマまたはドメイン,職能レベルのテーマかで分類）で2×2のマトリックスによる4種類のドメインに分類している。

| テーマ | 内　容 |
|---|---|
| i　ドメイン,職能レベルの投資テーマ | 本社で立替投資し長期的に回収する。ドメイン共通で協働を加速するテーマや,各機能の共通利用サービスを提供するIT投資である。ドメインと職能が対象となるけれども,横断的であり戦略的に推進させるために本社の負担とする。 |
| ii　全社IT戦略テーマ | 本社で戦略投資として間接的に回収する。IT革新本部が推進する戦略,行政テーマに関するIT投資であり,行政,監査,新ビジネスモデル,プロセスの開発と実証などである。 |
| iii　ドメインITテーマ | 当該ドメイン内において投資し回収する。ドメインの裁量で判断し投資する。たとえばドメインのERP導入などである。 |
| iv　全社IT基盤テーマ | 社内分社の情報部門において投資意思決定を行い回収する。たとえば,実証実験以降のIT基盤の先行投資である顧客,商品DB,全社ネットワーク構築などである。 |

　また,ドメイン横断的な領域とIT基盤については,全社で統制するため,IT部門がITアーキテクチャによる全社統制と社内各部との連携を担っている。さらに,IT投資に関する決裁基準を明確化するために,社長制定の「重要事項決裁規定運用基準」の決裁事項に「IT投資」を追加した。また,「情報システム投資決裁運用基準」を制定し,IT投資の全社最適運用およびIT集中管理の徹底を図っている。この投資判断においてKPIが作成されるが,定量的効果を基礎としている。

　今後,ROIの体系的な指標化を進めようとしている。具体的にはKPIと財務

諸表とを連携させる松下流のモデル作りである。また,「時間の概念」と「販売増,収益増」とを関連づけることで,ROIの"見える化"を進め,経営幹部との認識合わせが円滑に行えるように推進している。

　松下電器産業のIT投資マネジメントにおいては,社内の巨大組織において投資のベクトルを合わせることに大きな努力が払われている。EAや投資マトリックスなどの手法を用いて解決しようとしており,また,定性的手法と定量的手法の双方を,バランスをとって活用しながら,両者を結びつけようとしている点が特徴的である。

⑬アクサ

　「通常のビジネスで使われるIT」の用語を転用した,"IT BAU (Business As Usual)",すなわち,既存情報システムの運用や維持経費を意味する用語がしばしば用いられる。IT投資の基本的姿勢として,IT BAU経費から戦略的,新規IT投資へのシフトを進めてきており,過去3年間でIT BAU経費を10億円削減し,2004年度の新規IT投資へシフトしている。さらに,戦略的,新規IT投資は同社の成長戦略を支援するために,2004年および2005年度に大幅に増加した。2005年度には,新規IT投資55%,IT BAU経費45%となっている。既存情報システムの保守費用の低減に成功した典型的事例といえる。

　ITインフラ物件費(ハード,ソフト),運用人件費,ユーザーサービス人件費,アプリケーションメンテナンス人件費などのIT BAU経費を削減するポイントとして,アーキテクチャ戦略,スタンダード化,集約化をあげる。固定,変動双方の運用費の可視化による管理を進めたことが成功に繋がっている。あわせて,情報システムの運用効率と信頼性向上に重点を置いた投資の実施が不可欠である。

　毎年4月から4ヶ月かけて戦略プログラムの中から事業計画(business initiatives)が決定される。この段階でプログラム毎に仮予算が配分され,各プログラム内でトップダウンにより戦略的な中長期プロジェクトが企画される。また,予想投資回収期間が1年以内の戦術的短期プロジェクトは,ボトムアップにより企画される。そして,プログラムスのステークホルダーがプログラム毎の仮予算内で優先順位を決め,さらに,戦略企画室が全体の調整を行う。戦略的プログラムは,7種類の重点的推進領域から構成される。すなわち,営業チャネル,商品・マーケティング,テクニカルマージン・インベストメントマ

ージン，顧客サービス・業務の効率化，人事，インフラとサポートの強化，コンプライアンスなどである。

　仮予算が配分された後に，最終的な投資意思決定とプログラム実行段階のモニタリングからなる投資マネジメントサイクルに移る。プログラム実行管理は次のような5つのステップからなる。
　1）プロジェクトの開始時に，ビジネスケースを作り本予算の承認を得る
　2）2つのコミッティーにより財務面，営業面，業務面，ITの観点からレビューを受け承認される
　3）戦略企画室がプロジェクトをトラッキングし，予算の消費状況をモニタリングする
　4）プロジェクトの進捗状況が役員会でプログラムダッシュボードを通して報告される
　5）戦略企画室は結果を測定しフィードバックする

　ダッシュボードによる報告は，次のように活用される。まずコーポレートダッシュボードには7つの主要KPIが定義されている。その主要KPIの中のITダッシュボード上に，「ITプロダクト＆サービスの質」，「プロジェクトデリバリーパフォーマンス」，「BAU生産性」，「全社経費内のITコスト比率」，「ITの全社経費削減への貢献度（セービング額）」，「顧客満足度調査」などのIT－KPIが組み入れられている。このようなダッシュボードはITガバナンスに効果的で，IT部門自身の業務の可視化に有効であるばかりでなく，マネジメント層の投資優先順位づけを効果的に支援している。

　またIT投資を意思決定するときには，上記の投資マネジメントサイクルに加えて，経営部門とIT部門が共同でIT投資ポートフォリオを考慮した予算配分を決め，投資の全体最適化を図っている。このIT投資ポートフォリオ管理は，IT投資案件の企画段階に用いられている。既存IT資産のポートフォリオを把握したうえで，今後のIT投資の方向性を検討する。ポートフォリオとして，縦軸にユーザー満足度，アプリケーションの安定性，IT関与なしに機能変更できる柔軟性などの「ビジネス機能の適正さ」を，横軸に新規ビジネス要件を実現できる能力，アーキテクチャやデザイン複雑度，たとえば，システムの親和性，プログラムの規模，使用されるテクノロジーの数など，他システムとのインテグレーションの容易性，テクノロジーの汎用性などの「テクノロジ

ーの柔軟性」をマッピングし，そこに自社の保有するアプリケーションを配置する。

アクサは確立されたIT投資マネジメントを制度として整備し，ポートフォリオ管理やKPIの活用など様々な角度からIT投資を評価している。また，戦略計画の策定に際して，経営層との密接なコミュニケーションを図るなど，先進的な取り組みをしている。

⑭ソニー生命

IT投資予算に関して，収入保険料に対する割合が，業界他社と比較して適正な水準にあるかでどうかを重視している。さらに，定められたシステム経費全体の中でインフラ支出をコントロールしている。期待効果については，金額で評価することを必須としている。金額で算出しにくい効果もあるが，定性的な効果を濫用することによって実態が把握できなくなることを避けるためである。したがって，最初に金額評価によって投資候補を選定し，経営的な視点を加えて，実施案件を最終決定する。

IT投資案件の企画立案に際して，ITインフラへの投資を，将来に向かっての布石として，CIOが注意深く検討している。ITインフラはユーザーに直接的な便益をもたらさないため，社内の理解を得ることはなかなか難しい。さらに，ITインフラには技術的要素が強いので，投資しても使いこなせるようになるためには一定の時間が必要となる。ビジネスからのニーズが本格的に顕在化した時に取り組み始めても必要な時期にサービスが間に合わないことが多く，十分な実績がないために失敗するリスクも高い。そのためCIOの独断でITインフラに先行投資できるようにしている。

このCIOのリーダーシップは意思決定後の開発局面においても発揮される。つまり，開発中に発生する仕様の変更・追加が投資効果を低減させる大きな要因となることが多いが，そのような場合でも，当初の予算枠を変更しないことを大きな前提としている。「大胆に追加要望を抑えられるのはCIOのみであるので，要件変更を認めないというのもCIOの重要な役割だ」と述べる。その裏には「追加される要望は投資効率が低い傾向にある」との経験に基づく信念がある。

プロジェクト完了後の効果測定においては，"IT投資の基本的な効果は合理化効果である"という考えに基づき定量化を重視し，計画時点の効果試算を完

成後に事後検証している。これも，定性的効果の濫用を回避する手段となっている。しかし，「定量的効果検証をいくら精緻化しても真の効果検証は難しい」とも述べ，その限界を理解した上でIT投資マネジメントを構築している。

システム稼動後における効果創出のための工夫や改善も，システム開発の一部であると位置づけ，稼動後にもIT部門，利用部門両者でさまざまな活用努力をすることが重要であることはいうまでもない。

ソニー生命のIT投資マネジメントは，定量的手法に徹している点，CIOが明確なリーダーシップをIT投資面でも発揮している点が大きな特徴である。

⑮オムロンフィールドサービスエンジニアリング

年度毎のIT投資予算に関して，絶対額ではなく売上額に対する一定のパーセント枠として設定し，その予算枠の範囲で，どのIT投資案件を優先するかを検討している。

全社レベルの大規模投資案件は，社内の検討プロジェクトチームの結論を経てトップマネジメントの判断により採択する。採択にあたっては，費用対効果よりも今後の経営戦略を実現するための必要性の観点を重視し，意思決定している。大規模プロジェクトとしてコールセンターを構築したケースでは，電話応答率，現地到着率，督促件数など，従来からの管理指標を活用し，投資効果の定量化を行った。完成後に，これらの指標に関し，計画時点で設定した期待効果を1年以上にわたって追跡調査した。

しかし，投資効果を財務指標で評価しているが，短期間で簡単に結論をだせるものではないとも考えている。システムを導入しても使いこなせるようになるまでには多くの時間がかかり，すぐに効果が出るとは限らないからである。CIOは「以前はできなかった何が今回できるようになったか」，「目標としているレベルまでは達成していないがもう少し努力すれば達成できる」と言った前向きな形の表現による評価を社内にアナウンスし，現場の改革マインドの維持，高揚にも気を配っている。また，効果が期待どおりに出ない場合は，現場の意見を聞きながら，いかにして効果を出せるか，細かい改善や指示を行っている。

オムロンフィールドサービスエンジニアリングのIT投資マネジメントは財務的評価や定量的手法を基本としながら，いかにして効果をだせるかというPDCAの観点からも配慮している。

## 2 ■ CIOの機能について

　今回のヒアリングにおいて，CIOに関して，米国ではトップのアドバイザー的な立場の人材を外部から招聘することが多いが，日本ではラインの長がCIOとなっている場合が多いとの指摘があった。また，米国CIOの平均勤続年数は2年から3年であるが，新しいCIOの採用コストは1,000万円もかかるとされ，短期間で交代するCIOの雇用には企業側も大きな負担がかかっている。また，就任する側のCIOにとっても，その企業の置かれている激しいマーケットの変化の中で短期間に成果を上げることが求められ，大きなプレッシャーとなっているともいわれる。しかし，それでも企業が新たなCIOを採用することで，その経験を活用でき，企業が白紙からやり直すことができるという利点もある。また，グループ内でCIOを転職させグループの外に経験が流出することを防いでいるGEのようなケースもある。

　このように米国と日本ではCIOの企業内における実際の位置づけやITマネジメント・プラクティスが異なっており，米国の方法がそのまま日本で適合するとも言えないであろう。本調査を通じて，まず，日本の先進企業でのCIOの実態を明らかにすることによって，あるべきCIO像の検討の基礎としたい。

## （1）CIOへの役割期待

①KDDI

　KDDIのCIOは自身への役割期待について「経営者ニーズとユーザー部門ニーズのバランスをとること」や，環境変化に応じてIT戦略のシナリオを柔軟に変化させることを重視している。

②大成建設

　大成建設のCIOは自身の役割を「組織横断的な機能を持つ部署の長」であると認識している。CIOは全社的な業務プロセスの全体最適を図ることに責任を持っているので，組織横断的な視点でのIT化を考えて，部門間調整ができる権限と能力を持たなければならない。部門の利益代表になりにくい，無任所の副社長という現在の位置はCIOにとって望ましいと考えている。この組織横断的役割について，東京海上日動のCIOも「ITと経営の融合を掛け声だけでな

く，真に横串の入った経営体制を作るというのは至難の業である。いかにしてそのコンセプトを全経営陣に納得させ実行に導くかがCIOの最大の使命である」として，横串を通す役割を重視する。

　また，CIOは改革者でなければならないと考えている。特にIT化の上流部分である，経営のビジョン→ミッション→ストラテジーへと詳細化し，具体化するプロセスについて，CIOがITの観点から主導的に進める必要があると強調する。それに対して，下流部分である，ストラテジー→アクションプラン→プラクティス"のプロセスはシステム部門長の役割であると考えている。しかし，現在の情報システムはビジネスモデルの変革に使われることが多く，業務プロセスの変更を伴うので少なからぬ抵抗がある。これに打ち克つための改革スピリットが必要になるという。

③新日本製鐵
　新日本製鐵のCIOは「業務とシステムのマッチングを行うのがCIOの役割である」と述べている。マッチングに際して，業務の特性に応じて業務内容が変化するスピードが異なること，その業務が社内でコア業務に位置づけられているかなど，その業務の実状を留意しなければならない。CIOはそれらを考慮しつつIT化を進める必要がある。

④損保ジャパン
　損保ジャパンのCIOは「全社戦略を具体化する最適なシステム構築こそがCIOとシステム部門に課せられた役割である」と述べている。

⑤住友商事
　住友商事のCIOは自身の役割として次の4点をあげている。
　1 ) トップマネジメントとしてのリーダーシップの発揮
　　　　特に社内外の交渉や，リレーションシップの構築などではリーダーシップが重要である。
　2 ) プロジェクトビジョンの明確化
　　　　経営ビジョンや経営目標に沿ってIT化プロジェクトを推進するために，プロジェクトに対するビジョンを確立することが重要である。また，全社としてプロジェクトに対する明確な目標を設定，共有できるように努

力することも重要な役割となる。
3）プロジェクトマネジメントの強化を図ること
　　1日の遅れが数千万円のコスト増に繋がるような大規模プロジェクトを円滑に推進するために，さまざまな仕組みによるプロジェクト管理を強化している。
4）各層にわたるコミュニケーションを図ること
　　自ら経営トップ，取締役会，経営会議，部長懇談会，チームリーダー懇談会などを通じて社内に改革プロジェクトのビジョンの浸透を図り，役職員のプロジェクトに対する認識を深める。また，ベンダー各社のトップと，直接，スピーディなコミュニケーションを図る。

⑥ファイザー
　ファイザーのCIOは「もっとビジネスマンにならないとだめだ」と述べる。CIOは，CFOなどの他の役員と比べて特別な存在ではなく，CEOを支える役員として第一にビジネスに貢献する使命がある。したがって，まず，経営課題を理解し，ITを活用してそれをどのように解決するかを提案しなければならない。
　現在の日本企業では，IT部門の責任者がそのままCIOになるケースが多いため，ビジネスマンタイプのCIOが少ないと指摘する。

⑦キリンビバレッジ
　キリンビバレッジでは，CIOについて「トップマネジメントによって委嘱されるのだから，トップに対して言うべきことを言い，またトップの意思を部下に伝えるのが大事」で，トップマネジメントからCIOへは「担当役員たるもの社長の考えていることを斟酌して働くべし」として，特に，注意を払ってはいないが，逆にCIOからトップマネジメントへは緊密にとるよう意識している。些細であっても，何か異常があればすぐ知らせるようにし，トップの側から積極的に状況把握に努めるべきであると考えている。
　また，望まれるCIO像について，日本企業では，「自分たちの会社」という家族意識の強さと，現場部門の担当者の担当業務に対する高い自負心が，円滑な業務運営に非常に貢献していると考え，IT部門長がCIOとなる方が日本企業では望ましいと考えている。

⑧セコム

　セコムのCIOは「CIOの仕事は"つなぐ"仕事である」と述べる。つまり，ビジネス担当部門とIT担当部門をつなぐ，ビジネス担当部門間をつなぐ，外部利害関係者と執行責任担当役員をつなぐ，あるいはCEOとビジネス担当部門とIT部門の三者をつなぐという多様な"つなぐ"役割を担っている。
"つなぐ"とは単に情報を伝達するのではなく，相手に分かる言葉で表現し変換して伝えることを意味している。CIOの役割の本質は，この高度な伝達機能にあると考えている。たとえば，トップマネジメントにITについて説明するときには「"ビジネスの言葉"で伝えないと通じない」，単に専門用語を平易な表現に言い換えるだけではなく，経営上の課題に対してどのような解決を望んでいるのかを理解したうえで「ITを活用して経営課題をこのように解決したい」と提案し，経営課題解決に有益な情報を提供することが重要である。

　また，「情報システムの開発はセキュリティや利便性など複数の観点からデザインすることが必要だが，それらの矛盾するところをどう折り合いをつけるか判断するのがCIOの役割」として，調整の役割を強調する。

　さらに，「情報処理責任者からビジネス運用管理」へとIT部門長の責任内容が変わりつつあり，その責任範囲に，ITシステムによる顧客サービス品質向上，業務改革とコスト削減，ITシステムネットワークサービスの企画・構築・運用，IT投資効果の測定・検証，社内外セキュリティ確保，新ビジネスモデルの創出，次世代のCIO，CIOスタッフなど人材の育成が含まれるようになってきた，と述べる。

⑨松下電器産業

　松下電器産業のCIOは自身の機能と役割について「社長，経営幹部，経営会議とIT部門の間のナビゲータ役である」と述べている。つまり，経営戦略とIT戦略の融合について，"経営課題をIT部門に"と，逆に"IT課題を経営幹部に"と，双方向にCIOがリーダーシップを発揮して進めなくてはならない。

　さらに，社内のビジネス部門とIT部門の連携に責任を持つとともに，IT部門の統括責任者としての役割も重視するなど，経営戦略とIT戦略の融合のナビゲータ役，社内各部門との連携推進役，IT部門統括の3種類の役割をバランス良く実現することが理想的CIOであるという。

⑩アクサ

アクサのCIOは自身を「中小企業の社長さん」と表現する。IT部門を，社内にITサービスを提供する中小企業に見立て，部門長としてマネジメントを行うというより，一歩踏み込んで経営感覚を持って望むべきであるという姿勢を示したものである。

より具体的にCIOが行うべき仕事について同社CIOは次の6点をあげる。
1）ビジネス戦略を理解し最大価値を出せるIT組織の構築
2）自身の活動の30%をビジネス部門と，30%をIT部門と，30%を業界，競争相手，マーケットのリサーチに費やすなどのバランスのとれた仕事の配分
3）3年後の自分の後任者を3人の候補から育成
4）IT部門の不断の付加価値向上
5）ITが直接ビジネスに貢献できる3つのアイデアの育成
6）グループ内の成功事例の再利用，共同開発の積極的活用

⑪ソニー生命

ソニー生命のCIOは，"攻め"の担当でなければならないと言う。逆に，システムリスク管理，セキュリティ管理などの"守り"の担当をCCO（Chief Compliance Officer）に委ねることで，CIOとCCOの相互牽制体制を構築することができるとしている。

そして，IT部門に対しては「理念を持った経営」を行うべきであると述べる。つまり，自社のIT部門としての価値，目指すところ，ビジョンを持ってIT部門の運営に臨まなくてはならないとする。

特に，IT部門運営において大切なことは「布石を打つこと」であるという。システムのインフラは，インターネット環境整備のようにビジネス上のニーズが顕在化する前に，実験を行い，ノウハウを蓄積するために先行して進めておくことが肝要である。しかし，社内から理解されにくいため，開発優先順位は経営戦略に従うものの，先進ITインフラへの投資はCIOの独断で準備を進めたいと考えている。

また，新たなビジネスモデルの創出もCIOの重要な役割であると考え，以下の3点を実践している。
1）個人のアイデアのみならず体制，組織的に生み出す

2）技術動向から生み出す
3）自社業務を全体的に分析し，共通化および合理化できる部分を抽出する

　また，システム開発を担当するIT部門の長として，「追加要求の排除」がCIOの重要な役割であると述べる。要求定義工程で定めたユーザー要求が開発工程の進捗につれて追加や変更されることが日常茶飯事であるが，この追加要求は，「needs（ニーズ）ではなくwants（ウオンツ）」であるとして分けて考える。ここで言う「needs」とは必然的で，合理的な要求であり，「wants」は必要性や必然性が劣るもの，あえて対応しなくても問題ない要求を意味する。そして，実際に，追加要求仕様の多くは「wants」であり，それらの投資効率は低いと経験上判断している。したがって，原則的に要件変更を認めず，当初定めた予算枠を変更しない。「大胆に要件を抑えられるのはCIOだけ」であるので，CIOの役割としてもっとも重視すべきもののひとつであると考えている。
　また，「腕力を持った聞き役」とも述べる。これはまさしく，IT構築の実力を備えたCIOが，経営層やユーザー部門に対して，ある時は要望を引き出して真意を汲みいれたIT構築につなげ，また，ある時はIT構築の立場から要望に制限を加えるという活動の特徴を端的に表現している。

⑫日産自動車
　日産自動車（以下，日産と表記）のCIOは，SCM担当の副社長の下に位置づけられている。また，CEOからの指示を受けることもあり，全体としてCEOの描く戦略に貢献することが最重要ミッションと認識している。CIO自身もIT施策をビジネスから見た意義を判断基準とし，CEOと副社長に対する報告もその観点から説明している。

## （2）CIOの資質

①KDDI
　CIOにとってもっとも基本的な資質，必要な能力として，ITへの本質的な理解を強調する。ITを理解していない人がCIOになれば，必ず，経営者やユーザー部門の主張に左右され，データ構造が不安定な情報システムが構築されてしまうだろうと述べる。

②大成建設

　CIOに必要な資質について，マネジメント能力，ITへの見識，一般的なビジネス能力の3つの観点から説明する。まずマネジメント能力では，前述の通り「CIOはITの企画立案者」であり「CIOは改革者」であるため，特に改革スピリッツが必要である。当然，経営情報化戦略の担い手としてのマネジメントの知識と実践力が必要である。

　また，ITそのものに対する知識は必ずしも必要ではない。むしろ，ITに関する体感的活用と技術的知識，ITやその導入についての思想性，つまり，「情報通信技術を自ら活用し」，「その経験から得た体感」を持っていることを強調する。表面的な知識よりも，自分自身で利用した印象や疑問，利用者の視点から見たITの本質に関する理解がCIOの業務には有効である。専門用語ではなく経営層やユーザー部門に分かり易く話すことが必要だからである。これを「ITを日本語で話せる」と表現した。

　しかし，それだけでは，十分とはいえない。経営者は，ITや情報システムについて知りたいわけではないため，経営への影響と現場業務への影響について伝えなければならない。「情報技術を語らず，経営，事業，業務を語るべき」であって，そのためにも，一般的なビジネス能力の観点からの強いリーダーシップ，高いコミュニケーション能力が必要であると述べる。

　さらに，上記のような資質を備えた次世代のCIOを育成するには，キャリア面では現業実務の経験，企画部門での業務キャリアが有効であると考えている。特に全体最適を図り部門間調整の権限を行使するCIOにとって，企画部門を経験することが，全社を俯瞰する視点が養われるため有益だったと自身の経験から指摘する。

　しかし，同社でも，望ましい資質を持った人材の発掘や育成はなかなか難しい。このような状況が続けば，人材のバラツキが大きくなりITガバナンスの維持が難しくなることが予想されるので，意識的にCIOを育成するキャリアアップ体系が必要となると述べる。

③新日本製鐵

　CIOに求められる重要な資質として"カウンセリングの能力"をあげる。これは，コミュニケーション能力が高いことに加え，より踏み込んで他人の話をしっかり聞く姿勢や，相手の意思を真摯に受け止めることのできる理解力，そ

して相手の抱えている問題を会話の中で上手に引き出す洞察力，サービス精神などを含めた意味をもっている。

次に，鳥瞰図的把握能力をあげる。ITのポジショニング，業務の客観的把握，プロジェクトの全体像の把握など，細部に囚われず大局観を持ち，事象の本質を理解する能力である。このような能力を習得するには，特定部門に偏重せず全体を客観的かつ相対的に見ることができる支援部門での業務経験が有効だとしている。同社CIOも生産支援部門での経験がCIOの業務に有益であったと感じている。

実際には，ITと業務の全体を見通せる人材が希少とされているが，新日本製鐵でもそういう人材の育成を怠ってきたと述懐する。

④損保ジャパン

損保ジャパンのCIOは，システムの詳細な技術を知る必要はないが，技術的な評価をする議論に参画できる最低限のスキルをCIOは持つべきとする。そして，そのような人材の育成は非常に困難であり，まだ，効果的なプログラムが実施できていないため，悩んでいる最中である。

⑤コクヨ

コクヨのCIOは，自身の経歴のなかで，経営企画部門に配属されたことが，全体を見わたすことができ，CIOという役職に有益だったと述べる。

また，事業部長としてネットワークのインフラやグループウェアの販売を担当し，売る立場を経験したことで，効果的なベンダーとの付き合いができるようになったとも述べる。

さらに，コクヨは，新しい試みをプロジェクト制で進める企業文化があり，プロジェクトリーダーを任されたこともCIOの仕事に大きく影響していると述べ，今後も人材育成の観点から事業会社を超えたプロジェクトの機会を社員に多く与えたいと考えている。

さらに，コクヨのCIOは次の3点をCIOの資質としてあげる。

1）ビジョン，構想力
2）グループ全体での予算構成力
3）社内外への発言力

⑥リコー
　リコーでは専務以上のほとんどが子会社の社長を経験する。現在のCIOも，米国子会社の社長になった際に，現地社員と徹底的なディスカッションを通じて相手とコラボレーションを図ることを習得したという。このような経験をしたことが現在のCIOという役職に有益だったと述べる。

⑦住友商事
　住友商事のCIOは，CIOの個人的な資質よりは，集団としてCIO機能が持つべき能力を重視する。本来的にCIOに要求される多岐にわたる機能やスキルは，一人の人間によって充足されるものではなく，CIOを中心にして関連する組織が対応するものであると考えている。
　CIO組織として求められる資質は，ITに関わる能力，企業経営，人事管理，ロジスティクス，企業会計，企業法務など多岐にわたる。同社では，ヘッドであるCIO，CIOを直接支える部長および課長など，CIOに助言をする専門分野，専門的な技術，知識を持つスタッフの3つのレイヤーからなる集団でCIO機能を発揮している。

⑧東京海上日動
　東京海上日動のCIOは，必要な資質として，技術面よりも経営の課題に対する幅広く深い見識を持つことが前提であり，その上で，経営とITを結びつける洞察力と理解力が重要であると考えている。有能な技術者からのヒントを生かせるセンスがあればIT技術の専門的知識を自ら持つ必要はない。むしろ，種々の要素が絡み合った分かりにくい問題を整理し，自分の言葉で分かり易くビジュアルに説明する能力が求められると語る。

⑨アクサ
　アクサのCIOは必要な資質に関し，日頃のマネジメントで留意している点について次のように述べる。
　一般にマネジメントの手法には2種類あるといわれている。ひとつは"Management by Lead"で，もうひとつは"Lead by Example"であり，それをバランスよく活用することが望まれる。CIOとして全社のITをLeadするにあたりビジョンを示すだけでは不十分で，そこに向かうために，具体的に「何をし

なければならないか」ということを示すことが重要と考えている。

⑩ソニー生命

　ソニー生命のCIOはIT部門出身である。しかし，約2年，IT部門を離れ，経営企画部門にあって，人事部門と総務部門をも兼任するという経験をしたことが，現在の職務に非常に有益であったと述べる。また，逆に，企業のマネジメントの中核を将来担う人材がIT部門を経験することも，非常に重要であると実感している。

　さらに，システム技術者としての十分な経験と実績，業務遂行に対する意欲や積極性などの，"仕事への気構え"，がCIOの資質として重要である。このようなCIOを育成するために，複数の候補者を選抜し，未開拓分野へ挑戦する機会を与えている。また，現在よりも，少し上位の地位へと，"背伸びをしたポジショニング"，を与えチャレンジさせることも有効であるとして取り入れている。

⑪日産

　日産自動車のCIOは，海外のコンピュータ・メーカーから転籍したという経歴をもつため，自動車業界の経験も日本企業での職歴もない。むしろ，純粋に経営戦略に貢献するIT戦略の立案能力と遂行能力およびIT部門に対するマネジメント能力，技術に関する知見を，CIOに望まれる資質として重視したものと考えられる。

## (3) CIOを支える組織

①KDDI

　KDDIでは，ITガバナンスをCIO一人で実施することは，現実問題として難しいため，CIOを補佐するスタッフに多くの業務を任せている。また，一般社員，現場管理者，部門管理者などの各階層で，総合的に見てIT施策を支援できる人材を養成することが必要であると考えている。

②住友商事

　住友商事では，CIOに求められる機能や，多岐にわたるスキルを個人で取得することは不可能であると考え，3階層からなる支援体制を組織している。

CIO，CIOを支える部長および課長，そして専門的な技術，知識を持つスタッフから構成され，必要に応じて，関係会社もこの支援組織に組み込まれる（図表10－12）。

CIO機能の向上のためには，この支援体制のレイヤー毎に必要となるスキルの向上をはからなければならない。

**図表10－12　住友商事におけるCIO集団の能力**

| 能力・スキル | 専門的な技術，知識を持つ人 | 部長，課長など | ヘッドであるCIO |
|---|---|---|---|
| ビジネス・コンサルティング能力 | ○ | ◎ | ◎ |
| マネジメント能力 | ○ | ◎ | ◎ |
| 業務知識 | ◎ | ◎ | ○ |
| 技術スキル | ◎ | ○ | ○ |
| 経理，財務，リスク管理，法務 | － | ○ | ◎ |

③アクサ

アクサでは，IT部門内の他のチームとの兼任者3名から構成され，CIOからの指示に応じてCIOの意思決定や業務遂行を支援するCIOオフィスを設置している（図表10－13）。

**図表10－13　アクサのCIO支援組織**

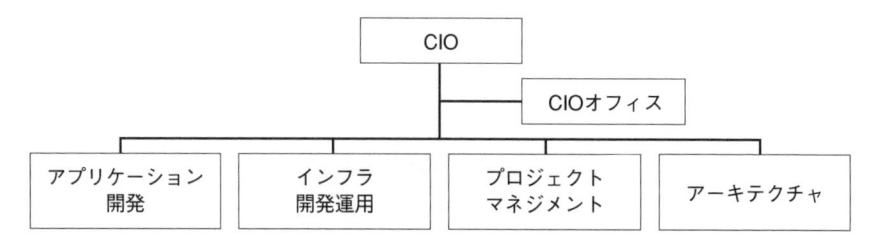

```
                    CIO
                     |
                     ├── CIOオフィス
                     |
      ┌──────────┼──────────┬──────────┐
  アプリケーション   インフラ    プロジェクト   アーキテクチャ
      開発        開発運用    マネジメント
```

④トヨタ自動車

トヨタ自動車（以下，トヨタと表記）は，特に固定の支援組織は持っていない。必要に応じ部下に指示を出し，他部門にも協力を依頼している。報告も必要に応じ随時直接上げられる。同社CIOは非常に長い業務経歴をもち社内を熟

知しており，必要な支援リソースを速やかに調達することが可能であるため，このような臨機応変な形態が有効に機能していると思われる。流動的，機動的な支援組織といえる。

## 3 ■ 分析とモデル化

ITマネジメント・プラクティスに関して，日本の先進企業の状況についての調査報告を行ってきた。これらの情報に基づき，日本におけるITマネジメントプラクティスのモデル化を試みる。

### (1) ITガバナンスの形態

ITガバナンスに関して，甲賀他（2002）は「ITガバナンスはIT戦略の一環であり，IT戦略の策定から実現までの一連の活動をコントロールし，ITのあるべき姿の実現に向けたITマネジメントプロセス，IT標準およびIT体制を構築する組織だった活動」と定義する。

まず，ITガバナンスに関する各社の形態について，次のように整理し，類型化を試みた。

①夜警型

CIOがユーザー部門の自主性を大幅に認める型を夜警型と分類した。IT部門の主な役割は各種標準化を制定しチェックすることであり，IT案件の企画および実現はユーザー部門が主導的に行っている。

たとえば，コクヨでは，分社化した子会社の主体的なIT投資活動に大きな期待を寄せている。また，松下電器産業はEAにより全社的な統制をとりつつも，具体的なIT施策は事業部の主体的活動に任せている様子が明らかになった。これらの企業は本類型の代表的事例と考えられる。

②IT部門主導型

CIOがIT部門を通じて比較的強力なITガバナンスを発揮するのがこのタイプである。現場で業務効率化に向けたIT化を提案し，開発も主導する。さらには，利活用促進などの運用面でも，CIOの指示に沿ってIT部門が深く関与する。

たとえば，KDDIでは情報システム構築の基本思想である"構造化"が徹底

されている。

③全体調整型

この類型は全体の調整者としてのCIOの役割を重視し，全社規模での機能連携強化や整合性を最優先としている。企業によっては，CIOがITガバナンスの一部をユーザー部門の自主性に任せる場合もある。

たとえば，大成建設はITガバナンスの第一の意義を，社内の各組織を連携させる情報システムの構築にあるとしており，本類型に分類できる。

その他の企業も含め上記3種類の類型を図表10-14のように分類した。

**図表10-14　ITガバナンスの各社分類**

| ITガバナンス形態 | 夜警型 | IT部門主導型 | 全体調整型 |
|---|---|---|---|
| 企業名 | 新日本製鐵 | KDDI | 大成建設 |
| | コクヨ | 東京海上日動 | 損保ジャパン |
| | | トヨタ | リコー |
| | | 日産 | 松下電器産業 |
| | | | アクサ・ジャパン |

## （2）IT組織の形態

内山（2003）は，IT部門の組織形態を，ITガバナンスの観点から，集権型，分散型，連邦型に分類した。集権型は，IT部門が全社ITインフラの運用，および各事業部におけるシステム企画，開発，運用，管理のすべてを実施し，責任を持っている（図表10-15）。

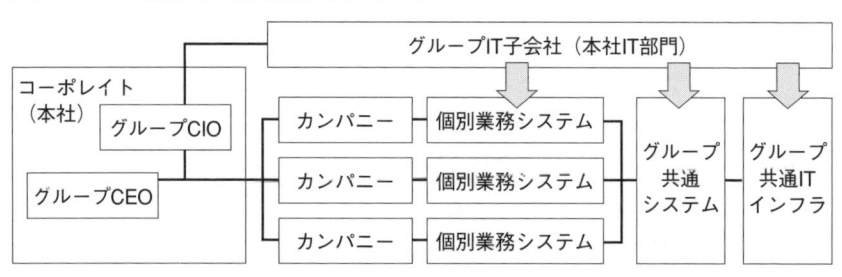

**図表10-15　集権型IT組織形態（内山，2003）**

分散型は，中央のIT部門が全社ITインフラのみを提供し，各事業部に配置されたIT部門が自らの責任においてシステム企画，開発，運用，および管理を行う（図表10-16）。

**図表10-16　分散型IT組織形態（内山，2003）**

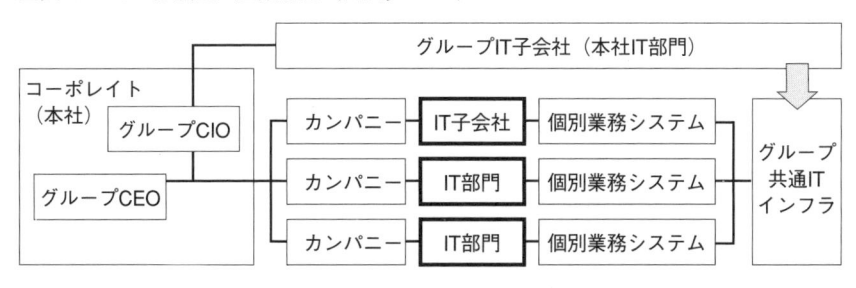

```
コーポレイト ─── グループIT子会社（本社IT部門）
（本社）                                    │
  │  グループCIO                            ▼
  │           ┌─カンパニー─IT子会社─個別業務システム─┐
  │           │                                      │グループ
  │  グループCEO─カンパニー─IT部門─個別業務システム─┤共通IT
  │           │                                      │インフラ
  │           └─カンパニー─IT部門─個別業務システム─┘
```

　連邦型は，集権型と分散型の中間に位置し全社的なシステムと各事業部の個別システムの責任を分担する（図表10-17）。IT投資効果を向上させるには，CIOを機能させることに加え，連邦型IT組織が必要である（立野，2002）との調査研究もなされている。

**図表10-17　連邦型IT組織形態（内山，2003）**

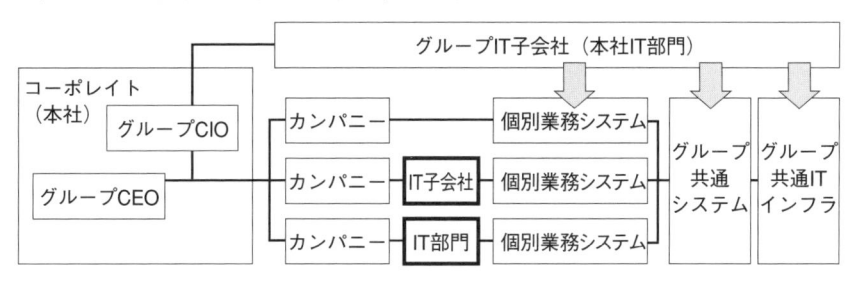

```
コーポレイト ─── グループIT子会社（本社IT部門）
（本社）                    │      │      │
  │  グループCIO            ▼      ▼      ▼
  │           ┌─カンパニー─個別業務システム─┐
  │           │                               │グループ  グループ
  │  グループCEO─カンパニー─IT子会社─個別業務システム─┤共通      共通IT
  │           │                               │システム  インフラ
  │           └─カンパニー─IT部門─個別業務システム─┘
```

　上記の分類では，事業部門の数が少ない場合や，事業部門が類似した事業を展開している企業では一般的に集権型が多く，逆に，多数の事業部門を抱え，分野の異なる事業を多角的に展開している企業では分散型が多いとされる。特に日本の企業では組織が複雑で，事業部毎にIT化の経緯が異なることから，ITインフラと全社共通アプリケーションのみを中央で統括し，各事業部門の

固有アプリケーションは事業部門で完結するという連邦型が多い。

　これらの分類は，全社に対するIT機能をいかに組織内に組み込むべきかという観点から類型化したものであるが，本章では，ITガバナンスをいかにして発揮，浸透できるかという観点に着目して組織形態を考えてみたい。今回の調査に基づき，以下のような新たな類型化を試みた。

①巨艦型IT組織

　本類型は，CIOが所属するIT関連組織が企画，開発の両機能を持った比較的大規模な組織である。見方によっては，システム子会社やパートナー，SIベンダーも社内IT部門の一部と見なせる。

　たとえば，キリンビバレッジでは，社内情報システム部門が企画機能，社外の情報システム子会社が開発および運用を担当するという責任分担がなされているが，両者の緊密性が高く，一体として機能しているので本類型に分類した。

②企画・開発牽制型

　本類型では，企画機能と開発機能のように，IT部門が組織的に分離している。両者は対等の関係にあり，相互に牽制しあっている。

　たとえば，損保ジャパンは，開発部門は社外の子会社としているが，従来通りIT企画部門とシステム開発部門が対等な並立関係にあり，両者は互いに牽制関係にあると考えられるので，本類型に分類できる。

③Embedded（組み込み）型

　本類型は，ITガバナンスで散見された社内委員会をもとにして識別した。ITガバナンスを社内に浸透させる際に，たとえば，経営企画部のようなユーザー部門にIT部門経験者を配置することがある。正式な職制上の異動である場合や，一時的に座席を移動する場合も含まれる。

　しかし，今回の調査では明確な形で，本類型に該当する企業は確認できなかった。後日の調査により，本調査対象外の企業であるリクルートで，本分類に相当する制度が実施されていることが確認できた。

④企画優先型

　本類型はIT企画機能が開発機能より優位に立っている。主に開発はCIOの意を受けたIT企画部門の指示の通り行動する。

　たとえば，東京海上日動では，IT企画部門が社内各部門と情報システムの開発運用部隊とを結びつける結節点となっており，本類型に分類できる。

　その他の企業も含め上記4種類の類型の概念図を図表10-18に示し，各企業を図表10-19に分類した。

**図表10-18　IT関連組織形態の概念図**

[巨艦型IT組織／企画・開発率制型／Embedded型／企画機能分担型の概念図]

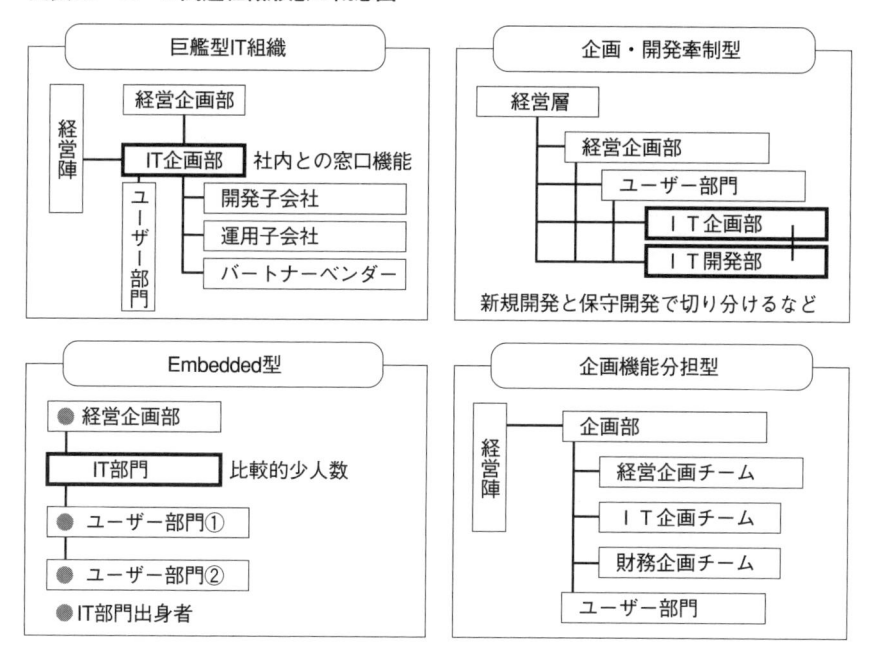

**図表10-19　IT関連組織の各社分類**

| IT関連組織の形態 | 巨艦型IT組織 | 企画・開発率制型 | 企画優先型 | Embeded型 |
|---|---|---|---|---|
| 企業名 | キリンビバレッジ<br>トヨタ<br>日産 | 損保ジャパン<br>松下電器産業 | 大成建設<br>住友商事<br>東京海上日動 | |

第10章　先進企業に見る日本のITマネジメント・プラクティスとCIOの役割

## (3) IT投資マネジメント

Ross & Weill (2002) は，IT投資に関する意思決定要素について，戦略と実践の観点からITガバナンスの6つの領域で整理した（図表10-20）。

**図表10-20　Ross & Weill のIT投資意思決定要素**

| | IT関連の意思決定事項 | 内容 |
|---|---|---|
| 戦略 | ITの適正予算 | 社内でITが果たす戦略上の役割を定義し，次にその目的を達成するうえで必要な予算水準を決定する。 |
| | IT予算を承認すべき業務プロセス | 予算をつけるべきIT施策と，そうでない施策とを区別する。 |
| | 全社的に必要なIT機能 | 本社が一元管理すべきIT機能と，事業部毎に開発すべきIT機能を特定する。 |
| 実線 | ITサービスの必須レベル | 費用対効果に基づいて，信頼性の向上，あるいは対応時間の短縮など，どのような特徴が必要かを決定する。 |
| | セキュリティとプライバシーのリスク許容範囲 | トレードオフの関係にあるセキュリティとプライバシー，およびユーザーの使い勝手との間で妥協点を求めた決定を下す。 |
| | 失敗の責任者 | ITプロジェクト毎に，説明責任を負った事業部門長を1名任命する．事業の評価基準をモニターする。 |

今回の研究では投資プロセスの時系列に沿ったモデル化(図表10-21)を試みた。

**図表10-21　IT投資プロセスモデル**

| IT投資 | | | | |
|---|---|---|---|---|
| IT投資 | 費用負担 | 投資意思決定方法 | 投資効果検証 | 投資効果検証の考え方 |
| 年間総予算 | 全費用IT部門負担型 | 数量化重視型 | 定量定性検証型 | IT部門責任型 |
| 保守枠確保型 | 全費用受益部門負担型 | 定性重視型 | 定性検証型 | ユーザー部門責任型 |
| 全社IT・部門IT分離予算型 | 全社共通費IT部門負担型 | 組織要求重視型 | 部分的検証型 | 効果予測・構築責任分離型 |
| 都度予算 | 全社既存部分IT部門負担型 | ボトムアップ型 | ビジネス検証 | 責任共有型 |

まず，IT投資予算の確保方法に着眼して4種類の類型に識別した。
　①年間総予算を確保する
　②保守開発分のみ年間予算を確保する
　③IT部門とユーザー部門がそれぞれ異なる目的の予算を確保する
　④必要が発生した都度予算を承認する
次に，費用負担の違いにより4種類の類型を識別した。
　①全費用をIT部門の経費とする
　②利用頻度や人数により利用部門に負担させる
　③ITインフラなど全社向けサービスの費用だけはIT部門の経費とする
　④ITインフラと既存システムの保守費用だけをIT部門の経費とする
さらに，投資意思決定に関して，次の4種類に類型化した。
　①数量化効果を重視する
　②定性的効果も重視する
　③経営戦略の実現に必要な組織能力を獲得すると考える
　④ユーザー部門からボトムアップであがってきた投資意思決定を優先する
　　タイプ
そして投資効果検証も4種類に類型化した。
　①定性，定量の両面から検証する
　②定性を重視する
　③投資と効果の因果関係が明らかなものに絞り，部分的，限定的に検証する
　④情報システムによって実現されたビジネスの成否を検証する
最後に，投資責任の考え方について，4種類に類型化した。
　①IT部門の責任とする
　②ユーザー部門の責任とする
　③IT部門とユーザー部門の役割に合わせ構築責任と効果予測責任を分ける
　④連帯責任としてIT部門とユーザー部門で共に責任を負う
　これらのIT投資の各類型を適宜選択することによって，企業毎に望ましいIT投資プロセスを構築できるであろう。ここでは，その一例として4種類のパターンを例示する。

①パターン1；ITリソース分配型
　ITの年間予算を確保し，経営戦略を実現するために必要と思われる情報化

投資案件に，IT部門が予算を配分する。

　前年の売上額や，IT経費の実績などから年度毎の投資予算を決めることが多い。この予算枠をIT部門が管理し，経営層から指示される経営戦略実現のためのIT投資，ユーザー部門から上げられたIT投資，IT部門自身が起案したIT投資などに，限りあるIT資源（IT予算）を分配する。したがって，IT部門は全体の調整者であり，またIT技術の専門家集団としてユーザー部門のIT投資起案作業に助言を与えるなどの役割を担っている。投資後の効果測定もユーザー部門自身において起案した目的が達成されたかどうかが追跡される。この点，起案したユーザー自身が実際の業務状況により評価を行うので，納得感の高い評価が行われる。

②パターン2；ユーザー主導投資型

　全社ITと部門ITの予算を分離して管理する型である。ユーザー部門が新規投資予算を確保し，情報化投資の実行をIT部門に要求する。

　ITリソース分配型と異なりユーザー部門の予算でIT投資を実施するもので，ユーザー部門がボトムアップで投資案件を要求し，予算を確保し投資する。ITリソース分配型と同じく，IT部門は専門家集団としてユーザー部門のIT投資起案作業を支援するが，より進んでユーザー部門が主体的な役割を果たしている点に特徴がある。投資後の効果測定もユーザー部門自身が追跡される点はパターン1と同じであるが，投資に対する責任は主にユーザー部門が負う。ただし，ペナルティが課せられることはほとんどない。

③パターン3；開発抑制型

　IT部門の予算として確保した予算枠を，投資効果が高いことが明確な案件に絞って配分することで，開発費用の膨張を抑制する。

　ユーザー主導投資型と異なり，投資意思決定において定量効果を重視するもので，定量的に効果を示せるもののみを採用しがちである。この場合，企画部門やIT部門による投資意思決定が多くなる。開発費用の増加を抑制することを重視する場合に見られるタイプである。

④パターン4；ビジネスモデル検証型

　経営戦略の実現とビジネスモデル構築の観点から投資を決定する。ITをそ

れらの経営戦略やビジネスモデルを実現するための手段の一部として捉え，IT投資の成果は当該ビジネスの成否と一体で評価する。そのため，IT投資のみに限定した効果を測定するより，当該ビジネスの成否判断が優先され，IT投資自体としてはそのビジネスに適合したものであったかと言う観点で評価される。

## （4）CIOへの役割期待

Lepore et al.（2000）は，チャールズ・シュワブ社でのCIOの経験から，「経営の一翼を担うポジションであり，常に戦略立案に積極的に発言し，全事業部門に情報やアドバイスする」ことが，CIOの重要な役割であると述べ，CEOとの補完関係を重視する。

しかし，今回の調査でCIOへの役割期待は一様ではないことが明らかになった。各社のCIOの役割分析から下記3種類に類型化した。

①CEOサポート型

本類型では，CIOがCEOのスタッフとしての色彩を強く持っている。多くの場合，CEOの意向を実現することが第一の役割として期待されている。

たとえば，ファイザーでは，まずCIOに役員として全社ビジネスに貢献することを求めている。当然，他社CIOも基本的には役員として同様の期待を負っているが，明示的にその役割が強調されている点で，ファイザーは本類型に分類できる。

②経営・現場調整型

本類型は，CEOとIT部門の中間に位置し，CIOが両者の間をつなぐことを期待されている。具体的にはCEOの施策をIT政策に詳細化してIT部門に指示する役割をCIOがもっている。また，IT部門から上申されてきた開発計画を経営的な効果や必要性という経営判断に適した表現に翻訳して承認を求めるなどで，CIOが中心的な役割を果たす。

たとえば，松下電器産業では，CIOは経営戦略とIT戦略の融合をナビゲートする役割をもっているので，本類型に分類した。

③IT部門代表型

本類型は，CIOがIT部門の代表者や部門長の場合である。IT部門を統括しな

がら社内のIT化を推進していく役割が期待されている。他の類型でも所管部門としてIT部門が定義されていることが多いが，このタイプはIT部門の部門長としての意識が強く，IT部門との人的，組織的，文化的に非常に強い連携を保っている点が特徴である。

たとえば，ソニー生命ではCIOがIT部門の出身であることも大きな影響を与えているように思われる。ユーザー部門からの追加要求に対して，IT部門運営の視点から強く関与しているので，本類型に分類した。

対象企業について，上記3種類の類型に分類（図表10－22）した。

**図表10－22　CIOへの役割期待の各社分類**

| CIOへの役割期待 | CEOサポート型 | 経営・現場調整型 | IT部門代表型 |
|---|---|---|---|
| 企業名 | ファイザー<br>キリンビバレッジ<br>日産 | KDDI<br>大成建設<br>損保ジャパン<br>セコム<br>松下電器産業 | 新日本製鐵<br>住友商事<br>アクサ・ジャパン<br>ソニー生命<br>トヨタ |

## （5）CIOに望まれる資質

Lepore et al.（2000）は，ITに造詣が深く経営全体を理解する人物をCIOに任命すべきで，「リスクを評価する」，「社内外と良好な関係を構築できる」，「客観的な物の見方ができる」，「多種多様な情報をうまく処理できる」などの資質が欠かせないと述べる。そしてCIOを「技術スペシャリスト」型と「技術分野の経験を持つゼネラル・マネジャー」型の2種類に分類し，後者の方が今後有望であり，コンサルタント経験を持つか，ITと深く接しながらゼネラル・マネジャー職をこなしたことがある人材が適していると主張した。

しかし，今回の調査によって，これ以外の資質も求められていることが分かった。各社のCIOの資質を分析し，下記4種類に類型化した。

①CEO準備型

本類型は，全社的視点で思考し，経営者としての感覚が優れているCIOであり，近い将来CEOに昇進する機会もありうる。

たとえば，リコーのCIOは子会社のCEOを経験しており，CIOの次のステップとして本社CEO昇進の可能性もあると考えられるので，本類型に分類できる。

②社内熟知型

　本類型は社内各部門，特に現場業務に関する実務的な知識，経験が豊富なCIOである。たとえば，新日本製鐵やトヨタのCIOは，生産部門での経験から生産現場に通じており，本類型に分類した。

③ITスペシャリスト型

　本類型はIT技術に対する広範な理解を重視するCIOである。たとえば，KDDIのCIOは，ITの本質が分からなければ経営者やユーザー部門の主張に流されてしまうと考えており，CIO自らがIT技術の要諦を理解することの重要性を強調しており，この類型に分類できる。

④判断能力重視型

　本類型は，今回の調査対象企業にはなかったものの，財務関係，特にROIやリアルオプションなどファイナンス工学的な知識に精通していることでCIO業務を遂行する欧米型のCIOにありうるとして，類型に含め識別した。

　以上のように各社を分類した（図表10-23）。

**図表10-23　CIOに望まれる資質の各社分類**

| CIOの素質 | CEO標準型 | 社内熟知型 | ITスペシャリスト型 | 判断能力重視型 |
|---|---|---|---|---|
| 企業名 | 大成建設<br>コクヨ<br>リコー<br>住友商事<br>東京海上日動 | 新日本製鐵<br>トヨタ | KDDI<br>アクサ・ジャパン<br>ソニー生命<br>日産 | |

## （6）CIO支援組織

　今回の調査によって1人のCIOが単独でCIO業務を遂行することは困難な場合が多く，支援組織を構成する企業が少なくなかった。たとえば，住友商事では3階層からなる支援組織を構成し，また，アクサでは，IT部門内の他業務との兼任者ではあるがCIOオフィスを組織している。

　CIOを支援する組織について，以下の4種類に分類した。

①CIOオフィス型
　CIOを支援するIT/財務会計など各分野の少数先鋭の専門家集団で，CIOは総合的な判断を下す。

②IT企画部型
　CIOの指示により施策を実行に移す比較的大人数の集団

③CIOチーム型
　CIOとIT部門の部門長または部課長からなるマネジメント集団

④CIO補佐官型
　CIOと，CIOを補佐する準CIOとCIO候補者から構成

　上記4種類の類型概念図を図表10－24に示した。

**図表10－24　CIO支援組織の概念図**

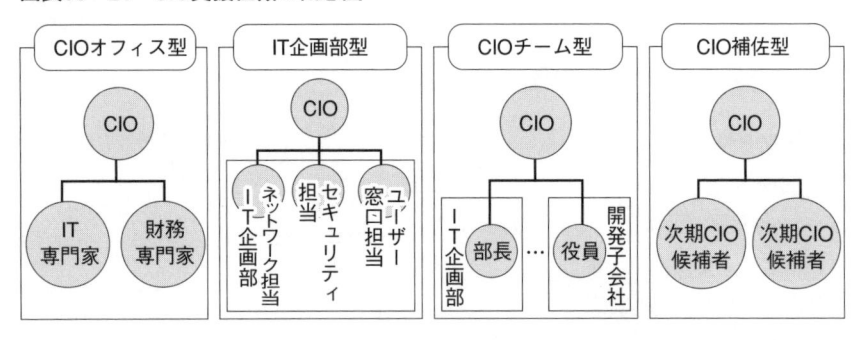

## 6 ■ トヨタと日産におけるIT投資マネジメントの比較

　今回の調査企業には，トヨタと日産が含まれている。あらためていうまでもなく，両社はわが国を代表する自動車メーカーであり，比較されることが多い。
　そこで，特にトヨタと日産におけるIT投資マネジメントについて，今回の調査，インタビューのデータから抽出し，比較，分析を行った。次の5項目で

明瞭な差異が観察された。
　①投資額の内訳
　②外部業者との取引方針
　③失敗開発の取扱い
　④標準化／開発スピード向上
　⑤投資判断

## （1）投資額の内訳

　トヨタも日産も年間のIT予算は総枠で確保する方法を取っており，その予算から各投資案件に支出を割り当てる。その中で，予算の支出実績を投資案件の性質毎に合計すると，予算全体に占める内訳はトヨタでは7割が新規開発，2割が保守維持，残り1割がCIO裁量の独自予算であり，日産では5割が新規投資，5割が保守維持と運営であるという。

　両社とも新規投資に向ける割合が高い水準にある。これは通常の感覚とは異なり奇妙に思えるが，トヨタでは，トヨタ流のしかけが施されていた。予算申請時に，保守維持費用として分類し，採算性審査を回避する傾向があることを捉え，可能な限り新規プロジェクトとして申請させることで，採算性，必要性などの観点から評価することを義務づけたのである。

　また，トヨタではCIO裁量の独自予算があるということに注目したい。自身の見識に照らし，今後の重要になると思われる先進的IT技術への実験的取り組みなどに充てているという。

## （2）外部業者との取引方針

　両者とも近年多くの大企業で見られるように，情報システムの開発には外部のシステム・ベンダーの協力を得ている。また，稼動中の情報システムの運用にはアウトソーサーを活用している。

　トヨタはそれらシステム・ベンダーとの取引について「発注は2社発注が基本だが，一度決めたベンダーは短くても5年は変えないようにしている」とし，長期的な視点でベンダー・コントロールを行う姿勢を述べている。「トヨタの文化と価値観（DNA）を理解してもらうには，長く付き合う」ことがよい仕事には不可欠だと考えているからである。ただし，ほとんど全ての開発作業をベンダーに任せるケースもある中で，「詳細仕様局面までの上流はトヨタ

が主導権を持って進める」とし自社内で実作業を行うことを重要視している。「外部に仕事を出し過ぎると変化について行けなくなる」危険性があるからだと指摘している。

　一方，日産は「バランスト・スコアカードによりベンダー・パネルを用いて，コスト，品質，時間および納期の観点で継続的に評価し，毎年，その結果をもとに１／４のベンダーを入れ替える」と述べるなど，業績を重視したベンダー・コントロールを実施している。当然，この業績重視の方針は社内にも同じように向けられおり，「私たち社内IT部門自身も，生き残るためには，コスト，品質，スピードの各レベルで，外部に委託するより，よいシステムを作らなければならない」と述べるなど，社内も外部ベンダーと同じ緊張感を持っている。そして，「プロジェクトを管理するのが我々の仕事，プロジェクトを成功させるのが我々の責任である」とし，プロジェクト管理に特化，注力している様子が伺える。

## （3）失敗開発の取扱い

　投資を決定した開発プロジェクトが，途中で難航するケースや，完成しても所期の効果を発揮しない場合がある。両社ともそのような場合，どのように処理しているのだろうか。

　トヨタでは，「ひとたび着手したシステム化は必ずやりとげる」と述べる。当初予算が，最終的に２倍以上に膨らんでしまったプロジェクトも，途中で中止，縮小せずに完成させたと述べていた。しかし，完成後に，効果フォローシートを用いて投資効果を追跡するシステムを設けている。失敗して十分な効果が出ないシステムでも，継続的な改善活動によって，効果があげるシステムに育てるよう仕向けていると思えた。

　一方，日産は「一度始めたプロジェクトは，最後までやらなければならないというマインドが強すぎるかもしれない」として，投資決定後であっても，実施/停止の判断を入れようとしている。

## （4）開発スピード向上と標準化

　情報システム開発では，経営層や利用部門から早急に開発せよという強い圧力を受けることが多い。特に新車開発のリードタイムが近年，ますます短縮化していることから，その圧力は一層厳しいものとなっているという。

トヨタはシステム開発期間の短縮のために「アーキテクチャとして共通フレームワーク（プラットフォーム）を定め，その上で各業務プログラムを開発する形にして開発期間の短縮を実現している」とアーキテクチャの役割を重視している。また，コーディング・レベルの標準化も行い外部システム・ベンダーにもこれを強制しているが，同社CIOは「トヨタのコーディング規約の方が楽だと思う。2～3ヶ月の経験で習熟できる」と，標準化が新規システム・ベンダーの参入障壁にならないこと，トヨタから決して困難な要求をしていないことを強調している。

　一方，日産はトヨタ同様の標準化に取り組んでいるが，特に世界中の拠点レベルでの共通化，標準化を指向している。しかし，不合理な統一化をするのではなく，たとえばルノーとの関係では双方の設計プロセスが詳細部分で違うので，経営層からは双方がwin－winになるような形で判断するように指示されており，場面毎に共通化するか否かの判断が行われている。

　全体的に，サービス提供のスピード向上を実現させるための方法は，両社とも酷似している。一言でいえば，"先読み"と"先行準備"である。トヨタのCIOは「新車開発が1年で出来るようになったといっても，長い時間の仕込みが隠れている。ITも時間感覚を磨くために，先を読んでこちらから仕掛けるぐらいにしたい」と述べ，日産のCIOも「ある程度将来を先読みして70%程度まで準備しておき，必要になったときに100%までに仕上げるなどして，プロジェクトの7割が1年以内に完了できるようにしたい」と述べている。

## （5）IT投資マネジメント

　両社とも投資前の判断や投資効果の把握には定量的，定性的両面から行っているが，トヨタではKPIを前もって整備しているが，「KPIは効果の内訳でいえば，定性が48%，定量が52%程度」であって，なお，KPIに改善の余地があるとして，適宜，見直している。投資プロセスとして，「プロジェクトの企画承認時と本番稼動後の時点とで，計画と実績をフォローしている。ユーザー部門から報告がない場合，義務違反として案件不承認，予算削減などの措置もある」と，個々の投資の成否を全体の視点で管理する投資マネジメントが有効に機能している。

　一方，日産は"Investment/Portfolio Management"という独自の手法を用いて，投資案件について，ポートフォリオ管理によって投資判断を行ってい

る。

　多くの企業では，IT投資の増加を抑制する意図から，開発費用を利用部門に賦課する企業が少なくない。今回の調査において賦課を実施している企業も少なくなかったが，トヨタと日産は，採用を検討したものの導入しないという結論に達した2社であった。

　トヨタのCIOは「情報システムはもともと業務改革に使うものである。賦課を行うとその業務改革が進まなくなる懸念がある」と述べ，日産のCIOも「確かに，賦課をしないことで利用部門からさまざまな要求が上げられてしまう面もある。しかし，各プロジェクトが会社の戦略に当てはまっているかどうかが重要なのではないか」と述べている。

　情報システムがビジネスを支えるための道具であるという認識が共通に感じられる。したがって，出費を抑制することによって，業務改革が滞ることのないよう意識していると思われる。

## （6）まとめ

　両社とも同じ業界でビジネスを行い，目指す情報システムも類似性が極めて高いと思われるが，そこに至るまでのアプローチが大きく異なっている。両社のIT投資マネジメント・スタイルについて一言でいえば，トヨタはきわめて"日本的"で，日産は"欧米的"と表現されるかもしれない。トヨタは，外部業者の取引を中長期な視点で考え"トヨタ流"を理解しているシステム・ベンダーを優先することが"系列"を思い起こさせる。一方，日産は，逆に短期間に高い業績を発揮することが生き残るために必要であるなど，近年の"成果主義"を想起させる。

　これらのIT投資マネジメントの相違が，企業の業績に影響を及ぼすのか，及ぼすとすればどのようなメカニズムでどの程度，影響するかは，興味深いテーマである。

## ■ おわりに

　本章では，計18社のCIOからのヒアリングに基づく調査研究を報告した。その結果，日本企業におけるITマネジメント・プラクティスの状況についてかなり理解することができた。これらの分析は，これまであまり知られてなかっ

たように思える．しかし，業界や業態によって異なるのか，あるいは企業規模によっても違いがあるものかなど，未確認の点も多い．今後の課題である．

　本研究の契機となった懇談会の主催者である経済産業省および日本情報処理開発協会に感謝したい．また，本調査研究にご協力いただいたKDDI，大成建設，新日本製鐵，損保ジャパン，コクヨ，住友商事，リコー，ファイザー，キリンビバレッジ，東京海上日動火災保険，セコム，東日本旅客鉄道，松下電器産業，アクサ・ジャパン，ソニー生命，オムロンフィールドエンジニアリング，トヨタ自動車，日産自動車，各社に深く感謝したい．

【参考文献】

内山悟志「グループ経営時代のIT組織戦略」『CIO Magazine』2003年1月号, pp.24-29.

経済産業省商務情報政策局『「CIOの機能と実践に関するベストプラクティス懇談会」報告書』2005年.

甲賀憲二, 外村俊之, 林口英治『ITガバナンス』NTT出版, 2002年.

立野哲宏『情報システムの導入形態と組織形態の関連について』筑波大学修士論文, 2002年.

Bensaou, M. & M. Earl, "The Right Mind-set for Managing Information Technology", *Harvard Business Review*, Sept.-Oct. 1998, pp.119-128.（「ITマネジメント五つの原理」『ダイヤモンド・ハーバード・ビジネスレビュー』, 1999年3月号, pp.98-111）.

Lepore, D., J. Rockert, M. J. Earl, T. Thomas, P. McAteer & J. Elton, "Are CIOs Obsolete?", *Harvard Business Review*, Mar.-Apr., 2000, pp.55-63.（「CIOの資質と能力」『ダイヤモンド・ハーバード・ビジネスレビュー』, 2000年7月号, pp.56-67）.

Ross, J. W. & P. D. Weill, "Six IT Decisions Your IT People Shouldn't Make", *Harvard Business Review*, Nov. 2002, pp.85-91.（「ITガバナンス：6つの戦略シナリオ」『ダイヤモンド・ハーバード・ビジネスレビュー』, 2003年3月号, pp.151-160）.

## 【共著者一覧】

### 4章　資源ベースアプローチ
スディール・マン・ジョシ（武蔵大学経済学部博士後期課程）
「資源ベースアプローチによるIT投資マネジメント序説」共著,『武蔵大学論集』Vol.53, No.1, 2005年．
金承子（武蔵大学経済学部兼任講師）
武蔵大学大学院経済学研究科修了，博士（経済学）
「韓国における新しい管理会計の展開—ABCを中心として—」『會計』Vol.164, No.1, 2003年．
「ITの発展と管理会計システムの変化」『武蔵大学論集』第53巻第1号, 2005年．

### 5章　リアルオプション・アプローチ
加藤敦（同志社女子大学現代社会学部教授）
青山学院大学国際政治経済学研究科博士課程修了，博士（国際経営学）
新日本製鐵株式会社等を経て，2000年より現職
『リアルオプションとITビジネス』エコノミスト社, 2007年．
「サプライチェーンのオプション戦略」『金融・契約技術・エージェンシーと経営戦略』東洋経済新報社, 2006年．

### 7章　バランスト・スコアカード
大串葉子（新潟大学経済学部准教授）
九州大学経済学研究科博士後期課程修了，経済学博士
2000年より現職
「情報化投資の評価方法とその選択のフレームワーク」『新潟大学　経済論集』2001年．
「産業集積地域の活性化とクラスタ形成－新潟県　三条・燕の試み－」『オペレーションズ・リサーチ誌』Vol.50, No.9, 2005年．

### 8章　インタンジブルズの管理
小酒井正和（玉川大学工学部准教授）
専修大学大学院経営学研究科経営学専攻博士後期課程単位取得退学，博士(経営学),2007年より現職
『BSCによる戦略意向のITマネジメント』（白桃書房, 2008年）
『企業価値創造のためのABCとバランス・スコアカード』（同文舘出版, 2002年）
「ABC/ABMの実施要件とABCシステムの変容－情報システム導入モデルに関する考察－」『原価計算研究』Vol.28, No.1, 2004年．
「無形の資産を創造するITマネジメントのあり方」『原価計算研究』Vol.30, No.2, 2006年．

### 9章　SCMにおけるIT投資マネジメント
張芳（武蔵大学経済学部博士後期課程）
「サプライチェーンの管理」『生産現場情報化ハンドブック』工業調査会, 2004年．

### 10章　先進企業に見る日本のITマネジメント・プラクティスとCIOの役割
礒部大（オージス総研コンサルタント）
「先進企業に見る日本のCIOの実態」『武蔵大学論集』Vol.53, No.3·4号, 2006．

■編著者略歴

松島 桂樹（まつしま けいじゅ）

武蔵大学 経済学部教授　岐阜経済大学経営学部客員教授
日本アイ・ビー・エム，製造業担当営業部門，CIM主任スペシャリスト，エンジニアリング・システム企画担当を経て，2001年より現職
『情報ネットワークを活用したモノづくり経営』（中央経済社，2004年）
『戦略的IT投資マネジメント』（白桃書房，1999年）
『グローバル・ビジネス』（工業調査会，1992年）共著
『CIMで変わる製造業』（工業調査会，1990年）

---

■ IT投資マネジメントの発展
　—IT投資効果の最大化を目指して—

■ 発行日——2007年4月26日　初版発行　　〈検印省略〉
　　　　　　2008年10月26日　初版2刷発行

■ 編著者——松島　桂樹
■ 発行者——大矢栄一郎
■ 発行所——株式会社 白桃書房
　　　　　　〒101-0021　東京都千代田区外神田5-1-15
　　　　　　☎03-3836-4781　📠03-3836-9370　振替00100-4-20192
　　　　　　http://www.hakutou.co.jp/

■ 印刷・製本——藤原印刷

©Keiju Matsusima, 2007 Printed in Japan　ISBN 978-4-561-24467-7 C3034

・ JCLS 〈㈱日本著作出版権管理システム委託出版物〉
本書の無断複写は著作権法上の例外を除き禁じられています。複写される場合は、そのつど事前に、㈱日本著作出版権管理システム委託出版物（電話03-3817-5670、FAX 03-3815-8199、e-mail：info@jcls.co.jp）の許諾を得てください。
落丁本・乱丁本はおとりかえいたします。

櫻井通晴 著
## ソフトウエア管理会計【第2版】
IT戦略マネジメントの構築

IT革命は企業の経営戦略，とくに管理会計の分野に多大な影響を及ぼす。本書は，著者が官，民さまざまな審議会，研究会の経験をもとに21世紀のIT戦略マネジメントのあるべき姿を示す。ITを活用しているすべての企業に推奨。　A5判　本体4,700円

小酒井正和 著
## BSCによる戦略志向のITマネジメント

いま日本企業に必要なのは，ITを企業価値創造へ結びつける仕組みづくりである。本書では，企業価値創造の仕組みとして，バランスト・スコアカード（BSC）を用いた戦略志向のITマネジメントの構築方法について解説。　A5判　本体2,500円

優成監査法人 編
## 内部統制プロジェクト実務ハンドブック

本書は「実施基準」と「監査実務取扱い」に準拠し，専門家でない担当者が財務報告にかかわる内部統制を構築し，評価する方法について，平易に解説したものである。巻末には，監査用語集と内部統制関連のIT用語集も収録。　B5判　本体3,800円

桜井久勝 編著
## テキスト 国際会計基準【第3版】

『国際会計基準』のコア・スタンダードを構成する主要な会計基準を，網羅的かつ総合的に解説。日本の会計基準との相違点や，処理が難解であると思われる事項に焦点を当て具体的な設例や仕訳を用い理解しやすく説明。　B5判　本体3,300円

田村正紀 著
## リサーチ・デザイン
経営知識創造の基本技術

経営現象から質の高い新知識を迅速に効率よく創造することが求められる。本書はリサーチ・デザインの基本原理を我が国で初めて体系的に解説。論文，レポート作成を目指す社会人院生，学部学生，産業界のリサーチ担当者必携。　A5判　本体2,381円

西山 茂 著
## M&Aを成功に導くBSC活用モデル

一般に成功し難いといわれるM&Aであるが，BSCのフレームワークを活用し，戦略を中心としてターゲット企業の選択・評価・統合を行うことにより，成功に近づく。本書は，そのモデルを実証研究をもとに提示する。　A5判　本体4,000円

株式会社　白桃書房

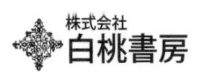

（表示価格に 途消費税がかかります）